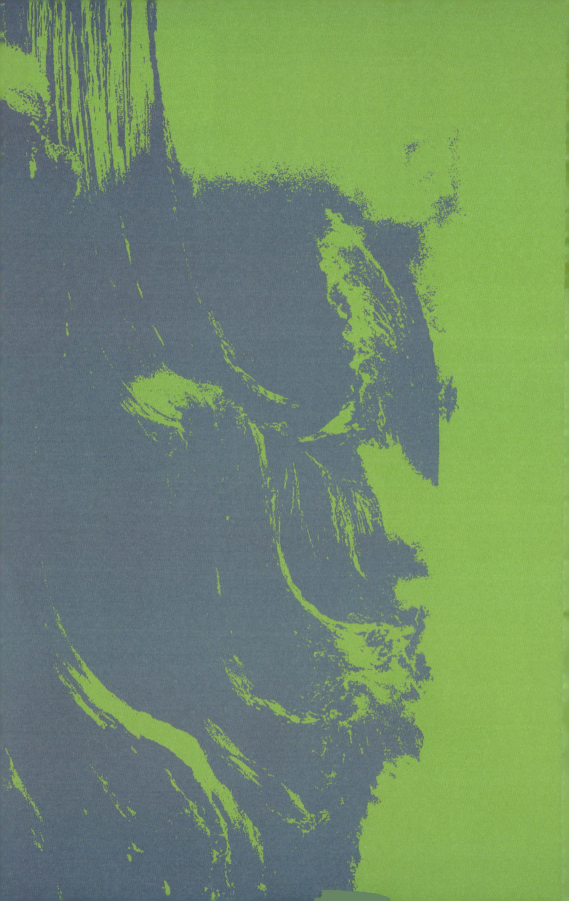

黄建生 著

云南民族大学民族研究所

——独龙江实践

与乡村社会变迁
国家主导发展

STATE-LED
DEVELOPMENT AND
THE CHANGE OF RURAL LIFE

Dulongjiang as a Case

社会科学文献出版社

SOCIAL SCIENCES ACADEMIC PRESS (CHINA)

⠿ 前　言

　　因为经常听陈建华先生（出生在独龙江地区的独龙族）讲述独龙江地区自然环境、文化习俗和他本人的人生故事，我一直对神秘的独龙江地区有着无限的向往。2003 年夏天，我和陈建华、吴云川与来自挪威卑尔根大学社会人类学系的 Gunnar Haaland 教授（我们三人共同的导师）一起先从昆明乘机到保山市，第二天再从保山市包车，一路颠簸，沿怒江河谷北行，晚上终于到达贡山独龙族怒族自治县茨开镇。第二天一早，联系好的运货卡车开到宾馆门前准备载着我们一行进入独龙江地区。但此时天却下起了雨，司机立刻改变了主意，担心路上被泥石流和泥泞的道路所困而不敢贸然前往（据说只要一下雨，独龙江公路不能通行的概率就是 100%）。我们一行只好在茨开镇等待了三四天，一点雨过天晴的迹象都没有，最终只好抱憾而归。

　　之后，我阅读了很多有关独龙江地区的文献资料，也访谈了不少来自独龙江地区或者曾经到过独龙江地区的人士，独龙江地区的山水、人文时常出现在我的想象当中。曾去过独龙江的前辈或朋友常常讲起他们去独龙江地区的种种经历，从他们的讲述中，我感觉那里艰险、生活极端困难，其他再没留下太多的印象。在各种口头或文献的描述中，神秘的独龙江几乎是艰、难、险、阻的代名词。仿佛到处是令人恐怖的蚂蟥、毒蛇、蚊虫、溜索、摇摇欲坠的过江藤桥或钢索桥。走路的时候要打绑腿，防止蚂蟥或毒蛇侵害。假如被蚂蟥咬上了，不能直接往外拽，要用点燃的香烟烫，让它自己收缩退出，否则它的触角就会断在人的肉里，导致发炎。那里的人靠"刀耕火种"的生产方式来勉强维持生活，整个社会似乎仍然处于未开化的阶段，女人都在面部纹上某些图案，等等。

2010年夏天，在教育部人文社科课题经费的支持下，我终于有机会带领项目组成员一起进入独龙江开始调查。临行前，去过独龙江的朋友都纷纷打来电话，提醒各种注意事项。在朋友的建议下，买了用来熏蚂蟥的香烟，必备的绑腿、雨具、各种防蚊虫和防病（特别是防痢疾）的药品。还专门邀请一些来自独龙江地区的朋友召开座谈会，了解独龙江地区的各种情况及一般的生活常识和注意事项。

尽管已经做了充分的准备，但独龙江之行碰到的困难仍然超出了我的想象。首先，从县城到独龙江乡政府所在地孔当村就是一件非常不容易的事。没有专门的公共汽车，一般的私家车根本无法进去。我们一行人只能靠运气请求运货的卡车司机捎带进去，一般价格是100元/人。进入独龙江地区的卡车本来就很少，要进去的人又都得搭卡车，所以，要找到一辆能搭乘的卡车并不容易。好在有两位在昆明工作的独龙江朋友一起去，通过他们的协调，最终得到县政府领导的理解和支持，安排了一辆三菱吉普车把我们送进独龙江地区。即便是如此好的越野车，96.2公里的路我们竟然整整颠簸了十多个小时（路上两次停下来吃了自己带的食品、换了一次车轮胎），司机还说我们很幸运在路上没有被泥石流堵下。我曾经想徒步翻越高黎贡山进入独龙江地区，但后来才知道这样做风险非常大，因为几十公里的翻山越岭完全没有可供歇脚的村庄或人家，必须一路风餐露宿，而且经常下雨。

1999年才修通的独龙江公路，其泥泞、颠簸、狭窄、危险程度远远超出了我们的想象。到达乡政府所在地孔当村才发现，那里能住的宾馆只有一家，总共8个房间，老百姓家里基本上没有可能借宿（房屋太小）。所幸当时进入独龙江的外来者不是很多，我们一行人在贡山县城的时候就通过独龙江乡政府的工作人员预定了宾馆，这才顺利住下来。到达孔当村后，我发现进入独龙江并不意味着我们可以按照自己的计划开始调查。孔当村很小、人口不多，平日里也没有赶集或节日庆典之类的活动。而从孔当到其他村子，道路更加狭窄（有很多地方甚至没有公路），路的两旁长满了野草和灌木。我随意问了一下宾馆旁的小货车司机（没有微型车或公共汽车），如果包车到献九当村（约 5 ~ 7 公里）要收多少钱。司机竟然说要 1500 元，最低价 1000 元。好在县政府的车可以继续供我们使用，所以交通还不是主要的问题。可是在随后的 3 天时间里（北到龙元村，南到独务当村），我们竟然跑坏了三个车轮胎，最后一次连修车店里都没有可换的轮胎了，只好请人从县城托运一个新轮胎进入独龙江地区，这才把坏轮胎换了。

正当我们勉强安顿下来准备开始深入调查的时候，县里传来消息，贡山县的另一个乡（普拉底乡）发生严重泥石流，半个村子、几十条生命瞬间被冲入怒江之中。县政府的车要立即赶回去参加救灾，我们也被要求迅速撤离，以保证安全。再说县政府的车一走，我们就很难再找到车从独龙江回到县城。天不停地下着雨，经过多方考虑，我一行人只好随县政府的车离开独龙江。虽然目睹了独龙江的神秘风采，但从社会调查的角度来说，我们算得上是再次抱憾而归。

2011 年，为了顺利完成教育部人文社科课题，我和项目组成员及两位女学生再次搭一辆双排座的小货车进入独龙江地区。此时，"独龙江整乡推进"项目正在轰轰烈烈地进行中，电网改造、贡山 - 独龙江公路及通村公路建设、民居建设、自来水建设等都在紧张的施工过程中。在各种运送建筑材料的货车碾压下，道路通行更加艰难。我们一行乘坐的卡车在离孔当村十多公里的地方被堵住了，据说前方发生泥石流，正在抢修。好在我们等了 1 个多小时，路就修通了，所有车辆依次顺利通过塌方点。几位从北京过来探险旅游的年轻人都羡慕我们，说我们很幸运。他们说，三天前他们就离开县城了，在这里被塌方所困，不能进也不能退，只能借宿在修路工人的帐篷里足足等了三天，而我们刚到，路就修通了。

为了保证安全，我们把几位女士留在孔当村调查，高朋老师和我徒步到献九当村调查，然后打算继续往北进入龙元村和迪政当村。好不容易走到献九当村，我们才发现根本没法找到吃的和住的地方，村委会唯一的几个办公室都被下村蹲点的干部们住了，老百姓的房子都在建设中。虽然我们自带了帐篷，但吃饭仍然是个问题。无奈之下，我们只好再徒步走回孔当村，随后的调查只能在孔当村附近的几个村小组展开，再不敢贸然深入其他村子。

之后的几年里，我每年都会安排同事和硕士研究生进入独龙江地区调查，收集一些相关数据，或者通过在独龙江认识的朋友传递一些新的信息。我本人因工作繁忙，再没机会重新进入独龙江地区。

直到2015年底2016年初，在云南省社科基金的支持下，我独自进入独龙江，感觉恍如隔世。在茨开镇有专门开往孔当村的中巴车（42元/人），正常每天有两班，如果乘客多的话还可以增加班次。公共汽车旁还有各种微型面包车，可以包车或者凑够一车人就走（50元/人）。独龙江公路（包括从乡政府到各村的公路）全都变成柏油路（四级路），新建公路比原来的路程缩短了十几公里，从茨开镇到孔当村正常情况下3个小时就能到达，而且不再受到大雪封山的影响。我在深冬季节进入独龙江竟然没有受到任何影响。开车的司机认出我曾经多次进入独龙江，因此，看到我一路上端着摄像机拍摄，便在很多地方故意放慢车速，甚至干脆停下车来让我下车拍摄沿途风光。

到达孔当村后，我更是惊呆了。短短几年时间，这里的房子完全变成了具有独龙族特色的建筑，原有高层建筑（如乡政府办公楼、学校和之前住过的宾馆）全都通过"穿衣戴帽"变成紫黄色，加上了有当地特点的屋顶，墙上还装饰了象征独龙族文化的独龙牛头。其他新建的房子全部刷成紫黄色，给人耳目一新的感觉。沿江修建了人行道，有路灯，公共卫生间比城里的还漂亮，竖立着一个少女雕像的中心广场就坐落在乡政府门前，还有设计独特的独龙族博物馆、独龙江汽车站，各种商店鳞次栉比，城里人拥有的 KTV，这里照样有。更想不到的是，以独龙江大酒店为代表的各种宾馆酒店和小旅馆随处可见（据说单是孔当村就有 30 多家），价格为每晚每间 50 元到 300 多元，很多宾馆的房间还装上了空调。

中心小广场旁停放着不少微型面包车，专门载村民或外来游客到各村子。在茨开镇和孔当村之间载客的大多是来自丽江、保山的司机，而往返于孔当和各村之间的大多是当地的司机。来自巴坡村的高师傅和龙元村的李师傅告诉我，农忙的时候（主要是种草果和收草果的时候）他们在家里干活，平时就开着面包车载客。有时候如果客人需要，他们也会载客到茨开镇去，但大多时候是在孔当村和其他村子之间载客。从孔当村到巴坡村（19 公里）正常价格是 20 元/人，到龙元村（约 25 公里）的价格是 25 元/人，到最北边迪政当村（约 30 公里）的价格是 30元/人。如果包车，那就没个准了，一般情况下要 300～500 元（往返一趟）。我以"老顾客"的身份包车到迪政当村需要 200 元，李师傅说如果不是看在老顾客的面上，要 300～400 元。有一次我们一行 4 人要到巴坡村（19 公里），司机们都要 500 元，我们试图砍价到 300 元竟然没有人愿意去。最后，一名从茨开镇载客人到孔当村的外地司机愿意以200 元的价格把我们送到巴坡村。

从乡政府到各村的道路同样让我吃惊不已，4 年前那些崎岖、长满杂草和灌木的公路如今已全变成柏油路，村中的民居看上去简直就是城里人说的小别墅，村内道路已全部硬化，不再泥泞。村子从外观上看很整洁，公共厕所、篮球场、村民活动室、教堂等一应俱全。更可喜的是，大部分村子都有为外来者提供食宿的农家乐。

对于村里的村民来说，玉米、鸡脚稗、土豆及其他传统农作物的种植已经不再是生产活动的核心，草果、重楼种植，独龙牛、山羊、独龙鸡的养殖成为乡村经济的支柱。每天所需的大米靠退耕还林补助买就足够一家人生活。全乡 1068 户村民全部住进了政府帮助建设的现代安居房。35 名孤寡老人全部住进了乡养老院。全体村民都参加并享受新农村合作医疗，很多村民还额外购买了其他医疗、养老保险。大部分村民家中电饭煲、彩色电视机、冰箱、洗衣机一应俱全，部分人家甚至有了电脑、宽带互联网，平均每户人家有两部以上智能手机。

仿佛一夜之间，这些曾经世世代代与外界隔绝的村民突然跨入了一个全新的世界。生产不再是为了自给自足，而是搭上市场经济的快车，真正实现了"跨越式"发展。天气的变化、草果和重楼价格的波动直接影响到村民的收入。年轻人更频繁地往返于城市与乡村，即便坐在家里，电视节目、互联网、手机同样把全世界的信息都带到他们的思想和日常生活中。随着公路通行条件的改善、旅游服务设施的逐步完善和宣传力度的加大，来自全国各地（甚至国外）的游客及各式人物频繁光顾独龙江地区，给当地人带来了经济收入和各种现代信息、思想，甚至经济意识。

这一物质性的转变对当地的村民及他们的知识体系、思维模式、价值体系、社会结构、生活方式以及他们的未来意味着什么？这一巨变过程算得上是一种现代化进程吗？如果是，那么它的现代性生产与全球化背景下国家整体的现代化进程之间有什么样的关联性？如果不是，那么我们将用什么样的语言来阐释这一巨变及其背后的社会文化蕴含？

众所周知，现代化是一个具有时代内涵的动态过程，它是以工业化发展演变为主线，伴随着政治、经济、文化、社会、环境等诸多方面的、极其复杂的系统性改变过程。独龙江地区发展的独特性在于：其一，它处于国家现代化进程的边缘地带；其二，它的"跨越式"发展并非源于自身内在的驱动力和工业水平，而是在国家的扶持下被迅速纳入国家现代化发展进程之中，"跨越式"地参与到现代性的国家再生产及话语体系中来；其三，从传统的、自给自足的农业社会突然"闯入"

以市场经济为核心的现代工业社会撕裂着传统社会文化中的各种关系，社会文化演化过程中的断裂、延续与重建并存。这些特点对于生活在那里的具体个体来说又意味着什么呢？

更重要的是，所有这些巨变是在国家主导式发展的推动下实现的。独龙江地区的发展既是国家现代化进程的一部分，又体现了国家规划、设计下的现代性的地方性生产过程。发展不仅仅是经济上和物质条件的改变，还包括了人与人的关系、各人（家庭）占有的资源禀赋等在市场经济原则的推动下所发生的种种变迁。

那么，国家主导下的独龙江地区发展、政府对这一地区的大力扶持政策究竟给当地群众带来了（或者即将带来）哪些变化？这些变化在环境、个体、家庭、村寨、宗教、制度、教育、经济等不同层面上分别表现为什么形式？这些变化在当地群众的国家认同、民族认同及人际关系等方面产生了什么样的影响？在这些变化过程中当地的传统文化和社会生活方式的持续、断裂和创新都分别表现在哪些方面？这些"跨越式"的改变对于生活在独龙江地区的每一个个体（特别是他们的未来生活）来说意味着什么？

从国家治理的角度来说，中国对边疆地区（特别是乡村社会）的扶持做出了什么样的贡献？从学理上来说，乡村社会的这些变化对于深入研究和思考社会变迁理论或现代性的地方性生产等问题又有什么样的启发意义？有人说，中国式扶贫的"独龙江模式正在形成"，也有人质疑国家为4000多位独龙江村民投入超过12亿元人民币推动"跨越式"发展是否值得？这样一种完全靠国家力量来支撑起来的发展是否具有可持续性，是否具有可复制性？

要回答这些问题并不容易，我尝试着去努力回答。一是通过评估的方法，采取"自上而下"的方式，从发展行动本身入手，考察发展行动的实施过程及其产生的经济、社会、文化影响。比如，在独龙江公路改造工程实施过程中政府、外来者和当地各类人群对工程寄予什么样的期望、如何参与、如何受益；公路改造完成后，方便的出行条件和信息交流给当地人的日常生活和思想观念带来什么实质性的影响；货物运输的便利如何促进产品、商品的流通，对当地的生产、消费等又带来什么样的影响等。二是通过当地村民的个人叙事（life story），采取"自下而上"的方式，在倾听人们的叙事中感受当事人眼中的各种变迁。研究者通过倾听当事人对发展过程的亲身感受、他们每天的所思所想以及他们的叙事方式来解读国家主导型发展对一个村寨、一个家庭、一个社会群体、一个个体所产生的影响。简单地说就是，研究者既要注重开展理论性的宏观分析，也不妨到普通老百姓中间去、坐下来慢慢倾听他们的心声，从他们的讲述、叙事中去感受中国式扶贫的社会成效。正如习近平总书记所言："小康不小康关键看老乡"。

鉴于我之前曾经尝试用评估的方法，"自上而下"地分析过国家主导式发展对普米族、独龙族村民日常生活的影响，即站在研究者（或旁观者）角度来审视国家主导型发展给人口较少民族带来的经济、社会变化，本书重点从人生叙事这一微观视角，站在他者的角度来思考独龙江地区的发展与变迁问题。

本书从市场竞争进入乡村经济社会生活和资源禀赋两个点切入，探讨在国家主导式发展背景下，社会包容和社会排斥在独龙江地区乡村社会生活中的基本特点及生成过程，从而从现实生活的层面来展示中国特色的发展模式。我认为，中国社会对包容性的理解和实践与西方社会有着很大的区别，其中最重要的是中国政府在发展中的主导、引领作用，因此，包容性研究必须将具体的政治、经济、社会、文化场景结合起来思考。本书采取"自上而下"和"自下而上"相结合的方式，分别从理论、国家层面和个人叙事、村社生活等微观层面来探讨国家主导式发展对乡村社会生活的影响（特别是 2005～2015 年独龙江地区的发展与变迁），从而思考中国式包容性再生产特点。之所以选择 2005～2015 年作为考察、研究和思考独龙江地区社会文化发展变迁的时间段，主要有三方面的考虑：其一，2005 年国家正式提出《扶持人口较少民族发展规划（2005—2010 年）》，并开始对全国 22 个人口较少民族进行重点扶持，独龙江地区的独龙族是重点扶持对象之一；其二，这十年是独龙江地区发展历程中具有转折性、典型性的十年，也是独龙江地区被纳入国家现代化进程并取得重要发展成就的关键十年，从此独龙江地区从"内敛型"的发展模式真正走向"外向型"的发展模式；其三，我本人亲历了这十年的巨大变化，这期间也是我对独龙江地区的发展给予最多关注和反思的十年。虽然关注的焦点是十年，但实际上很多访谈一直延续到 2017 年底才暂告一个段落。

本书的第一章着重介绍独龙江地区的基本情况以及独龙江乡整乡推进工程的主要内容，其中的重点是"六大工程"及其带来的生态、经济、社会改变。第二章主要从包容性概念、国家、地方发展三者之间的关系和主要研究方法入手，讨论独龙江地区帮扶模式和由此引起的乡村社会文化变迁，探讨中国政府如何利用自身制度优势来探索和实践中国式的包容性发展模式。将一些相关的问题、理念和原理与"独龙江乡整乡推进"项目结合起来思考，从宏观上对包容性发展的基本内涵进行系统反思。第三章，从微观层面上，对独龙族村民具体生活实践和日常叙事进行分析。通过记录大量的村民叙事来呈现民间话语视角下的独龙江地区经济、社会、文化发展现状。第四章是对各种叙事的阐释与分析。从社会包容性的视角，讨论在现代社会背景下，中国的国家主导型发展的社会意义，以及其对独龙江地区社会文化生活所带来的变化。第五章是归纳、总结和反思国家主导型发展与乡村社会包容性之间的关系，同时对个人叙事作为一种社会人类学研究方法的有效性谈谈自己的一些基本观点。我将村民的叙事与各种相关的理论观点结合起来进行综合性的思考，通过两个视角来探讨乡村社会生活中的社会包容性建构过程：第一个视角是市场经济竞争在乡村生活中的形成及其影响，第二个视角是乡村生活中资源禀赋的积累与转化。我认为这两个视角对于系统考察乡村社会包容与社会排斥具有极其重要的意义。本书对研究乡村社会包容性发展、民族团结、乡村振兴、民族地区社会文化变迁等方面的学者、咨询专家、学生都有一定的参考价值。

为了更好地观察独龙江地区的变化，达到研究的目的，我与同事、研究生自 2010 年 8 月起，每年至少到独龙江地区开展一次调查，其中 2016 年先后四次到独龙江地区开展调查，收集了海量的政府文件、资料、调查者的访谈录音、村民的日记和访谈笔记。2017 年底，六库 - 丙中洛二级公路开始改建，当地政府借机重新打造独龙江地区的旅游环境，因此，政府公告 2018～2019 两年时间，禁止外来者（游客和调查者等）进入独龙江地区。我对独龙江的关注和调查也就此暂时中断。

在多年的调查中，我们得到了诸多项目、部门、同事和研究生的大力支持和配合，尤其是教育部人文社科基金、云南省社科基金项目、云南民族大学民族团结进步研究院、贡山县人民政府、独龙江乡政府、独龙江地区的各村委会等的积极支持。参与调查的人员先后有干小莉老师、陈立生老师（独龙族）、陈建华老师（独龙族）、高朋老师、黄晓赢老师、杨柽老师、艾丽曼老师等，研究生有洪君怡、吕星、付更行、黄杰、毕雪婷等，还有很多未提及的部门和人员，在此一并表示感谢，没有他们的积极支持和配合，本书是不可能付梓的。

特别要说的是，本书第三章中的村民叙事主要是付更行同学负责记录的。我曾试图邀请该同学一起完成本书的写作，但其因忙于其他工作，无暇参与。在写作的过程中，我对该同学的记录进行了重新整理、修正并对其中一些故事进行了解释、评论。如果没有付同学的辛勤劳动，这部分的资料不可能出现在书里。为了体现这位同学的特殊贡献，书中不少地方使用了"调查者"来指代该同学，以区别本书的作者"我"。也想借此表明，假如在观点上、写作上有什么不妥（甚至错误）之处，主要责任在"我"而不是"调查者"。

::: **目　录**

第一章
国家主导式发展与独龙江乡的经济社会变迁

第一节 独龙江乡概况

云南省怒江傈僳族自治州贡山独龙族怒族自治县独龙江乡位于云南省西北角，北接西藏自治区的察隅县，西面和南面与缅甸克钦邦控制区比邻，向东翻过高黎贡山就是怒江大峡谷的丙中洛和茨开镇。全乡自北向南设迪政当村、龙元村、献九当村、孔当村、巴坡村和马库村六个村委会，目前乡政府设在孔当村。全乡总面积1997.3平方公里，占贡山县总面积的44.25%。南北长91.7公里，东西宽34公里。中国与缅甸的37~43号界碑就建在独龙江乡与缅甸交界处，乡内国境线全长97.3公里。

2014年10月独龙江公路正式贯通之前，独龙江乡每年有半年左右的时间（当年11月至次年4~5月）大雪封山，交通阻隔，与外界几乎没有什么联系。

独龙江系云南西北部横断山脉"四江并流"的重要组成部分，发源于西藏察隅县的嘎达曲，流经高黎贡山与担当力卡山之间的深谷，进入缅甸汇入伊洛瓦底江。该江在察隅县境内被称为"美尔东曲"（藏语），在贡山县境内因独龙族世居于江水两岸而被称为独龙江，进入缅甸后改称恩梅开江（全长250公里），是伊洛瓦底江的一级支流。独龙江峡谷气候温和、雨量充沛、森林繁茂、耕地稀少。独龙江乡是中国独龙族唯一的聚居地，流域内 99% 的人口属独龙族。近年来，随着市场经济的发展和外来上门女婿的增加，非独龙族人口有所增加。

在整个独龙江乡范围内，水、森林和动物是最丰富的资源。独龙江 947 平方公里的流域面积内，最高海拔达到 4969 米，而最低海拔只有 1200 米。巨大的落差在支流上形成了 100 多条飞瀑。清澈的独龙江水汹涌澎湃、奔流不息。东西两面山上森林覆盖率超过 93%，再加上常年雨量充足，山上水流不断。

独龙江流域内已知种子植物有 163 科 746 属 2686 种，其中高等植物 1000 多种、药用植物 100 多种、花卉植物 80 多种。稀有珍贵树种主要有秃杉、黄杉、榧木、树蕨、楠木、紫檀、红豆杉、贡山三尖杉、珙桐等。哺乳动物有 8 目 25 科 74 属 192 种；鸟类有 269 种；昆虫有 690 种，隶属 20 目 167 科。其中地方特有的野生植物有 239 种，隶属 103 科 14 属，特有野生动物 17 种。

受印度洋暖流的影响，独龙江流域内雨量特别充沛。从每年 3～4 月开始直到 8～9 月结束，降雨量能达到 3200～4700 毫米，日均降水量最高可达到 120 毫米，空气湿度高达 90%，年平均日照时间为 1100～1400 小时。峡谷东西两岸山顶上终年积雪，山谷里却很少飘雪，每年无霜期多达 280 天，且峡谷内空气湿度大，比较适合各种植物（特别是阔叶植物）生长。草果是目前引进的、有较好的经济价值又利于环境保护的作物。它一般生长在大树下，喜欢阴湿之地，不用施肥，一年一挂果，特别适合在海拔 500～1800 米的地区种植。

独龙江两岸都是悬崖峭壁、杂树丛生，少有平地。巨大的落差导致江水汹涌、乱石林立，完全没有在江中行船的可能性。在贡山－独龙江公路修通之前（1999 年），人们沿江而行的时候需要来回渡江，寻找可通行的便道，一会儿在江东行走，一会儿又需要到江西才能通行。这样，当地人独创的溜索、藤条、藤梯就是出行不得不选择的攀岩、过江方式。溜索、藤条和藤梯都是没有安全保障的道路通行方式，当地降雨量大，长时间处于潮湿状态的藤条很容易腐烂，不牢固，人一旦落入激流汹涌的江中，几乎没有存活的可能。

1950 年以前，独龙江峡谷与外界基本上处于完全隔绝的状态。高黎贡山和担当力卡山阻断了进出通道，当地除偶尔与来自藏区和丽江土司的收租税人员有点接触外，与外界几乎没有交往。当地人只有搭木梯攀岩、靠藤绳过江、逃过野兽的攻击才能离开独龙江乡。因此，外面的人几乎进不了独龙江乡，独龙江乡的人也很少能走出大山。

独龙江乡独特的地理和气候特性决定了那里的生活环境条件。居住在独龙江乡的群众在历史上长期处于与世隔绝的状态，铁制劳动工具很少，木棍是普遍的生产工具，生产力水平极低，连基本的温饱都很难保障，更不用说什么财富积累。另外，那里的人们基本上都是以家族为单位分散居住在便于耕地的山坡上，因此，在日常社会生活中，人与人之间的矛盾和冲突并不是很明显。他们大多以父系家族（宗族或氏族）为单位分散居住在山坡上，家族之间有约定俗成的分界线，相互之间的交换（除了婚姻交换）也很少见，即便到今天也不像其他地方一样有专门的赶集日和赶集地点。在对外关系上，明朝和清朝以后，开始出现周边民族的上层人士对独龙江乡的村民收取贡赋和各种捐税的压榨行为。

在与世隔绝的独龙江峡谷内，人民的生活历来处于极端贫困的状态。"刀耕火种"的农耕方式、狩猎和捕鱼几乎不能满足基本的生活需要，直到 20 世纪 50 年代，独龙江乡的主要生产方式都是用简单的工具砍伐山坡上的树林、灌木、杂草，焚烧后直接播种，每亩产量只能达到 50 公斤左右。在独龙江中捕鱼是当地人最重要的生活方式之一，但由于独龙江水流湍急，每年有不少男子葬身独龙江中。在工具极端缺乏的条件下，狩猎更是一种非常不可靠的生活来源。在艰难的生存环境下，那里的人们很早就掌握了用麻线纺织布料的技术，但自己纺织的麻布远不能满足自己穿衣的基本需求。因此，在相当长的历史过程中，独龙江乡的男人一般用一小块麻布遮住下身，女人和小孩用树叶、芭蕉叶或木板遮羞。

20 世纪初，独龙江乡的父系氏族的社会结构已很松散，在现实生活中起着主要作用的是氏族公社。民国后，虽推行了保甲制度，建立了统一的行政组织，但是原来以父系家族为基础的村社头人制度仍然存在。1950 年 4 月，独龙江乡被设立为贡山县第四区，1969 年改为独龙江公社，1984 年改为独龙江区，1988 年区改乡后称独龙江乡。

由于该乡坐落于最高峰 5128 米的高黎贡山和最高峰 4934 米的担当力卡山之间的深谷中，东西两面都是陡峭的山坡，可耕地面积本来就很少，"独龙江整乡推进独龙族整族帮扶"项目（为行文简洁，下文非必要时简称整乡推进）实施后，很多原来分散居住在山坡上的村民统一搬迁到有限的小块平地居住，导致部分耕地被占用，所以，到 2015 年的时候，人均耕地面积只有 0.62 亩①，且都是旱地。当地群众已经多年不种水稻，主要原因是产量极低。自 2003 年起，当地群众积极响应政府的号召，实施"退耕还林"政策，永远结束了在山坡上"刀耕火种"的生产方式。从此，政府根据各户退耕还林的面积和人口数给予适当的大米补助。

近五年来，越来越多的村民开始感受到种植草果带来的经济效益，开始大规模种植草果。2015 年一般家庭能通过售卖草果获得 5000 ~ 15000 元的经济收入（少数家庭据说已经达到 30000 ~ 40000 元甚至 40000 元以上的收入）。但由于草果一般需要种植 3 ~ 4 年才能挂果，开始见到效益，部分种植草果较晚的家庭还没有从中获得收益或者收益较

---

① 这是当地政府沿用 2010 年前的数据，整乡推进项目实施后，部分耕地被民居建设占用，再加上人口增加，实际耕地面积小于 0.62 亩，部分村庄人均耕地面积只能达到 0.28 亩。

小。迪政当村村委会所属的村子（甚至包括部分属于龙元村村委会的村子）因海拔过高而不能种植草果。龙元村的海拔虽然也略微超过了草果生长的海拔高度要求，但很多村民还是尝试着种植了一些草果，目前都已经成活，但是否能挂果还有待观察。草果种植成了当地最主要的经济收入来源，除此之外，重楼种植，中蜂、山羊、独龙鸡、独龙牛、黄牛养殖（主要在北部的龙元、迪政当村）也是重要的经济收入来源，但数量都不多。目前怒江傈僳族自治州贡山县正在积极转变发展思路，推动生态旅游规划建设，独龙江乡作为该规划的重要组成部分之一正在积极抓紧硬件和软件建设，一方面借助民居改造的机会，建设民族特色村寨、农家乐和主要景点；另一方面不断努力扩大各种服务技能的培训（驾驶培训、农家乐服务培训、烹饪技术培训等）。

贡山独龙族怒族自治县人民政府正式成立（1956 年）后，便开始着手修建贡山县城至独龙江巴坡村的人马驿道。开工后由于资金等各种原因曾停止修建，复工后于 1964 年 11 月最终建成，路基宽 1.2 ~ 1.5 米，建有石台木面桥 3 座、小桥 16 座。驿道建成后，成为独龙江乡和外界沟通的唯一渠道。虽然 58 公里的人马驿道需要走 2 ~ 3 天，但毕竟是独龙江乡历史上第一条能够基本通行的道路。

独龙江乡生活的必需品都是靠人背马驮从贡山县城所在地茨开镇运送进去的，每年只有大雪封山前半年左右的时间才能通行。所以，大雪封山前（10 月底至 11 月初），县里的运输队和来自福贡、迪庆、丽江的马帮就聚集在贡山县，在政府统一安排下把日常生活所需物资运到独龙江的巴坡村，然后再转送到各村去。独龙江乡的青壮年村民也参加背运物资。当时从贡山县城到巴坡村一共 58 公里，但来回一趟至少得 5 ~ 7 天的时间。

1995 年 7 月 1 日，交通部和云南省交通厅将修通 96.2 公里的独龙江公路作为重要的扶贫项目开始实施。在 4 年的建设过程中，总共投入资金 9800 万元、投入劳动力 4000 人次，终于在 1999 年 9 月 9 日正式宣布独龙江公路全线通车，在一定程度上缓解了当地交通运输的困难。但因道路没有硬化，当地雨量充沛，道路两旁树木杂草生长迅速，道路显得非常狭窄。道路最高点高黎贡山隧道附近，每年11月至次年4~5月有半年左右的时间大雪封山，车辆不能通行，人也很难通过。高黎贡山土质特别松散，夏天一旦下雨，出现泥石流的概率非常高，所以，泥泞的道路和经常发生的泥石流使得当地的交通运输仍然非常困难，特别是雨雪天，车辆基本上不能通过，车子被堵在半路进退不得的情况也不少见。更糟糕的是，96.2公里的公路沿线没有一个村子，一旦道路阻断，连个遮风避雨、吃饭喝水的地方都没有。

2006年，根据国家民族事务委员会、国家发展和改革委员会、财政部、中国人民银行、国务院扶贫办联合发布的《扶持人口较少民族发展规划（2005—2010年)》，云南省也相应出台了《云南省扶持人口较少民族发展规划（2006—2010年)》，对省内10万人以下的人口较少民族独龙族、德昂族、基诺族、怒族、阿昌族、普米族和布朗族进行扶持，主要目标是在175个人口较少民族聚居村实现"四通五有三达到"[①]。扶持的基本原则是规划村内的各民族一律平等扶持，并延伸扶持周边特困民族、散居民族和深度贫困具体聚居地区，并对其中一些情况较为特殊的民族采取特殊的措施进行扶持，独龙江乡整乡推进的基本设想就是在这样的背景下开始孕育的[②]。

2011年，根据五部委发布的《扶持人口较少民族发展规划(2011—2015年)》《云南省人民政府关于进一步加快人口较少民族发展的决定》《云南省加快少数民族和民族地区经济社会发展"十二五"规

---

① "四通五有三达到"，是指通路、通水、通电、通广播电视；有学校、有卫生室、有安全饮用水、有安居房、有基本农田或牧场；人均纯收入、人均有粮、九年义务教育普及率达到国家扶贫纲要和"两基"攻坚计划要求。

② "云南人口较少民族5年近13万人脱贫，贫困发生率降四成"，中国新闻网，2011年11月3日。

划》，云南省再次编制了《云南省扶持人口较少民族发展规划（2011—
2015 年)》，将 8 个人口在 30 万以下的人口较少民族纳入重点扶持对
象①，扶持范围由原来的 175 个建制村扩大到 395 个建制村（3520 个自
然村），总扶持人口达到 42.1 万人。

2011 年 1 月 29 日，在党和国家的关怀下，独龙江公路改建工程正
式开工，将原来的泥土路改成单车道四级公路，同时在高黎贡山上打通
独龙江隧道，使原来的公路里程大大缩短。在 4 年的时间里，共投资 8
亿元。2015 年 11 月独龙江公路隧道正式完工，独龙江乡从此不再是与
世隔绝的偏僻之地。

第二节　独龙江乡人口概述

独龙江乡在历史上是独龙族的聚居地，99% 以上的人口都是独龙
族。新中国成立以后，特别是改革开放后，由于跨地区、跨民族婚姻越
来越普遍，政府工作人员和经商、建筑工程人员等的进入，非独龙族人
口不断增加。所以，本书没有简单地将独龙江乡的人口等同于独龙族。
随着全球化、现代化、市场经济的迅速推进，人口流动已经成为全世界
普遍存在的现象。独龙江乡的人口流入流出虽然不如中国许多地方那么
频繁，但随着外嫁女和上门女婿（特别是外来经商人口）的增加，独
龙江乡人口的构成已经发生改变，这是不争的事实。但由于在历史上独
龙江乡的居民主要是独龙族，因此，有必要对独龙族做专门的介绍。

独龙族，过去自称"独龙"（Terung），历史上别的民族曾经歧视
性地将他们称为"俅帕""俅子""洛""曲洛""俅人""曲人"等，
是全国 28 个（云南省 8 个）人口在 30 万以下的"人口较少"民族之
一。根据第六次全国人口普查的结果，独龙族总人口 6930 人，其中男

---

① 在原有 7 个人口较少民族的基础上增加景颇族。

性 3349 人，女性 3581 人[①]，主要分布在云南省贡山独龙族怒族自治县独龙江流域的河谷地带（少量人口居住在怒江峡谷的丙中洛地区），高黎贡山以西，担当利卡山以东。一般认为，缅甸北部的日旺人（2 万 ~ 3 万人）与独龙族同属一个族群。

独龙族在相当长的历史发展过程中，主要以父系氏族（独龙语称为"尼勒"[②]）为基本单位各自分散居住在山坡上或江边台地上。独龙族所谓的"氏族""家族"与内地（特别是东南沿海一带）或其他很多民族的氏族或家族概念并不相同，氏族的称呼往往与该氏族的某些特征或者某种超自然的象征，甚至与其居住的地方有着密切的关系。如"木金"氏族的意思是"天上诞生"的意思；"当生"是"红皮肤"的意思；"东勒"意为"性格暴躁"；"麻必洛""克劳洛"便是独龙江上游两大支流的名称，其中"洛"是"河谷"的意思；"孔当"的意思是"一块宽大的坝子"，后成为孔当家族的称呼；"巴坡"是"下游的一块台地"的意思，也成为巴坡家族的称呼；"龙棍"，意即石头多的地方。当然也有用家族长的名字来命名的，如"木千王""木千图"等。独龙族个体的姓名一般比较长，基本模式是"家族名 + 父亲名 + 儿子名"或者"家族名 + 母亲名 + 女儿名"，因此，一看名字就知道属于哪个家族。新中国成立后，由于小学老师大多是从外地进入独龙江乡的汉族或其他民族，他们很难记住学生的独龙族姓名，就用汉语的习惯为学生取了姓名。几十年后的今天，独龙江乡仍然用独龙族姓名的人已经很少了。

氏族成员之间也不像东南沿海地区那样有紧密的联系，族长的权力、权威相对较弱，氏族内部的各种规则、行为规范也不成严格的体系，更没有宗祠、家庙之类的东西。一个氏族更多的是一个相对完整的

---

① 2010 年第六次人口普查数。

② "尼勒"的意思是同一祖先传承下来的、具有血缘关系的共同体。

经济、社会单位，成员之间靠着狩猎、采集和非常简单的生产方式相互帮助、相互依存。氏族成员间有责任相互帮助及保护，如果家族中某个成员受到外人的欺凌或者杀害，其他成员都有义务为他报仇。同一氏族的成员之间，或者分出的家族之间不能通婚。由于独龙江特殊的地理环境和落后的生产技术，同一个地方很难养活很多的人。氏族成员逐步迁徙、分裂（独龙语称为"其拉"或"吉可罗"），形成新的家族。

在传统社会生活中，几个家庭（一般 2～3 个）会合在一起，组成一个大家庭（独龙语称为"宗"），家长"吉马戛"可以是（也可以不是）家族长。大家庭内部的男子娶妻后就建立自己的小火塘，在大家庭内过起小家庭的生活（独龙语称为"卡尔信"）。因此，同一个大家庭内可能住着父、子、孙三代人。大家庭成员共同拥有土地、共同劳作，收获的粮食"捧千"统一放到大仓库里，由年长的主妇负责管理，做饭的时候从大仓库里拿来做给大家吃。同时，每一个火塘（小家庭）留有少部分土地，耕作的时候全体成员参加，收获则归各小火塘所有。属于小火塘的土地上收来的粮食则储藏在各小家庭的小仓库里（"捧秋"），由小家庭的主妇来管理。这种区分在现实生活中更多的是一种象征性的财产分割，实际上，当大仓库里共有的粮食吃完了之后，小仓库里的粮食一样会成为大家共同分享的食物，小家庭不能拒绝。也就是说，大家庭内部成员相互之间的义务高于小家庭的利益。吃饭时，通常由年长的主妇按人平均分配，不论大小哪怕是婴儿也都要分一份。若老主妇不在，就依次由最年长的媳妇来分。

到 20 世纪 50 年代的时候，整个独龙江乡共有 54 个氏族公社。每一个家族就是一个自然村，家族之间往往以山岭、河谷、森林或者溪流为界，相互之间形成某些不成文的规约，不能随意侵入他人的领地。家族长（"卡桑"）一般都是由家族内部辈分较高、善于表达、生活相对富裕的男性成员担任。"卡桑"是家族内部自然形成的，大多数情况下，他需要有"南木萨"① 的知识、能够主持祭祀活动，同时他还要有能力组织生产及解决家族内外部的各种纠纷，但他平时也像其他成员一样参加劳动。如果他失去大家的信任或者死亡了，家族内重新找人代替，不存在世袭的关系。相邻的家族之间没有从属关系，除非是受到周边一些上层人士的欺压而不得不联合起来共同抗敌，一般情况下，家族之间没有长期的联盟关系。

由于特殊的地理位置，独龙江乡一直处于相当封闭的状态，很难与外界有频繁的联系。虽然雨量充沛，但可耕地极少，能生产的农产品也非常有限，甚至很少有铁器之类的生产工具。因此，1950 年前的独龙江乡社会发展极为缓慢、生产力水平极低，人们只能靠采集、狩猎、捕鱼和少量农耕来维持基本的生活。大部分人仍然处于衣不遮体、食不果腹的状态。也就是说，刀耕火种、采集和狩猎是当时主要的经济形式。由于居住在一起的大多是同一个家族的成员，所以，一般实行伙有共耕、伙有伙耕和私有私耕等生产组织形式。

20 世纪 50 年代，随着生产力的发展，生产劳动日益个体化，一夫一妻制的个体家庭便从氏族公社中分裂出来，成为独龙族社会经济的基本组织形式。小家庭包括夫妇及其子女，已很少三代同住。家庭内部男女地位基本平等，生产、家务以及子女婚姻大事一般由夫妻双方共同商定。家长则由男子担任。儿子婚后便要另立火塘与父母分家，一个火塘就是一个相对独立的经济单位。幼子则与父母共居，既是双亲的赡养者，又是财产的继承人。中华人民共和国成立之后，独龙族也同全国其他地方一道经历了社会民主改革、社会主义建设、改革开放及其他种种经济制度改革。

如今，在政府的扶持和鼓励下，原先分散居住在山坡上的人家逐步

---

① 南木萨是独龙族中那些被认为能与神灵沟通的人士，他们能够治病、驱鬼神，甚至算卦等，其身份类似于巫师或巫医。

搬迁到独龙江两岸相对平缓的台地上集中居住。家族之间的界限越来越模糊，大多数独龙族人的氏族（或家族）观念已比较淡薄，不同的家族（氏族）相混而居，核心家庭成为基本的生产、生活单位，而且国家不再允许村民在山上开荒种地、狩猎，甚至捕鱼也每年有固定的"禁渔期"，因此，家族成员已无共同的特定地域或合作关系，也没有更多的依赖关系。原有的领地只是以一种各兄弟家族所公认的祖先象征物留存在大家的记忆之中。

在传统社会生活中，独龙族相信万物有灵，因而对河流、山岭、大树、巨石等各种自然物都充满了崇拜。他们认为人类的福祉、疾病或各种天灾人祸都与自然界中的各种神灵有密切的联系，而能够通过祭祀或打卦与这些神灵沟通的"南木萨"（巫师或者巫医）一般就是家族长，他能够帮助人们消除病痛或灾难，但他并不是专职的祭司，也不需要专门的学习和训练，主要是通过前人口传、示范、心授而积累下来的经验和知识。平时他也和其他人一起参加劳动，看不出有什么独特的身份。

20 世纪初，来自美国的传教士从缅甸进入独龙江乡[①]，开始在当地传教。一部分独龙族群众开始接受基督教信仰。60～70 年代，基督教信仰几乎被完全禁止。直到 90 年代以后，基督教信仰又重新恢复并兴盛起来。目前，信仰基督教的独龙族村民约占独龙江乡独龙族总人口的 20%，在整个独龙江乡除了相信万物有灵和基督教信仰之外，暂未发现其他的信仰。

20 世纪 50 年代前，独龙族没有自己的文字，人们常用刻木记事来讲述自己的历史。"打官司"一般是请头人来，谁有道理就放一小根棍子在谁的面前，最后谁的棍子多就是谁有道理。直到今天，教堂里的《圣经》都是用傈僳文写成的，念经的时候也大多是用傈僳语，牧师也大部分是傈僳族。据说，有独龙族的学者已经创制了独龙文，独龙文的

---

① 有一说法是从傈僳族地区进入独龙江乡。

《圣经》已经出版,但目前在普通独龙族群众中并未得到普及。最常见的现象是,传教士带着信众用傈僳文念《圣经》,讨论、个人发言的时候有的用傈僳语、有的用独龙语,甚至有的同时使用傈僳语和独龙语。

由于独龙族在历史上长期生活于深山峡谷中,与外界联系很少,再加上自身没有文字,生活中的各种社会文化知识基本上是通过口传心授的方式一代又一代传递的。随着生存环境的改变,很多本土知识正在迅速消失。比如,由于禁止刀耕火种、狩猎等以后,原有的植物、动物知识越来越少,很多年轻人已经不像他们的父辈那样知道各种动植物的特性及用途了。

一 人口变迁

在笔者调查期间,独龙江乡的独龙族人数一直是一个无法确定的数字,乡政府提供的数字和笔者到各家各户调查的数字总是不匹配,原因可能是村民在计算人口的时候对于那些外嫁后又返回的人(有离婚的,有没离婚但因种种原因长时间住在独龙江乡的)、上门女婿等有不同的观点。最权威的数字应该是第六次全国人口普查(2010 年)提供的数字。按照 2010 年的人口普查结果,独龙族总人口为 6930 人(男性 3349人、女性 3581 人),这些人中约有 4000 人长期居住在独龙江乡。由于独龙江乡是独龙族的主要集中居住地,且独龙江乡的人口也是以独龙族为主,所以,在此有必要作一个专门的介绍。

从历次全国人口普查的数字来看,独龙族人口情况的变化还是比较大的。有关 1953 年普查时的独龙族人口数据,各种文献都没有具体的记载。1964 年时独龙族的总人口是 3090 人,但没有分性别的人口数据。1982 年的统计是男性 2254 人、女性 2379 人,共计 4633 人。1990年是 5825 人,其中男性 2792 人、女性 3033 人。2000 年总人口 7426人,男性 3649 人、女性 3777 人。从这些统计数字中可以看出,独龙族在历年的统计中,女性的人数都略多于男性。

从人口的年龄结构上来说（见图1），15~29 岁的人最多，占独龙族总人口的31.57%，其次分别是 0~14 岁（占 24.89%）和30~44 岁（占 22.7%）。以后，随着年龄增长人口数量急剧下降，60 岁以上的人口仅占8.02%，其中75 岁以上的人口只有1.87%，远低于全国的平均值。根据2010 年的人口普查数据，全国 60 岁以上人口的比例是12%。总体上，独龙族长寿的人并不多，80 岁以上的老人只有63 人（占独龙族总人口的0.9%），这个数字可能还包括了一些在其他地方居住的独龙族人。这似乎与独龙江乡山清水秀、空气清新的环境不完全相符。其中的原因还需要更多的科学数据来证明，不过生活的艰辛应该是其中最重要的原因之一。

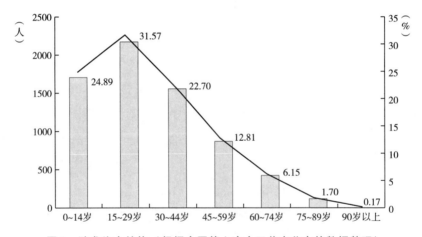

图 1　独龙族人结构（根据全国第六次人口普查公布的数据整理）

从性别差异上来说，在 0~9 岁年龄段，男女比例基本平衡（588：558），女性人数略少于男性，但之后男女人口比例就出现了明显反转，10~14 岁年龄段是 277：302，15~19 岁年龄段是 293：318，25~29 岁年龄段是352：414，30~34 岁年龄段是 281：310，50~54 岁年龄段是132：169。笔者将 15 年作为一个年龄段进行比较，可以看出，除了 0~14 岁人口中男性人数多于女性外，其他每个年龄段中女性的人数都略多于男性（见表2）。由于这是独龙族在全国的数据，所以，女性人口在某些年龄段偏多并不一定与独龙江乡的情况相符，有很多女性实际上嫁到了独龙江之外的地方。

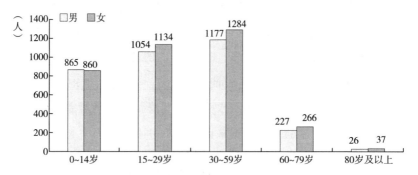

图2　独龙族不同年龄段男女比例

表1中对独龙江乡各村2006年至2015年的农村人口变化进行了比较［没有包括在独龙江工作的政府公职人员，共计107人（其中男性93人、女性14人）］。表中的数据显示，迪政当村的人口在逐年减少，马库村的总人数保持不变，其他几个村的人口都有小幅增加。这里可能存在某些村数据更新不及时的原因，也可能是由于整乡推进而不得不暂时冻结户口，但这些数字还是在一定程度上反映出独龙江乡人口的基本特征。女性外嫁的人数在增加，导致人口外流（有的外嫁后离婚又返回独龙江但未登记）。另外，非正常死亡人口的比例有所增加（主要是酗酒导致意外死亡或食物中毒死亡）。根据独龙江乡政府提供的数字，2014年至2015年独龙江乡共增加41人（增0.98%），其中男性增加59名（增加了2.62%），女性减少18名（减0.94%），由于分家等原因新增32户（增加3%）（见表2）。

按照2010年第六次全国人口普查的数据，独龙族的迁移人口达到544人，其中男性229人、女性315人，女性人数明显多于男性。因务工经商迁移的人口基本上集中在15～54岁区间，"随迁家属"则主要集中在0～14岁区间。而且在15～49岁的迁移人群中，每一个年龄段中

表1 2006～2015年独龙江乡各村人口状况

	迪政当村			龙元村			献九当村			孔当村			巴坡村			马库村		
	2006	2010	2015	2006	2010	2015	2006	2010	2015	2006	2010	2015	2006	2010	2015	2006	2010	2015
农户数（户）	140	142	174	116	141	163	164	183	213	216	237	262	170	191	216	68	70	70
乡村人口（人）	626	630	616	542	551	576	674	702	749	997	1014	1007	763	796	861	288	288	288
男性（人）	321	310	368	276	325	295	373	385	414	548	564	525	432	453	466	139	139	142
女性（人）	305	320	248	266	226	281	301	307	335	449	450	482	331	343	395	149	149	146
劳动力（人）	273	310	346	301	254	374	429	419	489	445	494	511	423	399	439	142	138	164
独龙族（人）	626	630	616	542	551	576	674	683	728	981	1014	984	759	796	856	288	288	288
汉族或其他民族（人）	0	0	0	0	0	0	0	19	21	16	0	23	4	0	5	0	0	0

资料来源：根据"云南数字乡村网"（http://www.ynszxc.gov.cn/S1/Default.shtml）及独龙江乡政府提供的数据整理。

表2 独龙族迁移状况统计

年龄	合计			务工经商			工作调动			学习培训			随迁家属			投靠亲友			拆迁搬家			记挂户口			婚姻嫁娶			其他		
	男	女	小计	男	女	小计	男	女	小计	男	女	小计	男	女	小计	男	女	小计	男	女	小计	男	女	小计	男	女	小计	男	女	小计
0~5岁	17	9	26										15	8	23	1		1		1	1							1		1
6~9岁	8	7	15							1	1	2	6	5	11	1	1	2												
10~14岁	6	9	15							2	2	4	3	7	10													1		1
15~19岁	33	59	92	2	6	8				27	47	74	3	2	5											3	3	1	1	2
20~24岁	57	65	122	19	23	42	1	5	6	32	9	41		5	5	2	2	4							1	18	19	2	3	5
25~29岁	41	50	91	23	15	38	9	9	18	3		3		5	5								1	1	3	20	23	3		3
30~34岁	14	38	52	9	12	21	3	3	6				1	4	5		1	1								17	17	1	1	2
35~39岁	19	27	46	10	5	15	6	3	9				1	5	6										1	13	14	1	1	2
40~44岁	8	23	31	4	8	12	3	1	4					2	2		1	1	1	1	2					8	8		2	2
45~49岁	7	10	17	4	4	8	2		2					3	3					1	1				1	2	3			
50~54岁	8	6	14	3	4	7	1		1				1		1	1		1	1		1				1	2	3			
55~59岁	3	2	5		1	1	2		2					1	1	1		1												
60~64岁	4	4	8				1		1							1		1		2	2	1		1		2	2	1		1
65岁及以上	4	6	10	1		1										1	2	3		2	2	1		1		1	1	1	1	2
合计	229	315	544	75	78	153	28	21	49	65	59	124	30	47	77	8	7	15	2	7	9	2	1	3	7	86	93	12	9	21

资料来源：国家统计局人口和就业统计司、国家民族事务委员会经济发展司编《中国2010年人口普查分民族人口资料》，民族出版社，2013。

的女性人数都明显多于男性。迁移的主要人口包括嫁到外地的女子，外出务工的年轻女子（现在已经很少）、在外上学的年轻人。独龙族人口的迁移情况见表3。

表3　独龙族迁移的原因

单位：人

总迁移人数	迁移类型								
	务工经商	工作调动	学习培训	随迁家属	投靠亲友	拆迁搬家	记挂户口	婚姻嫁娶	其他
544	153	98	248	80	15	8	2	93	20

在九大类型中，学习培训、务工经商、工作调动、婚姻嫁娶的人数占了绝大多数。其中的"工作调动"主要涉及国家公职人员，"学习培训"主要是正在上学的学生。从独龙族居住地来看（见表4），除云南省外，独龙族人数相对较多的依次是贵州省（87人）、河南省（55人）、广东省（51人）、四川省（47人）、湖南省（36人）。这些人中，各种类型的人员都可能有，但婚姻、随迁家属、务工占了绝大多数。需要注意的是，这个表格是按省份来统计的，所以，一些地区性的流动被忽略了，比如，云南省内的流动没有计算在内。

表4　独龙族在全国的主要分布情况

单位：人

居住地	男	女	总　计
云南省	3096	3257	6353
北京市	9	5	14
天津市	2	1	3
河北省	7	14	21
内蒙古自治区	3	4	7
辽宁省	2	4	6
黑龙江省	2	6	8
上海市	5	3	8

续表

居住地	男	女	总　计
江苏省	10	16	26
浙江省	7	19	26
安徽省	2	24	26
福建省	5	6	11
江西省	2	1	3
山东省	5	25	30
河南省	27	28	55
湖北省	8	10	18
湖南省	20	16	36
广东省	27	24	51
广西壮族自治区	9	12	21
四川省	20	27	47
贵州省	44	43	87

　　独龙族的人口流动总体上并不频繁、规模也不大，主要的流动方式是通过婚姻从独龙江往外流或者到外地求学。随着独龙江乡发展步伐的加快，各种基础设施得到极大的改善，一些外地人（主要是男性）到独龙江上门的情况越来越普遍，但为了避免整乡推进过程中出现各种混乱，暂时没有将这一部分人纳入总人口统计中。目前，人口外流的主要模式有：①年轻女性与独龙江之外的男性结婚（大部分嫁到贡山、福贡县城附近地区和泸水县）或者外地的男性（如四川、贵州等）到独龙族女性家上门；②到县、乡政府或公司、企业工作；③到贡山、六库或孔当打临工。由于各种因素的影响，独龙族的年轻人大多不愿外出打工（特别是比六库更远的地方），更愿意在村子里生活或在离家比较近的地方做临工。独龙江乡整乡推进项目实施后，一部分人开始在村里开小商店、用微型车跑运输、开办农家乐或者从事旅游相关的服务工作、帮助外来的商人收购当地农林产品等，但大部分人主要还是靠种植草果、重楼、玉米、薯类来增加经济收入。

目前，怒江州政府、贡山县政府正在积极打造整个怒江地区（包括独龙江峡谷）的生态旅游产业。保山至六库的高速公路正在建设中，香格里拉至贡山的旅游公路已经硬化，六库至丙中洛（经过贡山县城）的二级公路已经建成通车，贡山县旅游管理部门正在建设无线网络信息设施，不久将全面覆盖整个独龙江乡。

可以预见，整个独龙江乡在不久的将来就会从封闭走向完全的开放，人口的流动和融合已经成为不可避免的趋势。随着更多的外地人进入独龙江（旅游或经商），更多的村民将走出大山，融入更大的世界。

二　教育

1949 年中华人民共和国成立之后，各级人民政府从丽江等地派遣了一批又一批青年知识分子到独龙江乡创办学校，为独龙族孩子（甚至青年）提供接受现代国民教育的机会。由于外地进去的教师基本上都不会讲独龙语，传统的独龙族名字又很长，不容易记住，老师们就给每个上学的孩子取一个汉语名字。这种方式一直延续下来，到 2017 年为止，仍然使用独龙族名字的人已经很少了，大多数人都使用汉语名字。又由于老师在给学生取名的时候有一定的随意性，所以有时候同一家庭中的兄弟俩会有不同的姓，但他们的后代就像汉族一样沿用父亲的姓。独龙族村民的姓名在某种程度上是独龙江乡近 70 年来教育发展的具体体现，也记录着独龙族群众社会文化生活的变迁历史。

通过接受国民教育，独龙族群众普遍提升了认知世界的能力，提高了整个民族的整体素质。在国家政策的照顾、支持和帮助下，越来越多的独龙族人走出大山、走向更广阔的世界。他们有的已经成为政府部门的领导、知名的学者、教师、艺术家、企业家和各行各业的佼佼者。正是教育使得独龙族的世界不再局限于独龙江峡谷。

表5　2010年独龙族群众受教育程度统计

单位：人

年　龄	小　学			初　中			高　中		
	男	女	小计	男	女	小计	男	女	小计
6～9岁	177	181	358						
10～14岁	195	221	416	75	75	150	2	2	4
15～19岁	48	37	85	172	185	357	60	79	139
20～24岁	99	93	192	192	185	377	48	47	95
25～29岁	116	177	293	131	118	249	39	40	79
30～34岁	127	152	279	78	68	146	13	12	25
35～39岁	134	140	274	49	36	85	22	10	32
40～44岁	89	82	171	40	38	78	15	14	29
45～49岁	89	82	171	40	38	78	12	17	29
50～54岁	49	56	105	38	30	68	18	14	32
55～59岁	38	37	75	19	10	29	13	2	15
60～64岁	38	31	69	14	2	16	2	3	5
65岁及以上	59	39	98	13	1	14	14	6	20
总　计	1258	1328	2586	861	786	1647	258	246	504

资料来源：《中国2010年人口普查分民族人口资料》。

从表5可以看出，2010年人口普查的时候，在6930名独龙族人中，共有2586人受过小学以上的国民教育（占总人口的37.32%），其中有939人继续上到初中（占总人口的13.55%），在939名初中生中又有435人继续上到高中（占总人口的6.28%）。这一数据包括了那些已经离开独龙江乡到外地谋生的独龙族人。所以，就独龙江乡而言，实际受教育人口的比例可能稍低一些。但总体而言，如今50岁以下的独龙族人基本都接受过一定的国民教育。

根据独龙江乡政府提供的信息，2016年7月，整个独龙江乡初中应届毕业生共70名，其中选择并考上高中（贡山县一中）的学生16

名，另外还有 9 名非应届毕业生考上高中。因此，2016 年考入高中的独龙江籍学生总计 25 名。其余 54 名应届初中毕业生中，有 2 名学生被录取到五年制大专班就读，20 名就读于中等职业学校，2 人选择到基督教神学院去学习，30 人因身体、家庭等选择回村里从事农业劳动，没有人选择离开独龙江到外地谋求发展。也就是说，有 41.43% 的学生在初中毕业后就因种种原因自愿选择放弃学校教育，这还不包括那些小学毕业后（甚至小学未毕业）就放弃学习的学生。

但从另一个角度来说，表 5 表明，独龙江乡的国民教育体系已经建立起来。研究者在调查中发现，50 岁以下的独龙族村民基本上都能说汉语，95% 以上的村民都使用汉名。义务教育阶段的学习结束以后，年轻人的选择也呈现多样性，有上高中、中专的，也有选择基督教神学院的，更多的人则选择待在家里从事农业劳动，很少有人选择出去打工。外面的世界对他们来说还是太复杂，充满各种不确定性。在访谈中，很多年轻人表示，去到城里或更大的世界，他们不知道自己的位置在哪里，受不了城市里的各种管束。相比较而言，他们更喜欢村里自由自在的生活。

第三节　国家主导下的独龙江乡发展

10 年在一个民族的历史长河中仅仅是一瞬间，但 2005～2015 年对于独龙族来说无论是用翻天覆地还是用巨变来形容都不足以从深层意义上来说明这短短 10 年间所发生的变化和对未来生活的影响。独龙江公路的改造不仅仅意味着货物运输和人员出行的便捷，更意味着世世代代居住在独龙江峡谷、几乎常年（特别是晚秋至次年春天）与世隔绝的独龙江人从此与整个世界紧密地联系在一起；电网、供水系统的建设不仅解决了照明、生产、生活用电和安全饮水问题，更是从根本上改变了人们的生活模式和态度；新型民居建设的意义远远超出了人们改善居住条件这一基本的生存需要，随着原先分散在山上的村民集中到一起居住，人们的家族观念、社区观念等都发生了前所未有的改变。村民们开始适应新的村落居住方式，不同家族的成员如今成了邻居。草果种植不再仅仅是经济作物替代传统农业种植模式，草果将一家人的收入与市场行情捆绑在一起，充满了不确定性，要求村民用更大的智慧去规划和实施农业生产。经济收入的大幅提升不仅改变了人们的生活状况，而且改变了人们的生活态度和思想观念。电视、宽带互联网和手机的普及将独龙江也变成了"地球村"的一部分。自给自足的内向型农业模式开始转向外向型的经济模式，村民们不得不学会了解、分析和应用各种信息，学会与各种各样的人打交道。但无论走到哪个村里，村民们都对近年来的巨大变化赞不绝口。

一　从扶持人口较少民族到整乡推进整族扶持

2005 年 5 月，国家民族事务委员会、国家发展和改革委员会、财政部、中国人民银行和国务院扶贫办共同起草了《扶持人口较少民族发展规划（2005—2010 年）》（以下简称《规划》），经国务院第 90 次常务会议讨论通过实施。该规划要求全国各省区市（特别是少数民族较集中的地区）采取各种特殊措施对经济社会发展比较落后、贫困问题较为突出的 22 个人口在 10 万以下的少数民族[①]进行重点扶持，主要目标是"通过 5 年左右的努力，让人口较少民族聚居的行政村基础设施得到明显改善，群众生产生活存在的突出问题得到有效解决，基本解决现有贫困人口的温饱问题，经济社会发展基本达到当地中等或以上水平。再经过一段时间的努力，使人口较少民族达到全面建设小康社会的要求"。[②]

[①]　毛南族、撒拉族、布朗族、塔吉克族、阿昌族、普米族、鄂温克族、怒族、京族、基诺族、德昂族、保安族、俄罗斯族、裕固族、乌孜别克族、门巴族、鄂伦春族、独龙族、塔塔尔族、赫哲族、高山族、珞巴族。

[②]　《扶持人口较少民族发展规划（2005—2010 年）》，第 2 页。

在随后的六年时间里 (2005～2011 年)，国家在规划涉及的 10 个省区中的 86 个县、238 个乡镇、640 个行政村投入各种资金共计 37.51 亿元，实施项目 11168 个[①]，基本实现了 "四通五有三达到"[②] 的规划目标。

根据上述规划和具体要求，云南省也制定了《云南省扶持人口较少民族发展规划 (2005—2010 年)》，2005～2011 年共筹集资金 27 亿元，对人口在 10 万以下的 7 个人口较少民族 (涉及 175 个村) 进行重点扶持。独龙族首先成为云南重点扶持的 7 个人口较少民族之一。这一阶段，独龙江乡的扶持主要是在局部村庄 (如龙元、孔当、独务当等) 进行部分民居改造。

2011 年 6 月，五部委 (银行) 再次发布《扶持人口较少民族发展规划 (2011—2015 年)》，将人口在 30 万以下的 28 个民族[③]纳入规划范围，"采取特殊政策措施，集中力量帮助这些民族加快发展步伐，走上共同富裕道路"[④]。规划设定的主要目标是 "到 2015 年，人口较少民族聚居行政村基本实现 '五通十有'[⑤]，人口较少民族聚居区基本实现

---

① 《扶持人口较少民族发展规划 (2011—2015 年)》，第 3 页。

② 通路、通水、通电、通广播电视；有学校、有卫生室、有安全饮用水、有安居房、有基本农田或牧场；人均纯收入、人均有粮、九年义务教育普及率达到国家扶贫纲要和 "两基" 攻坚计划要求。

③ 珞巴族、高山族、赫哲族、塔塔尔族、独龙族、鄂伦春族、门巴族、乌孜别克族、裕固族、俄罗斯族、保安族、德昂族、基诺族、京族、怒族、鄂温克族、普米族、阿昌族、塔吉克族、布朗族、撒拉族、毛南族、景颇族、达斡尔族、柯尔克孜族、锡伯族、仫佬族、土族。

④ 民委发〔2011〕70 号《扶持人口较少民族发展规划 (2011—2015 年)》，第 2 页。

⑤ 人口较少民族聚居村通油路、通电、通广播电视、通信息 (电话、宽带)、通沼气 (清洁能源)、有安全饮用水、有安居房，有卫生厕所、有高产稳产基本农田 (草场、经济林地、养殖水面) 或增收产业、有学前教育、有卫生室、有文化室和农家书屋、有体育健身和民族文化活动场地、有办公场所、有农家超市 (便利店) 和农资放心店。

'一减少、二达到、三提升'①。到 2020 年，人口较少民族聚居区发展更加协调、生活更加富裕、环境更加美好、社会更加和谐，全面建成小康社会。"②

在国家《扶持人口较少民族发展规划（2011—2015 年）》的指导下，云南省委、省政府在总结"十一五"期间扶持人口较少民族发展成效和经验的基础上，再次制定《云南省扶持人口较少民族发展规划（2011—2015 年）》，在原有 7 个人口较少民族的基础上将只有 15.1 万人的景颇族纳入扶持范围，对云南省内人口在 30 万以下的 8 个人口较少民族③聚居的 395 个行政村（涉及 3520 个自然村、13 个民族乡、3 个民族自治县、1 个民族自治州）实施重点帮扶。

该规划计划通过国家专项扶持、部门资金整合、信贷投入、社会帮扶和群众自力更生等方式，在 5 年内投入 68 亿元，重点实施基础设施建设、特色产业培植、民生保障改善、民族文化发展、人力资源开发、和谐家园建设等 6 项工程 56 个项目④。

独龙江整乡推进行动以集中力量办大事的方式，整合各方面的资金，对以独龙江公路为代表的交通基础设施建设、民居（村社）建设、电力设施建设、自来水管道建设、产业扶持、社会服务提升、信息通道建设等实施了总体的规划、推进。2015 年底，各项指标均已达到（甚至超额完成），独龙江乡村民的生产、生活条件发生了翻天覆地的变化。

2009 年，时任中共中央总书记、国家主席胡锦涛在云南视察时明确指出要"进一步加快人口较少民族脱贫致富步伐"，同年，温家宝总

① 人口较少民族聚居区贫困人口数量减少一半或以上，农牧民人均纯收入达到当地平均或以上水平，1/2 左右的民族的农牧民人均纯收入达到全国平均或以上水平，基础设施保障水平、民生保障水平、自我发展能力大幅提升。
② 民委发〔2011〕70 号《扶持人口较少民族发展规划（2011—2015 年）》，第 8 页。
③ 独龙族、德昂族、基诺族、怒族、阿昌族、普米族、布朗族和景颇族。
④ 《云南省扶持人口较少民族发展规划（2011—2015）年》，第 1 页。

理就解决好独龙族出行难的问题做出了重要批示。2009～2011年，云南省委、省政府多次组织相关部门领导和专家到贡山、独龙江调研，并在独龙江乡召开专题会议，分析、研究、讨论独龙江乡整乡推进的发展工作，并最终形成了《云南省贡山县独龙江乡整乡推进独龙族整族帮扶综合发展规划（2010年—2014年)》。

2009年12月18日沪滇双方签订了《上海参与帮扶怒江独龙江乡独龙族加快发展合作协议》。上海市在投入援滇帮扶资金超过1.6亿元，实施各类帮扶项目427个的基础上，向云南省捐赠2000万元专项资金，专门用于独龙江乡新农村建设。云南省委、省政府以此为契机，决定整合各方资金对独龙江乡进行整乡推进、整族帮扶，计划用三年时间，着力实施安居温饱、基础设施、产业发展、社会事业、素质提高、生态环境保护与建设六大工程，投资8.6亿元（最终实际投入12亿多元），实施22类建设项目、70多个单体项目，使独龙江乡的村民生产生活条件得到根本改善，社会事业发展明显进步，以特色生态民族旅游为主的产业发展体系初步形成：有健全的农村服务体系、农村社会保障体系和农村社会事业服务体系，农村基层组织建设进一步加强，基本解决独龙江乡村民的温饱问题。

2010年1月19日，云南省委、省政府召开独龙江乡整乡推进专题会议，明确了省、州、县各级政府的责任，省级参与部门达到32个。随后，中共云南省委、云南省政府下发了《关于独龙江乡整乡推进独龙族整族帮扶三年行动计划的实施意见》，提出要"以提高独龙江乡的村民自我发展能力为重点，以培植特色旅游为主的增收产业为主要途径，采取整乡推进、整族帮扶的形式，着力实施安居温饱、基础设施、产业发展、社会事业、素质提高、生态环境保护与建设等六大工程，将实施31个自然村整村推进，建设安居房1015户（最终实际建设1068户），建设基本农田5000亩；改造独龙江乡公路96公里，改造乡村公路90公里；新建农田水利设施20项，农村饮水安全工程29项；新建草果基地 1 万亩，种植核桃、花椒、董棕 1 万亩，农作物良种推广 9000 亩，发展独龙牛养殖 800 头、生猪养殖 3000 头、家禽 5 万只"。[①]

2010 年 7 月 24 日，怒江傈僳族自治州和贡山独龙族怒族自治县党委、政府在独龙江乡召开独龙江乡整乡推进独龙族整族帮扶综合发展工作大会战誓师动员会，要求县、乡两级政府统一思想认识，全力抓好独龙江乡整乡推进独龙族整族帮扶的各项具体工作。为了实现各项具体目标，州、县两级政府必须选派有能力、有热情、素质高的干部驻村入户，做好各方面的协调工作，帮助群众和项目施工方及时解决各种问题，以便按照计划顺利推进项目的各项进程。

2010 年 11 月 24 日，独龙江乡农村信用社挂牌开业，为独龙江乡的经济发展提供金融服务。信用社的设立为当地居民、经商人员和游客提供了极大的便利。

2011 年 1 月 28 日，云南省委、省政府在贡山召开独龙江乡整乡推进独龙族整族帮扶现场推进会。对过去一年来的帮扶工作进行总结，对帮扶行动实施的现状和存在的问题进行分析，进一步强调各部门要统一思想意识，强化相互之间的协调和配合工作。

截至 2015 年底，通村道路硬化已完成 78 公里，建设人马吊桥 11 座、三级客运站 1 个，全乡机动车保有量达到 400 多辆。

2011 年 10 月 2 日，云南省委、省政府在贡山召开独龙江乡整乡推进独龙族整族帮扶调研推进会，统一思想，协调各部门之间的配合，进一步推进项目的实施进度，强调项目实施过程中的质量意识。

2012 年 7 月，独龙江乡敬老院竣工。全乡 35 名 60 岁以上无子女老人全部住进敬老院，有 4 名专门服务人员负责照管，经费由政府承担。服务人员都来自附近的独龙族村寨，每月工资 1350 元（包吃包住），据说在当地算是比较高的工资了。

---

① 《独龙江整乡推进独龙族整族帮扶三年行动计划的实施意见》（云办发〔2010〕2 号）。

2012 年 9 月 7 日，独龙江乡信息通信网络开通。2014 年，中国移动 4G 通信网络开通。宽带、无线网络开始进入独龙族家庭，手机成为独龙江乡村民普遍使用的通信工具。根据 2016 年 9 月的调查，独龙族每个家庭平均有 2～3 部手机，每个月的手机通信费都在 100 元以上。

2013 年印发的《2013～2014 年独龙江乡整乡推进独龙族整族帮扶实施方案》进一步明晰了整乡推进、整族帮扶综合发展的五年规划和三年行动计划，成立了由省直 32 个部门和企业组成的独龙江乡整乡推进独龙族整族帮扶综合开发统筹协调小组，协调办公室设在省扶贫办公室，统一协调具体实施工作。

二 独龙江乡整乡推进独龙族整族帮扶综合发展六大工程概况

2010 年，云南省委、省政府决定用 3～5 年的时间实施独龙江乡整乡推进独龙族整族帮扶行动，实现跨越式、可持续发展目标。具体分为"三年行动计划"（2010～2012 年）和"两年巩固提升"（2013～2014 年）两个步骤，共投入 13.04 亿元，重点推进安居温饱、基础设施、产业发展、社会事业、素质提高、生态环境保护与建设六大工程。"独龙江乡整乡推进独龙族整族帮扶综合发展安居工程"分别为 2010 年、2011 年、2012 年制定了相应的实施目标和具体任务，如表 6、表 7、表 8 所示。

表 6 2010 年安居工程主要任务

单位：户，人

组 名	户 数	人 数	组 名	户 数	人 数
雄当★	38	167	丙当	31	125
迪政当★◆	64	280	肖旺当	26	103
龙仲	22	89	普卡旺◆	13	56
献九当★	46	179	巴坡★◆	49	202
孔当★	44	190	孟顶	26	139
总计：10 个小组，359 户 1530 人					

注：村名后有"★"表示大村落安置，有"◆"表示生态旅游示范村，以下相同。

表7　2011年安居工程主要任务

单位：户，人

组　名	户　数	人　数	组　名	户　数	人　数
龙元★	54	258	木兰当	15	76
迪兰	27	116	独务当	28	92
白利	18	75	拉王夺★	70	232
丁给★	36	128	马库★	40	127
斯拉洛★	15	69	钦兰当	40	149
总计：10个小组，343户1322人					

表8　2012年安居工程主要任务

单位：户，人

组　名	户　数	人　数	组　名	户　数	人　数
班	33	186	鲁腊	20	63
东　给	21	82	孔　美	27	100
白　来	31	133	王　美	20	89
丁拉梅	23	102	孔　嘎	18	68
肖　切	21	101	腊　配	32	116
肯　迪	28	118	小查康	41	146
总计：12个小组，315户1304人					

　　2012年底至2013年初，当地政府重新编制了《2013～2014年独龙江整乡推进独龙族整族帮扶实施方案》，主要是在前三年建设的基础上，继续建设或完善安居附属设施工程、基础设施配套工程、独龙江乡特色旅游小镇工程、社会事业完善工程、产业发展巩固工程、素质提升强化工程等六大工程。

　　所谓六大工程并非一次性投资完成，而是在整个五年内有重点、分批次、分阶段完成的。当初规划时预计六大工程总计投入93528万元，其中安居温饱工程14856万元，基础设施建设工程66971万元，产业发展工程4757万元，社会事业发展工程2235万元，素质提高工程333万元，生态环境保护与建设工程4376万元，其中申请中央补助57387万

图 3 独龙江乡整乡推进独龙族整族帮扶综合发展安居工程规划

说明：本规划图系本报告作者 2012 年夏在独龙江乡政府拍摄的照片。

元，省级统筹 23802.6 万元，沪滇对口帮扶 5000 万元，但最终实际投入超过了 12 亿元。

（一）安居温饱工程

1. 安居房建设

五年内，独龙江乡共建设安置点 26 个、安居房 1068 户，每户住房面积 60 ~ 80 平方米，其中 60 平方米的住房内部结构为 3 室 1 厅，80 平方米的为 5 室 1 厅。独龙族传统的茅草房、木楞房、木板房、竹篾房等全部被现代砖木结构房所取代。2007 ~ 2009 年由政府统一扶持建盖的民居则不再重新建盖，主要是在外墙面上做了一些新的改造，以便统一风格。安居房既考虑了独龙族的传统文化元素，又考虑了现代生活的舒适性，同时按照较高的抗震防灾要求设计和建设。对旅游小镇和 5 个民族文化旅游特色村给予重点扶持，充分体现民族特色，适应旅游发展需要。在一些以旅游发展为主要目标的村寨（如普卡旺）则用现代技术将房屋的屋顶和外墙装饰成"茅草顶"（实际是用一种较薄的铝塑片，外观看上去很像茅草）、木楞墙或竹篾墙的传统风格，同时保持屋内的现代性和舒适性设计。

2013～2014 年，政府再次投入 900 万元资金，建设 1000 间厨房（火塘房）。其中县级自筹资金 530 万元，用于建设木兰当、孔当、龙元和独务当 4 个安置点 136 户的农户厨房（伙房）以及迪政当、献九当、巴坡、王美、肯迪和孔嘎 5 个项目点 286 户的农户厨房（伙房）建设。因此，大部分的家庭除了拥有 60 或 80 平方米的住房外，还拥有约 10 平方米的独立火塘房，用于村民烤火、做饭。很多村民至今仍不太习惯用一般灶具，虽然蒸煮米饭主要是用电饭煲，但炒/煮菜还是习惯在火塘上架上铁三角和炒锅来做。

2015 年，按照"生产发展、生活宽裕、乡风文明、村容整洁、管理民主"的工作要求，在 1068 户安居房建设的基础上，政府又建设了两个村民文化活动室，90 个厨房（迪政当村委会雄当小组 68 户、龙元村龙仲小组 22 户，巴坡村拉王夺小组 62 户）。截至 2015 年底，全乡已累计建成安居房配套厨房 580 户，覆盖率达 54.3%。完成新建田埂 3200 米、田间道路 3150 米、排导槽 520 米，土地整治后新增耕地 321 亩。

2. 整村推进

项目实施前，独龙江乡的村民聚居在 42 个自然村，为了交通和各种社会服务、生产生活的便利，项目将村民集中合并到 26 个村寨中，并对所有 26 个村寨间的 31 条道路进行硬化，共修建村级卫生公厕 62 个、垃圾处理池 31 个、村民小组科技文化及党员活动室 28 个、篮球场

31 个，改厕 1015 间。有一部分村子里还建盖了公共的洗澡间，部分村民屋顶上安装了太阳能，但基本上处于闲置状态。

每一个村子里都用上了电，很多人家做饭的时候都使用电饭煲。电视机、洗衣机甚至冰箱、手机已经成为村民常用的生活用具。自来水接到每一户人家，用水都是免费的。

3. 基本农田建设

为了鼓励各村开展基本农田建设，政府对新改建的农田以每亩3000 元的标准进行补助和奖励，经过近五年的努力，全乡共建设基本农田 3000 亩，新建农田水利设施 21 件、农村饮水管道 93 公里。因为整个独龙江乡都缺少耕地，即便耕种了，也因气候、土壤等方面的原因，产量比较低，所以基本农田建设效果并不是非常明显，但草果种植的引入，牛（特别是独龙牛）、羊养殖的扶持使土地资源得到了更好的利用。如今，草果是村民的主要收入来源。

（二）基础设施工程

1. 交通工程

虽然 1999 年 9 月独龙江公路已经开通（贡山县城至独龙江乡孔当村），但那只是一条简易的泥土公路。每年大雪封山期间，有长达半年的时间不能通行。除此之外，下雨引起的泥石流常常导致公路中断。从孔当到各村委会之间仍然没有公路，2006 年经过多方努力，独龙江乡村公路实现"村村通"，但仍然只是勉强能通行的乡村道路，路况非常糟糕，运行成本非常高。

2011 年，独龙江公路改造揭开了整个独龙江乡公路建设的序幕。改造前的独龙江公路全长 96.2 公里，路面狭窄颠簸，必须要穿越高黎贡山山顶隧道（约 600 米），每年约有半年的时间因大雪封山不能通行，除此之外，雨天导致泥石流中断交通的情况也是常有之事。新建的独龙江公路沿用之前已经硬化的老公路 15 公里，新改建 64.6 公里（含隧道

6.68 公里），共计 79.6 公里，技术标准为四级。为了适应未来独龙江乡的旅游发展需要，公路设计和建设部门在沿途风景比较好的地方专门设置了观景台、停车带和公共厕所。2014 年 4 月，独龙江隧道贯通；10 月，改造后的独龙江公路宣布正式通车。6.68 公里的独龙江隧道不仅让独龙江公路比原来缩短了 10 几公里，更重要的是，独龙江公路从此可以不受大雪封山的影响，基本上可以常年通行（除非碰上暴雪）。随着新的独龙江公路建成，从贡山县城到孔当村 3 个小时左右即可到达（原来差不多要 7 ~ 10 个小时）。

在独龙江公路改造建设的同时，乡到村公路——迪政当至马库公路的改造重建也在积极展开。迪马公路全长 90 公里，路基宽 4.5 米，硬化路面宽 3.5 米。每隔一段距离就建设一段加宽路面，以便错车。

在 2011 ~ 2014 年的三年时间里，独龙江乡的交通基础设施建设累计铺筑沥青公路和水泥路面 150 公里，新建独龙江隧道 6.68 公里、人马吊桥 11 座（总长 500 米）；新建孔当客运站和 5 个招呼站（除了孔当外，每个村委会 1 个）。目前，当地政府正在积极推进独龙江通用机场建设，推进独龙江马库至缅甸葡萄通道建设，打通独龙江迪政当至西藏日东公路，实施腊配、普卡旺、巴坡、钦郎当、麻必洛汽车吊桥项目，将 41 号界桩至迪布里公路、独龙江公路列入边防公路改造计划，全面完成各村组生产畜牧、通组公路硬化工程，彻底打破交通口袋底的现状。

2. 水利工程

独龙江乡年降雨量巨大，独龙江水清澈干净，可以直接饮用，东西两面的大山上森林茂密，常年有山涧溪流在流淌。整个区域内人口稀少，无工业无污染，可耕地面积极少且产量很低，种植草果、重楼之类的经济作物一般也不使用农药、化肥，所以，农业生产造成的污染很少见。由于森林植被保护得较好，独龙江水也很少出现暴涨、暴跌的变化，江水一般不会对村庄或农田造成太大的威胁。因此，对于独龙江乡的水利来说，主要有两个方面的工作重点：一是饮用水供给体系建设，二是预防泥石流造成灾害的保护性工程。

2010～2012年，全乡新建和防渗加固农田水利20件，总长32.41公里（其中防渗加固2.3公里，新建30.11公里）；改造农村饮水安全工程29件，新建3件，架设管线93.44公里，蓄水350.82立方米；开展木切尔河独龙江段治理。

2013～2014年，当地政府再次筹集资金900万元，新建雄当、白来、龙元、迪政当、钦兰当、孔目共6项山洪沟治理工程，建设防洪墙819米。

3. 电力工程

2010～2012年，按照完善农网工程、实现村村通电的目标要求，全乡共架设完成20千伏线路80公里，低压线路32公里，安装变压器42台，新建电站1座，农村电网总长达到112公里。

2013～2014年，再次投资1200万元，改建麻必当电站1座，装机容量750千瓦。新建10千伏输电线路120公里、400伏低压线路80公里，配备变压器31台，安装一户一表690户，新建50千瓦微型电站4座。由于独龙江乡特殊的地理位置，高压线无法翻越海拔4000多米的高黎贡山，只能通过本地的三个小型水电站（麻必当水电站、孔目水电站和独务当水电站）来提供所需的全部电力。

2015年，投资71万元，新建孔当村王美河道防洪堤1段，全长98米；投资200万元，新建迪政当、龙元、肯迪、王美、木兰当、马扒拉、钦郎当沟渠7公里；投资50万元，完成普卡旺、敬老院、斯拉洛种植培训基地饮水工程3项；投资33万元，抢修小集镇供水管道1公里。巴坡村、拉旺夺村河道防洪堤建设项目，正有序推进。独龙江乡供电所综合楼竣工并投入使用，提升了全乡供电保障能力。截至2015年底，累计建设完成山洪沟治理工程10项、农田水利28件，改造农村饮水安全工程18件，架设20千伏输电线路112公里，投产运行电站2

座，全乡电力装机容量累计达 1600 千瓦。

4. 邮政通信建设

2004 年独龙江乡第一次开通移动通信，2007 年实现村村通移动电话目标，独龙江乡与外界开始有更方便快捷的联系方式（但使用手机的村民并不多）。全乡 6 个村委会只有 2 台（套）"村村通"广播电视节目接收和发射器，仅有不到 10% 的村民小组和村民可收听收看到广播电视节目。乡政府驻地 2007 年底安装了有限电视。

2010～2012 年，架设移动通信广播电视光缆 80 公里；对孔当移动基站实施载频扩容；架设固定宽带及移动网络，2012 年 9 月初开通电信网络。

2013～2014 年，通信建设投资 1265 万元，建设通村程控通信光缆 100 公里和 5 个行政村直播卫星"户户通"工程 1 件。2014 年独龙江乡电信营业楼建成，县城至独龙江公路通信光缆架设完毕，独龙江乡政府驻地孔当村程控电话、宽带网络全面开通。2015 年乡政府至马库光缆铺设完成，移动通信网络已覆盖至独龙江所有村委会和自然村，独龙江乡邮政所（400 平方米）正进行建设前准备工作。目前全乡六个村委会均实现了村村通移动电话，只是设备靠太阳能蓄电池取电，也常出现"晴通雨阻"状况。

5. 旅游小镇建设

在整乡推进过程中，独龙江乡重点建设和扶持了 5 个旅游特色村。同时为了在总体上实现独龙江乡的旅游发展规划，项目对孔当的乡集镇进行了重新规划和建设，对原有的高层建筑进行外部装饰，使其既具有独龙族传统特色又整齐美观。对乡政府所在地的供水设施、环卫设施（含垃圾处理场）、公厕（2 个）、集镇道路等进行改造或建设。乡政府大楼前还专门建设了小广场，编织独龙毯的少女雕像矗立于广场中央，广场北边是干净整洁的现代公厕，中国移动大楼无处不显示着现代化的特征。街道和广场每天都有人随时打扫。500 平方米的农村信用合作社金融网点、1000 平方米（含钢棚架）的室内集市贸易场让独龙江人购物也像城里人一样方便。中、高、低档宾馆一应俱全，能满足旅游者的不同需求。

（1）普卡旺民族文化旅游特色村

普卡旺民族文化旅游特色村位于独龙江乡政府所在地孔当的南偏西方向，距乡政府 5 公里。全村仅有 13 户 56 人。由于村子坐落在普卡旺河与独龙江的交汇处附近，两条江河的水颜色深浅不一，河水更显出翠绿的宝石颜色。村子前后都是森林覆盖的高山，冬春季节，远处的茫茫雪山与青山碧水构成了一幅极美的画卷。

正是基于普卡旺村特殊的地理位置和美景，项目规划和实施方在一年多的时间里，总计投入 376 万元，以民族文化旅游特色村的标准，对整个村子进行统一规划、统一建设。为 13 户人家建设了每户约 80 平方米的新型民居住房（每幢价值约 30 万元），在此基础上又为每一户人家建设了一幢专门接待游客获取收入的高标准、高档次接待房。2015年 9 月接待房建成并投入使用，由当地引进酒店企业，统一设计、统一装修、统一经营，村民到时分红。

除了民居建设和改造之外，村内还建设了旅游服务中心、停车场、休息亭、亲水平台、休闲长廊、休闲亭、观景台、茶室、水桥、索桥、寨门、栈道等。村内和村外的连接道路全部用鹅卵石铺成，房前屋后的篱笆用细竹编织，房顶用茅草装饰，房屋的外墙用木板包裹，从外观上看上去很有独龙族传统民居建筑的味道，与周围的环境相协调，更让整个普卡旺村多了几分自然气息。村民除了能从旅游接待中获得分成，还可以参与服务接待工作，获得额外的收入。目前，一般家庭每年可以从乡村旅游中获得 1 万 ~2 万元的收入，远远超过之前的年收入（8000 元左右）。对于城里人来说，1 万 ~2 万元或许算不上高收入，但对于有免费房子，有退耕还林补贴的粮食，90% 以上的人享受国家低保、医保及各种社会福利的独龙江乡的村民来说，1 万 ~2 万元完全可以满足他们的日常所需，并过上比较体面的生活。

（2）龙元民族文化旅游特色村

该村主要建设了三家农家乐旅游接待点，鼓励村民编织、销售独龙毯。龙元村地处乡政府所在地孔当村和迪政当村委会之间，离乡政府不算太远，这里也没有什么特别的让游客觉得值得留宿的理由，因此，愿意在龙元村住宿的游客并不多，但村里的独龙毯编织比较红火。

（3）迪政当民族文化旅游特色村

迪政当村建设两家农家乐旅游接待点、生态农业示范点。农家乐接待点含餐馆和住宿，建成后，由村民承包经营。在开展调查期间，来此住宿的游客并不多，大多数时间处于关门歇业状态。按照承包村民的话说："来调查的老师和学生住得多一些。"

（4）巴坡民族工艺文化旅游特色村

巴坡民族工艺文化旅游特色村于 2014 年 4 月开工建设，2015 年正式完工。该村距乡政府所在地孔当 19 公里，由于海拔、气候条件较好，巴坡村在当地是一个赫赫有名的草果村。如今，村民的主要收入来源就是草果，其中木兰当小组的人均草果种植面积最大，村民的收入也最高。巴坡民族工艺文化旅游特色村主要指米里王、马扒腊和原乡政府所在地巴坡等三个村民小组。除了漂亮的民居之外，村里还建设了活动室、篮球场、公共厕所、垃圾箱、垃圾处理站、观景台等，村内道路也全部硬化。巴坡农家乐是目前村内最大的（也是唯一的）农家乐。相比其他几个旅游特色村，这里的巴坡农家乐住宿条件要好得多，价格也比较合理，所以，每年来此住宿和吃饭的人更多一些。

（5）钦兰当边境文化旅游特色村

钦兰当边境文化旅游特色村主要借助其与缅甸比邻的特点和以"月亮瀑布"为代表的旅游景点，打造边境文化旅游。主要建设项目是旅馆住宿、道路改造和民居改造。虽然有不少游客都奔着"月亮瀑布"的自然风光和中缅边境的特色而去，但游客最多在那里吃顿午餐，真正住下来的人很少。

（三）产业发展工程

1. 旅游业

按照基础先行、规划优先，突出保护、强化特色，T 型发展、3 年打基础、5 年大发展的发展思路，围绕着"中国西南最后的秘境"主题，重点建设 1 个民族文化生态旅游小镇、4 条旅游主线、5 个民族文化旅游特色村，应用市场力量加快旅游景区（点）和经营性设施建设，强化公共旅游服务配套设施，加强对村民的旅游技能培训，创新旅游扶贫机制，实现独龙江旅游的跨越式、可持续发展。

2013～2014 年总投资 3400 万元，其中旅游特色小镇改造投资 3100 万元，改造建筑物外观 35 栋，改造路面管网，改造及新建集镇道路 4 公里，开展路灯、绿化及环境整治，新建停车场 2000 平方米、游客服务中心 1 个。旅游特色村配套设施建设投资 300 万元，建设独龙江公路、马迪公路沿线 15 个旅游景点基础设施。

按照独龙江乡旅游开发建设总体规划和 5 个民族文化旅游特色村规划，不断推进旅游基础设施建设，全面完成了普卡旺、迪政当、龙元、巴坡、钦兰当等 5 个民族文化旅游特色村工程，建成了县城至独龙江乡公路沿线 5 个观景台、钦兰当至迪政当公路沿线的 10 个观景台。孔当村及肖切公路叉口的 2 个观景台正有序推进。实施孔当普卡旺旅游特色村旅游配套设施提升改造工程，改造提升现有服务设施，完善配套设施，目前建设正有序推进中。投入资金 320 多万元，完成了 5 个旅游特色村太阳能路灯建设项目，安装太阳能路灯 380 盏，进一步亮化了特色村。有序推进 5 个特色村以外的 370 盏太阳路灯建设项目。截至 2015 年底，完成了 5 个民族文化特色村广场、旅游步行栈道、绕村公路、风景水利、游客服务中心、停车场、寨门、休憩亭、旅游公厕等所有工程，并全面投入使用。

2. 种植养殖业

独龙江乡政府立足气候、区位、生态优势，以草果、重楼为龙头，其他林果产业为辅，不断加大对产业的培育力度。按照规模化、标准化、良种化、区域化发展要求，围绕户均 5 亩以上经济作物和经济林果、户均 2 头以上大牲畜的目标，制定产业发展规划。

种植业方面，新建草果基地 10000 亩，巩固已种植的草果 20000 亩，农作物良种推广 9000 亩，种植核桃、董棕树、花椒等 10000 亩，在孔当建设大棚蔬菜 50 亩。2015 年，新增草果种植面积 14833 亩，累计种植草果面积达 63357 亩，同比增长 30.57%，产量 444.1 吨，经济收入 284.22 万元；滇重楼种植 79 亩、扩繁育苗 10 亩，累计种植重楼面积达 1466 亩，同比增长 13.95%；建成投入使用草果烘干厂 1 家，成立专业合作社 7 家。

养殖业方面，发展独龙牛养殖 800 头，力争 5 年全乡独龙牛存栏达到 5000 头，发展生猪养殖 3000 头，发展家禽养殖 50000 只，发展中蜂养殖 400 箱。2015 年，大小牲畜存栏数 7127 头（只），同比增长 2.7%；大小牲畜出栏数 1325 头（只），同比增长 3.76%；蜂蜜产量达 4158 公斤，同比增长 10.29%；投入 120 万元，投放犏牛（牦牛）120 头；设立独龙原鸡保种扩繁基地 1 个；投放独龙牛 526 头；累计制作蜂箱 15000 箱，招养独龙蜂 5000 箱。

2013～2014 年总投资 200 万元，其中山药种植及草果苗苗圃基地投资 150 万元，种植山药 150 亩，建设草果苗苗圃 2000 亩；独龙鸡养殖场投资 50 万元，新建独龙鸡养鸡场 1 个。草果、重楼、核桃、独龙蜂、独龙牛、独龙原鸡等种养规模有了很大的发展，有力地促进了独龙江乡居民的增收。

（四）社会事业发展工程

1. 教育

最近五年内，独龙江乡完善了孔目九年一贯制学校基础设施建设，新建九年一贯制学校教学住宿楼 2000 平方米、学生宿舍 1500 平方米、青少年活动中心一座、多媒体教室 12 间、食堂 300 平方米、厕所 1 座 120 平方米、篮球场 1 块 600 平方米、学生澡堂 120 平方米、幼儿园 1 座 500 平方米、教师周转房 1500 平方米。

全乡现有九年一贯制学校 1 所、村小学 3 所、乡幼儿园 1 所。全乡共有教职工 50 人，其中小学专任教师 23 名、初中专任教师 6 名、后勤正式工 1 名。2015 年该校共有 16 个教学班，在校学生 479 人。2010～2015 年，学生入学率、巩固率和升学率连续 5 年保持 100%，人均受教育年限从 2009 年的 4.7 年提高到 5 年，独龙族有了第一位女硕士研究生。

2. 文化

根据云南省乡镇文化站的设备配置标准，完善设备配套；征集、唱响一首独龙族歌曲，采集、编排一套独龙族舞蹈。独龙族歌手第一次获得了全国性比赛冠军。

独龙族文化传承中心和独龙族博物馆已完工并投入使用。各村文化活动室建设基本完成，并及时配备影像设备及发放相关科普书刊。2013～2014 年总投资 300 万元，其中独龙族博物馆二期工程投资 100 万元，继续推进独龙族博物馆馆内装修、设施配备和文物征集及布展。

3. 卫生

目前，独龙江乡全乡有 1 个乡级卫生院、6 个村级卫生室，共有乡级医生 9 人、村级医生 12 人。2013 年，3742 人参加了新型农村合作医疗保险，参保率达到 94.93%。2015 年新型农村合作医疗参保人数达 3964 人，参保率为 97.87%。新建乡卫生院门诊及医技综合楼 1000 平方米，提升改造 5 个行政村卫生院。

4. 广播电视

新建 2×100w 调频广播、3×100w 电视发射台，购买村一级 10w 调频 6 套、高音喇叭 5 套。

5. 农村养老

新建孔当农村敬老院一所，面积 800 平方米。独龙族有了第一家敬老院，有 35 名独龙族孤寡老人得到集中供养。

6. 民政建设

新建四幢村委会用房，面积 1000 平方米，至 2015 年底各村委会党员活动室已建成并投入使用。交警独龙江中队业务用房投资 200 万元，建筑面积 600 平方米（包括附属工程、停车场、考试场）。

2015 年各项民政资金支出 1014.33 万元，发放救灾棉被 459 床，全年受益人口达 4755 人次。其中，发放农村低保金 707.04 万元、城镇居民最低生活保障金 42.46 元、五保户供养补助 9.6 万元、孤儿生活补助 17.35 万元、救灾补助 3.62 万元、其他补助 234.26 万多元。新型农村和城镇居民养老保险参保人数达 3964 人，参保率为 95%。2015 年兑现生态效益补偿金 58.48 万元，审批林木采伐 169 立方米，收取育林基金 2200 元。

（五）素质提高工程

1. 技能培训

对独龙江乡 2084 名农村劳动力实施技能培训，其中，农业实用技术培训 5000 人次、乡土旅游人才培训 100 人次、劳动力转移培训 1000 人次。

2. 职业培训

截至 2015 年底，接受培训的教师超过 100 人次、乡村医生 40 人次、农业科技和管理人员 50 人次。累计完成农村实用技术培训 6857 人次，本土旅游人才培训 485 人次，乡村干部、医生、教师、农技人员等培训 462 人次。

（六）生态环境保护与建设工程

坚持保护优先、开发有序的原则，在加强环境管理、认真执行各项监管措施的同时，建设 3 项生态环境保护工程。

1. 天然林保护

继续实施天保工程，严格管护天然林，认真抓好公益林建设，全乡新增封山育林面积 3 万亩。

2. 巩固退耕还林成果

计划建设薪炭林 11000 亩，补植补造 5000 亩。

3. 农村能源建设

开展 100 户沼气示范工程，建设沼气池 100 口、节柴灶 1015 眼。

上述政府扶持工程仅仅是独龙江乡扶持工作的一部分，2017 年以后因公路改建我们未能再次进入调查，近两年县乡政府所做的工作都没有包含到本书中。

第二章

国家主导式发展下的
社会文化变迁

　　第一章的介绍（特别是有关独龙江乡整乡推进独龙族整族帮扶工程项目部分的介绍）表明，2010 年至 2017 年，政府主导下的发展几乎囊括了独龙江乡地方生活的方方面面，特别是基础设施建设方面。其中改变最大的是道路交通、村民的住房、街道、水、电、通信、农业种植技术和养殖技术等。生存环境的改变极大地带动了当地农业和旅游业的发展，为村民们个人谋发展、改善家庭经济条件和提高生活质量提供了各种便利条件。正如有的村民说的那样："以前做梦都没有想过会有这样的生活，而且来得这么快。"

　　社会学、人类学的研究认为，生态、社会环境的变化改变了人们的生活、工作、娱乐、相互关系以及将社会成员组织起来去满足各种需要的社会结构，同时有可能导致支配人们自我认同或社会认同的行为规范、价值、信仰等方面的变化[1]。生存环境在一定程度上影响着人们的思维和谋生方式，反过来说，文化价值和信仰又引导人们以特别的方式使用环境，并对社会共识和冲突产生重要影响[2]。通过公路建设、基础设施改善、民居改造、村庄建设、产业扶持、退耕还林等手段，政府的

---

[1]　J. Rabel, Burdge, *A Community Guide to Social Impact Assessment*, Social Ecology Press, 2004.

[2]　Allan Schnaiberg, "Social Syntheses of the Societal – Environmental Dialectic: the Role of Distributional Impacts", *Social Science Quarterly*, 1975 Vol. 56, No. 1.

扶持行动从根本上改变了独龙江乡的生态、经济和社会环境，这必然带来一系列的社会变迁。

社会变迁是"具有明确特征的某事的改变——不管这个明确特征是一种规范、关系还是离婚率"，变迁可以发生在个体、群体的层面上，也可以发生在组织、制度以及社会层面上。独龙江乡社会最明显的改变是交通、民居和生产方式的转变。这三个方面的巨变导致一系列社会、文化特征和人们日常行为习惯的深刻转变，而所有这一切的改变最终都集中表现在社会结构和人与人之间的关系上，具体表现如下。

1. 交通的改善

交通的改善终结了独龙江乡每年有半年以上不通车的历史，人员出行和货物运输变得通畅、便捷、成本下降。这一改变首先在两个方面产生了重大影响。其一，物质生活丰富了，小超市、小卖部开到了每一个小组，甚至还有人开着车走村串户，做起了流动菜市的生意。再加上网购和快递，村民可以方便地买到自己想要的任何商品。其二，人们出行频次增加改变了人与人之间的交往和交流关系。2010年前，村民很少到县城，村与村之间的往来也不容易，虽然有简易公路，但大部分村民还是只能靠步行。"待在村里，无聊就喝酒"是生活的常态。如今方便的交通不仅让物流快捷起来，村民与外界的交往也迅速增加，特别是越来越多的游客进入独龙江乡，给村民带来了各种新的信息、思想、观念。

2. 新型民居建筑

新型居民不仅让村民生活更舒适、幸福感大大增强，而且大大提升了村民的自豪感及对民族、国家的认同感。村民常挂嘴边的一句话是"共产党好，国家伟大"。更重要的是，新型民居整洁、美观、舒适，让原本习惯了分散居住的独龙江乡的村民能够比较容易地融入新的社区生活。

3. 从氏族公社的生活模式到现代社区生活

整乡推进行动将原有的 42 个村子变成了 26 个，这种居住模式的改变迫使村民不得不适应新的社会关系，以另一种态度、观念和形式来处理自己与周围人之间的关系。在氏族公社模式的生活中，虽然结婚以后的年轻夫妇另起火塘，在家族内开始小家庭的生活，但在财产归属权、生产劳动、产品分配等方面，"共有""共耕"的思想观念还是主流。社会主义民主改革后几十年的时间里，人民公社制在某种程度上更进一步强化了这种意识。改革开放以后，土地承包到户，原有的生产、生活模式受到了一定冲击，但由于独龙江乡商品交换并不发达，与外界的联系相对较少，人与人之间的关系模式并没有大的改变。虽然大家的氏族观念已经变得淡漠，但在潜意识中不善于与陌生人交流仍然是一个普遍的现象。如今，村民生活在更大的村落组织中，有的属于同一家族，有的不是。如何处理相互之间的关系，特别是如何组织起来形成合力去实现某些共同的目标等问题成了村委会、党（团）及其他社会组织的工作重心。

4. 草果、重楼种植彻底改变了人们的生产方式

草果、重楼种植增加了经济收入，也改变了人们的思想观念。独龙江乡耕地极少，经济来源有限。自从引进草果种植后，村民（特别是龙元以南的村庄）的生产方式和思想观念发生了根本性的变化。首先，村民觉得"有奔头"了，特别是草果的市场价格成倍上涨时，草果在很多独龙族村民心中就是致富的最重要手段。其次，草果种植一般不需要群体的合作，单个家庭就能除草、采摘（不需要每年种植、也无需施肥）。最后，草果作为一种经济作物与市场行情有着密切的联系，市场价格的任何波动都直接影响村民的收入。所以，越来越多的村民开始学会关注、分析市场行情，"关心外面的世界"。

5. 经济收入来源多样化及消费观念发生了非常大的转变

随着交通的改善，货物运输、载客、为游客服务等行业的兴起为当

地人创造了诸多就业机会和获得各种经济价值的机会，而收入的增加又改变了村民的消费观念和消费行为。

上述几个方面的变迁并不能完全描述独龙江乡当下发生的全部变化，但这么几个非常明显的变迁特征足以说明，整乡推进行动已经给独龙江乡的生活带来了根本性的改变，更重要的是，这些改变将导致社会文化方方面面的变革，甚至在某些方面有可能带来一定的社会风险。

在相当长的历史时期，独龙江乡由于地处与世隔绝的深山峡谷中，生产力水平极低，社会发展不充分，商品交换还处于简单的物物交换层面，没有充分发育的地方集市。氏族公社是基本的生产组织形式和社会共同体，私有财产的观念和实践长期受到抑制。虽然以"小火塘"为中心的核心家庭和"小仓库"早就在氏族公社中存在，但从耕作到产品的分配、消费仍然偏重于共享、共担的制度性安排。

社会主义民主改革之后直到改革开放政策的实施，传统的氏族公社制度在一定程度上更契合了当时的人民公社制度，生产队、生产大队在某种程度上进一步强化了独龙江乡村民之间的这种"共享"特性。但是由于交通、耕地等方面的原因，独龙江乡虽然在政治上得到了解放，建立了与其他民族之间的平等、和谐关系，但在经济上和文化上并没有发生根本性的改变。

整乡推进行动在短短十年内极大地改变了独龙江乡村民的生产、生活条件。交通的改善大大增加了当地群众出行的频次，减轻了出行的经济负担，同时彻底改变了物流的模式。原来的人背马驮变成了方便快捷的汽车运输，大大降低了运输成本，这又极大地促进了独龙江乡的商品贸易。如今几乎每个小组都有几个小卖部、小超市，村民购物极其方便。舒适、整洁的新型民居真正让村民"安居乐业"，不再为住房而发愁。原来的42个自然村被合并成26个集中定居点后，很大一部分村民必须学会适应新的社区生活。草果、重楼的种植不仅意味着从传统农业向现代农业生产方式的转变，更意味着村民的生产与市场逐步发生紧密的联系，市场的行情波动会直接影响村民的经济收入。电力设施的改善使世代用火塘烧饭的村民也可以用上各种电器（如电饭煲、电视机、洗衣机、电冰箱等）。宽带、无线网络的开通让村民与外界的联系驶上快车道。如今村里的年轻人可以像城里人一样玩微信、QQ 和在网上购物，甚至在网上售卖本地产品（如蜂蜜、草果或一些中药）。

这些物质层面上的改变仅仅是浮在表面的现象，真正深层次的变化是人们的思想、意识、知识、观念、态度等。如何透过这些表面现象来揭示独龙族社会内部正在发生的深层次变迁、变迁的方式、变迁的社会意义才是本研究的根本目的所在。

第一节　生计方式的改变及其影响

根据独龙江乡政府提供的数据，2006 年，全乡农村经济总收入是315.95 万元，农民人均纯收入是 812.21 元；2010 年全乡农村经济总收入是 517.88 万元，农民人均纯收入是 1300.88 元；2015 年全乡农村总收入达到 1670 万元，农民人均经济纯收入达 3503 元。从这个数字来看，独龙江乡的农民人均年收入在十年内增加了 2 倍多。虽然总体上独龙江乡的农民年人均纯收入仅为 2015 年全国平均水平的 32.52%，但是因为政府已经给他们免费建盖了新型民居，各种基础设施都比较完善，自来水免费，电费每度仅收 0.1 元，并且这个收入中还未包括各种补贴（如低保补贴、退耕还林补贴、良种补贴、化肥补贴、护林员补贴等），所以，村民的收入已经能够让他们过上很好的生活了。2015 年全乡粮食总产量只有 999 吨，村民近 14 年来主要靠退耕还林补助粮生活。

目前，村民的经济来源主要靠以草果和重楼种植为主的种植业及以黄牛、独龙牛为主的养殖业。2015 年全乡大小牲畜出栏 1325 头/只，大牲畜存栏 7127 头/只。此外，中蜂养殖、上山采集野生药材或蘑菇也能给村民带来一些收入，但数量不多。相对来说草果种植需要的劳动力和生产成本比较低，一旦种植，可以连续 15 年左右挂果，不需要重新种植，种植期间也不需要施肥，只需除草（每年 1~2 次）和采摘。采摘的新鲜果子就直接卖给中间商或者公司，村民也不需要自己加工。独龙牛采取放养的方式，一般情况下，村民将自家的独龙牛放养在家的承包山上或集体建的放牧场，每 1~2 个月去看一次，给牛喂点盐巴，其他基本就不用管了。如果独龙牛被熊吃了，政府还会给予适当补贴（每头 7000 元）。因此，从整体上来看，目前独龙江乡村民每天的劳动强度并不是很大。加之当地降雨量特大，一年中降雨天数极多，村民待在家里的时间不少。

下雨的时候，村民大多在家里围着火塘烤火、聊天、看电视。天晴的时候，大家都去山里干活，村里很少能见到人。无论是上山干活还是在家里烤火，村民聚在一起的机会不是很多，大多在自家地里干活或者在自家火塘边烤火、看电视。只有一些男性（特别是年轻男性）常常会聚在一起喝酒，少部分人会聚在一起打扑克。如今独龙江乡村民的家族观念已经比较淡薄，家族成员之间也很少聚会，甚至婚礼也不一定请所有的家族或氏族成员。亲戚仍然是村民社会关系网络中的重要组成部分，亲戚与家族或氏族成员之间有些重叠但不完全一致。独龙江乡的公共节日本来就少，公众的聚会机会也同样较少。

一部分村民通过开车运客、运货和经营超市（小卖部）等获得了相当可观的收入。以龙元村的司机李师傅为例，他妻子在家种地，他自己花 3.5 万元买了微型车每天在乡政府所在地孔当与各村之间（主要是孔当至迪政当之间）运送客人。当地村民从孔当到迪政当村需要 30 元（约 25 公里路程），来回一趟需要 60 元。而游客则没有准数，一个来回一般要 300~500 元。农忙的时候，李师傅会回去帮妻子干几天农活，平时就在孔当等着客人，只要有客人就走。这样下来，李师傅说每年挣个两三万元没有问题。或许是因为公路硬化以后通行条件大大改善，或许是因为大家看到了便利的乡村公路带来的商机，很多村民开始购买微型车（3万~5万元/辆）。由于从县城到乡政府、乡政府到各村之间都没有正规的公交车，无论是村民出行还是外来的游客游玩，大家都不得不选择搭乘这种微型车或者干脆包车，这样在客观上给开车的司机提供了很多的载客机会，也使价格上存在非常大的讨价还价空间。

迪政当村的李某某及其妻子都曾经在省城昆明的职业技术学校学习过3年的时间，也算是"见过世面"的人。夫妻俩无法适应外面的生活，所以最终选择回到家乡发展。李某某曾经在村委会工作过一段时间，妻子曾经参加过当地的公务员考试，未能考上。如今，夫妻俩承包了村里的冷木当农家乐。农家乐有1个厨房、3个房间（每个房间里有3张床）。客人多的时候，也可以到他们家或者他们的亲戚家里住宿。平时，农家乐的厨房并不做饭，客人少的时候，他们会邀请客人到他们家和他们一起吃饭。客人多的时候，李某某的妻子在厨房给客人做饭。据说，政府专门组织过厨师培训，所以做出来的饭菜还较符合客人的口味。农家乐里还有一个小商店，主要出售当地的产品——独龙毯、葛根粉、泡酒等，由于销售对象主要是客人，没有客人的时候小商店也基本不开门。农家乐门口是一块比较大的水泥地，平时方便客人停车，节日的时候人们可以在广场上跳舞、打乒乓球。据李某某自己估计，开农家乐每年可以有5万元左右的收入。不幸的是，2018年笔者再也无法与李某某联系上，后来听说他喝醉了，不慎掉入独龙江，人们一直未找到他。

除了冷木当农家乐，迪政当村里还有另外两家农家乐，都可以提供住宿和吃饭，但每年来迪政当的游客并不多，生意显得很冷淡。这其中的原因比较复杂，主要原因有三点。第一，路途遥远、交通不便。第二，独龙江乡的自然环境相较于其遥远的路程而言并不是很值得跑。一般从昆明到六库要一天时间（约8~9小时车程），六库到贡山要一天时间（7~8小时车程），贡山县城到迪政当也差不多要大半天（4~5小时车程）。这样一来，从昆明去一趟独龙江，来回得要6天左右的时间。当然，游客还可以选择另一种方式，即从昆明坐夜班车到福贡，一般 19：00 左右从昆明出发，第二天 11：00 左右到达福贡，再转车到贡山，最后从贡山到独龙江。虽然这种方式节省 1~2 天时间（来回只要 4 天），但路途上的辛苦还是显而易见的。对于生活在现代快节奏社会里的人们来说，很难想象能安排这么多的时间去独龙江旅游。第三，农家乐虽然有了漂亮的房子和完善的设施，但就价格和提供的服务来说，还有许多需要进一步改进、提升的地方（比如洗脸、洗脚、洗澡、上厕所等都不是很方便），本来就不多的游客很少会在那里停留。笔者在冷木当农家乐住了 3 次，每个床位每晚 150 元，但每次都发现之前的游客住过之后主人家并没有把床单换掉，只是稍微整理了一下而已。所以，在交通方便的条件下，很多游客还是宁可选择回到 30 公里外的乡政府所在地去住比较正规一些的宾馆。

巴坡的高某某一看就是一位精明能干的青年，几年前他就和在县城工作的哥哥一起在普卡旺小组开农家乐。2014 年，政府规划将普卡旺统一改造，交由专业公司统一管理，他们的农家乐只能关闭，由政府统一收回。他们投入的资金基本上都得到了补偿。之后，他们在本村（巴坡村）开设了巴坡农家乐，集吃住于一体。相比迪政当村的农家乐，巴坡农家乐在卫生、服务、房间设置、厨房等方面都要规范很多。入住和到农家乐吃饭的总人数远超过冷木当农家乐。

作为股东之一的高某某平时并不常去农家乐，主要由来自兰坪的小何女士及本村聘请的女孩子负责照管。高某某则在孔当到各村或孔当到县城之间跑车载客，有时也帮政府做一些问卷调查、填表、统计之类的事，或帮保险公司收一收保险费等。每年秋季，他还帮一些外来的老板收购草果、蜂蜜等，从中得到一些收入。高某某不愿意透露自己准确的收入，但从他的活动轨迹来看，他每年的收入应该不低。比如，从村子到孔当 19 公里，每个乘客都要收取 20 元。

B 师傅是从甘肃到独龙族地区上门的汉族人，由于 2010 年起当地政府实行户籍冻结以便整乡推进行动顺利实施，B 师傅不能像独龙族村民那样获得各种补贴和帮助，但他凭着自己的聪明、勤劳和才智，生活过得不错。他买了辆微型车，平时每天从巴坡村开到孔当（乡政府所在地）再开到县城（茨开镇）。由于他很善于与人交往，大家对他比较信任。有事进出独龙江的人都给他打电话或者发微信，所以，他的生意比较好，坐车的人较多。大部分时候他每天要在村与乡或乡与县城之间跑两个来回。他自己估计平均每天能有 1000 元左右的收入。同时 B 师傅还在村里开了一间小超市，平时由妻子照看，他到县城拉客人的时候就顺便捎上一些百货。

同样到独龙江上门的曹师傅（汉族）则是另辟蹊径，他购买了一辆小型卡车。天气不太糟糕的时候，他到县城去批发一些蔬菜、水果、猪肉之类的东西，自己开着车拉着蔬菜和肉食走村串户去卖。曹师傅不愿意透露自己的实际收入，怕别人跟他抢生意，但估计在当地也算是中等以上的收入水平。

2016 年新选出的村民小组长则大部分依靠种植草果、重楼或养殖牛、羊、中蜂来获得经济收入，他们中有部分家庭自己在村里开着小卖部，经济收入属于中等偏上的水平。他们不想外出打工，在本地打工的机会比较少。2016 年草果价格较好，所以大部分人收入水平大大提高。

随着旅游业的发展，村里的中老年妇女在空闲的时候会花很多时间编织独龙毯，卖给游客。独龙毯的编织技术并不是很复杂，却很耗时间，大约需要 15～20 天才能编织成一条独龙毯。现在大家都是到市场上去购买各种颜色的线来编织独龙毯，而不是像过去那样自己纺线来编织，而且式样和花色也比较单一，所以好多游客觉得，独龙毯没有太多吸引人的地方，一般不会轻易购买。部分游客出于各种考虑，愿意掏钱购买，但每条独龙毯只能卖 400 元。编织出售独龙毯从时间成本来说并不划算，不过，一些中老年女性觉得反正闲着也没事，能增加一点儿家庭收入也不错。

很多普通村民在当初政府动员种植草果的时候并不相信草果能给他们带来实实在在的好处，所以采取观望的态度，直到后来看到周围的人从草果种植中获得好收益了，才在政府的再次鼓动下开始种植草果。因草果种上以后一般要 3~4 年才能挂果，这部分村民目前还没有从草果中获得收益。

最困难的是那些家中没有足够劳动力的村民。从独龙江乡 2016 年建档立卡贫困户名单中不难看出，全乡 133 户贫困户（占全乡总户数的12.11%）中，所有的家庭都是因为丧失劳动能力或者家中劳动力太少而陷入贫困的。目前建档立卡贫困户中的 542 人主要靠政策兜底来生活。

以上个案表明，独龙江乡的经济收入来源及结构已经发生了根本性的转变。从收入来源的角度看，独龙江乡群众传统的收入来源主要是采集蜂蜜、药材、蘑菇等，耕地面积本来就小，产量又不高，连自己的生存需要都满足不了。如今，搞运输、办农家乐、编织独龙毯、倒卖蔬菜肉食及协助外来老板收购草果、药材、蜂蜜等都能增加收入。草果和重楼种植都是面向市场的新型农业，村民们不仅要学会种植，还要学会市场分析。这些转变不仅仅体现在农业生产和经济活动中，而且深刻地影响着独龙族的社会文化模式，具体来说包括如下几个方面。

1. 市场化改变人与人之间的关系

过去，住在一起的往往是同一个家族的成员，相互之间强调的是互助、合作。但在市场经济体制之下，这些理念和行为实践都不得不改变。比如，村民在路边搭车，凡上车的人都会按照大家默认的标准主动付钱给司机，双方不讲什么客套、不讨价还价也不推让，即便是亲戚也同样如此。有一次笔者准备返回县城，同行的年轻人在微信上发了一条消息，说有两个人要到县城，有谁的车能搭一趟。笔者心中有些吃惊，因为我们都知道他的一个亲戚也是要开车到县城的，这个年轻人并没有直接问他的亲戚，而是采取直接发布在微信上，让司机主动来联系的方式。后来笔者禁不住悄悄问那年轻人为什么不把这个机会优先留给自己的亲戚，年轻人说："坐谁的车都一样，反正是要给钱的。"

2. 个人变得更加独立

草果种植并不复杂，一般不需要大规模的合作，而种植草果又是目前当地最重要、劳动量最大的农活；住房都是统一建盖好的，个人重新盖房的机会比较小，所以人与人之间相互依靠的程度大大减轻。如果说过去打猎需要大家通力合作才能完成的话，如今能够迫使大家合作的机会越来越少，大多数工作主要靠自己或家人就能完成。

3. 新的社会结构和社会差异正在形成

从上述的几个案例可以看出，一些家庭的收入正在赶上国内一般水平，但另一些家庭要么缺乏劳动力、要么缺乏必要的技能，很难从根本上改变自己的贫困地位。收入差距的扩大势必造成新的社会差距，进而从根本上改变原有的社会结构。相对来说，一些从外地上门的村民比当地的村民在经营、种植、养殖上拥有绝对的优势。他们见多识广、脑子灵活、不满足现状、敢打敢拼，他们中的一些人已经成功地抓住独龙江乡发展的机遇，为今后的发展打下了基础。相反，也有一小部分村民满足于眼前的生活状态，缺少进一步发展的动力。

4. 收入依然有限

龙元和迪政当两个村子由于海拔较高，理论上不能种植草果（有一些村民种植了，但不知将来的收成如何），所以经济收入仍然很有限。有人养牛、养羊、种重楼、加工葛根粉、种粮食，然而，这些种植养殖项目目前给他们带来的收入非常有限。游客人数本来就少，即便偶尔有一些也大多是过路客。在很多村民眼里，"游客的钱主要流入农家乐老板口袋里"，并不能给一般村民带来实质性的好处。因此，现有的农家乐在一定程度上刺激了一部分村民想要开农家乐的愿望。

归纳起来，从人们的经济来源方面来说，独龙江乡最大的变化有两点。一方面，交通改善促进了生产方式和经济来源的多元化。人们从有限的、几乎不能满足生活需要的农耕方式迅速转变到搞运输、发展旅游、经营小商品、销售本地农林产品等多种谋生和发展方式。另一方面，草果、重楼种植和牛、羊养殖彻底改变了村民的传统农耕方式，并极大地提高了村民的总体收入水平，从而带来生活上的种种变化，特别是消费习惯的改变。同时，生产和消费模式的改变更进一步凸显了村民之间的经济、社会差异。

第二节　消费行为及观念的转变

在独龙江乡调查期间，首先让笔者感到非常吃惊的是村民使用手机的普遍程度和频率。根据问卷调查，2016 年，一般独龙族家庭都会有2～3 部手机。有村民号称每个月的手机费超过 100 元。作为在省城工作的高校教师，笔者每个月的手机费不超过 70 元，而这里的村民竟然消费超过 100 元。虽然这个数字不一定代表大部分的村民，但至少可以看出年轻一代村民的消费观正在发生巨大的转变。

年轻人用手机上网的目的以玩游戏和交友为主。村里的年轻人也和城里的年轻人一样，聊微信和 QQ、网上购物、网上交友等。网络世界为他们在思想意识上跟上世界发展的步伐提供了一个重要的平台，同时也增加消费的多元性渠道，潜在地改变着年轻一代独龙江乡居民的消费观念。笔者现在仍然留在"独龙族亲朋好友群"中，每天都能看到年轻一代的独龙族朋友在群里交流各种信息、讨论各种话题。

啤酒、可乐、王老吉等饮料已经成为村民常买的大众消费品。在调查中，笔者主要关注两种地方（村内的超市或小卖部、垃圾回收点）。成堆的啤酒瓶、啤酒罐及各色饮料瓶，足以证明啤酒、饮料在村子里已经不是什么稀罕物。笔者第一次去独龙江乡居民家中拜访时，朋友总是建议带点奶粉、漆油①作为礼物，主要是当地村民喜欢用这些东西做酥油茶。到调查后期去拜访朋友和村民的时候，几乎都不用问，直接买一两箱啤酒带着去就好。

随着经济状况的好转，基本生活有了保障，也有少部分年轻人沉溺于酗酒、赌博，甚至因酒滋事、因醉酒不慎落下悬崖或掉入独龙江的事情时有发生。不过在访谈过程中，很多年轻人说他们不怎么喝酒了，酗酒的情况有所转变。

目前，搭当地的车从迪政当村到孔当村，大家默认的价格是30元，来回60元。相对当地的收入水平来说，这个价格显然是比较高的。但村民们还是经常性地去孔当村，有时是为了购买一些日常用的东西，有时是为了送小孩去上学。从巴坡村到孔当村（19公里），正常价格是20元（来回40元），到县城（92公里）一般价格是70元（来回140元）。总的来说，村民的出行成本还是比较高的。独龙江乡只有一家KTV，价格也不便宜，一个包间250元，吃的东西还另算，这个价格甚至远超昆明的KTV消费水平。由于晚上几乎没有其他的娱乐场所，一些年轻人会找各种机会和借口到县城里逛一逛。

在贡山-独龙江公路修通（1999年）之前，独龙江乡的各种消费品（包括蔬菜）都是靠人背马驼运送进去的，人们常说"在县城卖1元钱的白菜到了独龙江乡就变成3元钱了"，因此，独龙江乡长期以来商品价格都比县城高，而县城的物价本身因为长途运输要高于州府和省城。独龙江公路改造完成以后，运输成本降低，但总体上独龙江乡的整体物价还是比城里高一些。

独龙江乡虽然雨水充沛，但人们很少种植蔬菜，所以，平时所吃的蔬菜及其他商品大多是从县城运进去的，价格自然比县城还要高一

---

① 当地人用漆树子榨油，榨出来的油凝固以后像整块的红糖。村民们喜欢用它来烹饪各种食品，如做酥油茶等，其中最有名的是漆油煮鸡。

些。平时在餐馆里吃饭也比县城的餐馆要贵，整体上给人的感觉是，在这么偏远的地方生活其实比在某些城市里生活成本还要高。

过去，独龙江乡接受城里人捐赠的衣物较多，很多村民穿的是城里人捐赠来的衣服。目前，虽然部分村子仍然在接受外来的衣物、被褥等捐赠，但很多村民更愿意购买自己喜欢的衣物。村民用的电视机、洗衣机有部分是政府支持或者别人捐赠的，但如今的年轻人更愿意购买自己喜欢的型号和牌子，有的家庭还购买了冰箱。

微型车和摩托是一种奢侈品，也是现代化的象征。在整乡推进行动中，相关部门专门为独龙江乡的村民举办了几期驾驶培训班。越来越多的年轻人开始购买汽车和摩托车。受到经济状况的限制，村民一般都购买3万~5万元的微型车或者1000~3000元的摩托车。微型车主要用于载客，但独龙江乡从古至今没有赶集的习惯，人口相对较少，整体上运输需求量有限。最先开始载客的驾驶员（如前文提到的几位）的收入是很可观的，但微型车数量迅速增加以后，驾驶员收入下降是必然的趋势。摩托车则主要是自用，方便车主和家人出行。一位卖摩托车的外地商人说，开始的时候为了增加销量，他采取赊账的办法。村民可以先把摩托骑回去，后面分期支付。后来，有的村民因技术不过关而出了车祸，有的则根本没有能力支付，结果，该商人亏了不少钱。从侧面来说，商品经济的发展甚至催生了一种超越自己能力的"提前消费"风气。

消费观念和行为的改变是一个相互影响、相互促进的过程，特别是在青少年中间。互相攀比、互相模仿是人性的特点之一。关键的问题是，消费多元化趋势及消费平台的出现让人们越来越真切地感受到金钱的价值，而金钱、财产意识的增强又从深层次上影响着人与人之间的关系。微型车司机高某开车经过自己村子的时候，一只小鸡突然飞到车前被撞死了。虽然鸡很小，高某还是赔了100元。反过来，当鸡的主人搭高某的车时，也同样按照大家默认的价格支付车费。虽然这两个人其实是亲戚关系，但似乎他们都已经适应按照大家都认同的方式来处理相互之间的关系。无论是小鸡的赔偿还是车费的支付，村民已经学会用市场经济的原则来处理问题。

巴坡村委会的领导说，独龙江乡的村民中一向很少有公开的矛盾和冲突。最近几年出现的为数不多的纠纷主要是草果种植中出现的山地边界之争。这也从另一个角度说明，消费观念的转变，促进人们增强私人财产意识，所谓"经济理性"逐步战胜其他的文化理性。

第三节　公共服务与社会保障体系的完善

公共服务和社会保障体系的完善是整乡推进行动的重要目标之一。养老院、学校、医疗体系等的建设是政府着力推进的内容。

2015年，随着马库国门小学正式开班教学，全乡已经建成九年一贯制学校一所、村小学三所和乡幼儿园一所。全乡教职工人数达88人，其中小学教师46人、中学教师20人、幼儿园教师3人、合同制后勤人员19人。义务教育阶段全乡共有20个教学班，其中九年一贯制学校14个班、巴坡小学2个班、龙元小学3个班、马库教学点1个班。全乡九年一贯制学校学生总数618人，其中小学学生人数426人、初中学生人数192人。巴坡小学学生人数42人，龙元小学学生人数62人，马库小学学生人数20人，幼儿园在校学生35人。每年考入贡山一中的初中毕业生人数也在逐年增加，而且越来越多的年轻人选择进入中专或各种职业技术学校（学院）学习专业技术。外出打工的年轻人并不多，但通过上大学离开独龙江乡的年轻人在不断增加。

由于独龙江乡降雨量大、潮湿、水冷，村民酷爱火塘，甚至赋予火塘某些神秘的解释。村民中患有各种慢性病（如与关节、眼睛等相关的疾病）的比例相对高一些。根据村民反映的情况，看病、打针、吃药是大多数家庭每年主要的经济支出之一（教育基本免费）。从独龙江乡人口统计数字来看，高龄老人较少。已有的文献认为，独龙江过去恶劣的生存条件导致很多意外死亡（如掉入独龙江），因此独龙江乡人口增长缓慢可以解释为"过多意外死亡的结果"。但笔者认为，总体而言，疾病仍然是导致死亡的主要因素。

如今，全乡有一个乡级卫生院，每个村委会有一个村级卫生室。全乡共有乡级医生7人、乡村医生11人。农村医疗卫生设施已经有了较大的改善，农村初级卫生防疫体系已基本形成，食品药品监督管理已得到进一步规范。全乡村民基本都参加了新型农村合作医疗保险，部分村民还自己购买了重大疾病保险或其他医疗保险。

目前，全乡35名无儿无女的孤寡老人已经搬入乡养老院，有4名来自不同村寨的独龙族工作人员为他们提供服务，所有费用都由政府承担。在访谈中，老人们都表示他们很适应养老院的生活，感觉很幸福。

各村委会党员活动室已建成并投入使用；独龙族文化传承中心和独龙族博物馆已完工并投入使用；各村文化活动室基本建设完成，并及时配备了影像设备及发放了相关科普书刊。

从第一章的介绍中可以看出，独龙江乡近十年内，无论是教育、卫生还是社会保障，都发生了非常大的改变。人们的生活水平正在迅速提高。更重要的是，政府的兜底政策（如低保）从根本上保障了每一个人都有饭吃、有衣穿、有房住。

表9显示，在独龙江乡农业总人口4097人中，2015年有3769人享受低保（占91.99%）。其中享受一档①的400人，占总享受人数的10.61%；享受二档的占75.91%（2861人）；享受三档的占13.48%（508人）。如此大量人口享受低保，一方面说明当地的经济状况仍然不容乐观，另一方面也表明政府对独龙江乡的帮扶（"兜底"）成为独龙

---

① 按照当地政府的政策，低保户村民根据不同的经济状况享受三个不同等级的补助。

江乡居民生活的重要保障。

表 9   2015 年独龙江乡享受低保的人数及金额

单位：元，人

	享受一档人数	小计金额	享受二档人数	小计金额	享受三档人数	小计金额	人数合计	金额合计
马　库	59	20886	130	42120	62	18228	251	81234
龙　元	55	19470	412	133488	68	19992	535	172950
献九当	88	31152	499	161676	95	27930	682	220758
孔　当	75	26550	803	260172	81	23814	959	310536
迪政当	54	19116	449	145476	90	26460	593	191052
巴　坡	69	24426	568	184032	112	32928	749	241386
合　　计	400	141600	2861	926964	508	149352	3769	1217916

随着国家精准扶贫的推进和整乡推进行动的深入实施，独龙江乡的低保人数也大幅度减少，越来越多的独龙江乡村民已经能够逐步摆脱贫困，开始自立生活。这是一个了不起的转变。2019 年，独龙江乡和独龙族宣布正式脱贫，独龙族率先成为整体脱贫的少数民族。

第四节   从氏族公社到社区生活——社会关系的重构

在媒体和已有文献中，"氏族公社""纹面女"几乎成为热词和独龙族的代名词。如果说媒体对"纹面女"的炒作是为了满足人们的好奇心的话，"氏族公社"则在一定程度上反映了独龙族社会在漫长的历史过程中最基本的社会结构模式及伴随这一结构而衍生出来的生活方式和思想观念。

2016 年初，笔者乘中巴车进入独龙江乡，大约离独龙江乡还有 30 公里的地方，中巴车停了下来。前面一辆微型车挡住了去路，两个独龙江乡的小伙儿怎么弄也无法将车开过去。那一段公路其实只是约 5 米长的小缓坡，因为路面稍有结冰，微型车又太轻，所以无法通过。由于道路太窄，中巴车也无法超过，只好停在离微型车约 20 米的地方等候。折腾了十多分钟微型车仍然不能通过，其中一个小伙儿走到中巴车司机面前说："我技术不好，开不上去。"中巴车司机看了他一眼，说："开不过去就退到宽处，让我们先过。"于是，两个小伙儿将车往后倒了一些，中巴车很轻松地就通过了。之后，中巴车司机和车上的乘客就开始议论开了。有人说，其实那个小伙儿可能是想向中巴车司机求助，请他帮忙把车开过去的，但他说的时候又好像只是在解释他们开车技术不好，并没有把请求的意思表达出来。"求一下人就那么困难吗？他想求人帮忙，又不直说，万一有个意外他还怪你"，中巴车驾驶员抱怨说。"真是的"，其中一个乘客也附和着说。

之后，在迪政当村笔者发现，村里有一个老人即将去世，医生说已经没有办法治疗了。村里人自发地带上礼物（食品或者柴火）到老人家陪伴她和她的家人，一夜无眠。村民说"一直要陪伴到老人去世"，无论是亲戚还是邻居，没有谁来组织，大家都自己主动去陪伴。困了的人回家睡觉，然后再来，不困的人继续陪伴。看到这一现象时，笔者不禁想起了路上碰上的那两个小伙儿。

在迪政当这样一种村社生活中，人与人之间相互帮助是不需要"请求"的，而是一种理所当然的义务和责任或者说是一种基本的人情伦理。当知道别人处于困境之中的时候，主动提供帮助是人际关系中必然的道德要求。因此，可以理解为，那个小伙儿以告诉中巴车司机他们的困难的方式向他求助，但中巴车司机心中所持的伦理原则是"你得向我提出请求"，他考虑的首先是"万一发生意外该是谁的责任"，担心万一出现意外而对方说"我又没有请你帮我"，所以，他采取了"不主动帮助"的方式。

这一小插曲其实反映了独龙江乡居民长期在氏族公社制下形成的价值观念与现代市场经济体系下的行为规则之间的差异。在一个朝夕相见的熟人世界里生活，他们能充分理解相互之间的需要，但现代市场经济体系下的交换原则是要先分清责任与义务。

事实上，这一小插曲还从另一个方面反映了独龙江乡社会正在发生的结构性转变。一方面，原来分散居住在山上、河边的村民现在不得不集中在 26 个村子内共同生活。他们的邻居原来可能是同一个氏族的成员，如今的状况却是来自不同氏族的人天天生活在一起，甚至越来越多的非独龙族人员通过婚姻进入村内生活，形成了氏族与氏族之间、氏族与小家庭之间某种无形但又深深印在心中的特殊结构。另一方面，随着草果种植和经济来源多元化，个体或家庭之间的经济收入差距迅速拉大。社会结构和人与人之间的关系正在经历前所未有的重构，村民们必须学会适应新的社会环境和社会生活方式。

目前，村委会和教堂是维系人与人之间关系的两个重要社会载体。由于整乡推进工程的实施，村民对共产党、国家、政府给予了很高的评价和很强的认同，村委会在大家的心目中也有很高的威望。除了村委会、小组等正式的组织机制、网格化社会管理机制外，村内还成立了护林队、消防应急队等队伍。这些社区治理机制将个体的村民有机地纳入社会网络之中，成为现代社区治理的主要形式。各村委会的党、团支部还经常不定期组织共产党员、共青团员开展村内环境整治活动，如打扫公共卫生、修剪路边的杂草灌木等。基督教教堂的活动在某种程度上对乡村社会的整合发挥了一定的作用。比如，对酗酒、杀生等行为的限制在一定程度上对当地的社会整合和人与自然关系起到了调节作用。

第五节　国家主导发展与个人（家庭）资源禀赋的重新配置

为了更好地理解和讨论独龙族社区人际互动层面上的变化，借用经济学上"要素禀赋"和"社会资本"概念并作适当变通运用是个有效的办法。

在 20 世纪初的"赫－俄模式"中，要素禀赋（或资源禀赋）指一个国家所拥有的劳动力、资本、土地、技术、管理等生产要素。这一概念对于独龙江乡的发展研究也有一定的启发意义，研究者可以从一个人或一家人所拥有的、能够支撑或拓展未来发展的各种资源配置（包括资源和能力两大部分）这一视角出发来考察国家主导型发展给每一个村民或他们的家庭带来的影响。

对于每一个生活在独龙江乡的个体或家庭来说，所谓的要素至少包括两大部分。一部分是个人或家庭独自拥有并可按照自己的意愿投入未来的增值发展过程中的各种有形或无形资产，如土地、房屋、经济资本、可行能力、受教育程度、身份地位及思想观念等；另一部分则是属于公共所有，但个人可以凭借自己的能力和智慧来加以利用的资源要素，比如交通等基础设施，市场、信息、政策及其他各种公共品。

诚然，发展并不是上述两大要素的简单相加。有的人能够在这两大要素中找到自己发展的机会和途径，而有的人则可能无法充分利用这些要素从而导致发展不充分，最终村民之间经济社会的差距越来越大。而最能体现这种差距或者说研究者最能够观察到的差距就是某一个体或家庭所拥有的社会资本积累和拓展这些资本的能力。

这里的社会资本主要指个体或家庭之间（含村民之间及村民与外来者）的关联程度，具体包括人与人之间的社会关系网络、互惠性规范和由此产生的信任与合作。一个人或一个家庭能够在多大程度上不断积累和拓展社会资本就在多大程度上影响了其两大要素使用效率及发展程度。从另一个角度来说，社会资本的体量和拓展能力差异必然导致一定程度的经济社会差异、社会排斥、社会疏离、社会剥夺等。所以，包容性发展成为政府和独龙江乡乡村经济社会发展不得不考虑的另一个重要维度。

要在日常生活的层面上对独龙江乡的资源丰裕与稀缺情况做令人信服的描述并不是一件容易的事。首先，正如第一章中所介绍的，独龙江流域已知的种子植物多达 163 科 2686 种；哺乳动物有 8 目 25 科 74 属 192 种；鸟类有 269 种；昆虫有 690 种，隶属 20 目 167 科。而且整个独龙江流域雨量充沛，水资源极其丰富，其自然资源的丰裕程度可见一斑。虽然耕地比较稀缺、可耕种作物有限，但人口从 20 世纪 50 年代的 2000 多人发展到今天也不过 4000 多人，所以单纯地从人均资源占有量来说，中国其他很多地方都难与独龙江乡相比。然而，生活资源稀缺却一直与独龙江乡相依相伴、如影随形。无论是在文献记载中还是在当今的日常话语中，总是离不开独龙江乡曾经生活极端困难、生活资料极为欠缺这样一幅图景。

这个貌似自相矛盾的现象其实是由人与自然关系的特性决定的。一方面，资源构成体量并不完全等同于满足人们基本生存需要的资源量及其配置，很多自然资源是不能直接为人当下的能量需求提供支持的，更何况国家的法律和各种制度往往为了更大的目标而不得不对资源的利用方式予以一定的限制；另一方面，个人或集体将自然资源转变为生存和发展需要的能力和策略是有很大的差距的。

就独龙江乡而言，交通与生活资源的稀缺程度之间有着直接的关联性。1964 年前，独龙江乡与外面的世界几乎处于相互隔绝的状态，凡进出独龙江乡都得攀岩绝壁，爬行于荆棘之间。据相关文献记载，那时候的独龙江乡缺盐巴、缺铁制工具、缺种子、缺技术，缺一切现代工业产品和现代知识、思想，甚至没有统一的地方性市场（如赶集场所）和现代意义上的村庄，大部分的物物交换也只是在氏族（家族）成员之间或者周围其他氏族（或家族）之间发生。

在这样一种与世隔绝的生存环境里，整个独龙江乡分成几十个氏族，以氏族（或家族）为单位，分散居住在独龙江两岸的山坡上，以族称代替地名，或反过来，以地名代替族称。氏族（家族）之间很少往来，因为道路通行极为困难，江两岸是悬崖峭壁，江面上水流湍急，别说在江面上行船，即便在 20～30 米宽的江面上渡船都不可能，只能靠藤桥或溜索渡江。由于长期未与外界交往或冲突较少①，族群认同的必要性不是很强，因此，也没有统一的族称。

独龙江乡的氏族或家族概念也有别于中国其他地区，特别是东南沿海地区。独龙江乡的所谓氏族或家族其实就是居住在一起、有亲缘关系、人数不多的一些小群体，一般一个氏族或家族就 3～4 户，多至 5～6 户人家，有的氏族比较大又常常分成若干小家族，分散居住，这显然与当地的生存环境密切相关。由于当时主要的生产方式是刀耕火种，产量极低，在铁质工具稀缺的条件下，很难在某一特定区域养活大量人口。

氏族（家族）一般共同居住在同一幢长房子里，但每个小家庭有自己的厨房，平时小家庭独自做饭吃。长房子外有单独的小房子作为公共的仓库，也有小家庭自己的仓库。土地实行"伙有共耕"、"伙有私耕"和"私有私耕"等几种方式。秋冬季的时候，村民将各种树木和杂木砍倒，然后在适当的时候放火焚烧，最后用削尖的木棍或竹棍播种，连续耕种 1～3 年后又重新开垦新的耕地。这样一种生产方式和特殊的地理环境条件决定了人与人之间的社会关系网络、互惠规则和由此产生的独特信任关系。

从资源禀赋的角度来看，这一时期村民的主要生活来源基本上就是刀耕火种、狩猎和在独龙江内捕鱼。由于当时很少能得到现代化的生产工具，村民把自然资源转化成生存所需资源的能力非常有限，无论是捕鱼、狩猎还是种地，效率都很低，生存处于极度困难之中。抗击各种自然灾害和疾病的能力也很弱。

1949 年贡山和平解放以后，中国人民解放军进驻独龙江乡，他们

---

① 除了周围其他民族的土司、头人派人来收税外，几乎没有外面的人进入独龙江乡。

不仅承担成守边和维护社会治安的重任，还带来医疗人员为独龙江乡的村民看病、治病，给独龙江乡提供现代铁制生产工具（如锄头、镰刀、砍刀、打猎的枪支等），传授农业种植技术，开办学校为独龙族孩子提供受教育机会等。但是由于道路通行极为困难，各种物资运送成为最大的困难，村民真正拥有的资源禀赋并不是很高。

1964 年，经过长达 8 年的艰苦努力，独龙江乡终于修通了人马驿道，可以通过人背马驮将急需的物资从贡山县城运送到巴坡村，然后再分运到独龙江各村各地。独龙江乡的村民能够获得的资源开始出现了新的转变，一方面是新的生产工具得到了较大的改善，新的种子、技术促进了当地的生产；另一方面是人们的日常生活用品比以前丰富了一些。虽然仍然要靠人背马驮，但至少一些生活必须品（如盐巴、大米）能够从县城运进独龙江乡。

1999 年，随着独龙江公路的贯通，物资运输效率得到了较大的提高，人们可获得的资源进一步增加。但由于独龙江乡的经济收入有限，特别是 2003 年政府严格实行"退耕还林"政策以后，每个人能支配的资源量更是大大减少。村民不能上山砍树、开荒种地，就连到江里捕鱼也会受到限制（封渔期）。因此，商品的可获得性和人们实际购买力之间的差距不是缩小了，而是增大了。偶尔有一些从北京或者别的地方来徒步探险的人，他们会请当地人（一般是年轻男子）做背夫，帮探险者背行李并带路。这部分人会有一些额外收入，但毕竟只是少数。

对于独龙江乡的普通村民来说，资源禀赋最大的改变来自交通的改善和草果种植的引进。2015 年新改造的独龙江公路正式通车以后，村民可以买车搞运输，个人发展机遇不再局限于土地或其他资源。外地游客的到来，让很多原来并不起眼的当地产品也变成了"珍贵"的资源，比如蜂蜜、葛根粉和山菌。草果成了村民最重要的经济支柱，很多人（特别是居住在独龙江南部的村民）从售卖草果中获得了较高的收入，家庭经济状况得到了前所未有的改善。当然，也有一部分村民因为缺乏劳动力或合适的山林，种植草果较少，家庭经济收入状况仍然没有大的改观。这就导致了村民之间的贫富分化，人与人之间的关系也因此发生了更大的改变。

:::: 第三章

村民叙事中的经济社会发展与乡村社会生活变迁

第一节　主位叙事：人类学的一种研究方法

按照尤瓦尔·赫拉利的说法："人类思考用的是故事，而不是事实、数据或方程式……每个人、每个团体、每个国家，都有自己的故事和神话"。[①] 虽然赫拉利的"故事"是指一定社会群体在一定时期能够让其成员达成共识、凝聚力量的某种理想状态（如自由主义、共产主义、法西斯主义等），但一般性的个人叙事中同样充满着个体的理想、思考、观察、观念、态度和对个人未来命运的期望，也折射出国家发展与个人生活之间的种种关系和社会现实。尽管个人讲述的故事不像国家、组织、政党的"故事"那样宏大、复杂和深刻，但个人的故事中也同样蕴含着社会事实和社会共识。因此，在研究过程中笔者大量采用了让当事人讲述自己的故事，然后笔者对这些故事进行评估式分析的方法，以社会发展和社会包容的形成过程为核心，对独龙江乡的经济、社会发展过程及其影响进行阐释。

讲述人生故事是人类古老的传统。它之所以重要，是因为每一个讲述者的故事都蕴含着他独特的人生经历和体验。故事将他们与自己的根

---

① 〔以〕尤瓦尔·赫拉利：《今日简史》，林俊宏译，中信出版集团，2018。

（即祖先）、具体的场景和条件、具体的决策、理念、知识、信念联系在一起。通过讲述人生故事，人们可以进一步明白自己应该走向何方、重新估量自己的人生经历、修复自己的人生价值、强化群体的纽带。人类社会一代又一代讲述的人生故事、民间传说、神话、传奇故事中总是不知不觉中蕴含着某些普适、永恒的主题，永恒的生活因素、人生价值和经验教训。传统的民间故事总是按照"分离、转换、结合、出生、死亡、重生、分别、启蒙、回归"这样一些通用的、不变的模式来叙述的，各种故事所要表达的是各种矛盾体之间的一种平衡。

从生活实践的层面上来说，每一个人的生活经历都是独一无二的，并且每一个人都会用自己独特的方式去理解和阐释自己的人生经历，或重构自己的过去、现在和对未来的想象。但不可否认的是，不同个体之间貌似不可调和的差异性特征下面隐藏着大量的共性。这些共性恰恰就是一个社会群体、一种文化、一个国家变迁的基本脉络。现代社会人类学研究的主要任务之一就是用透过个体的"表现"来发现人的行为的真正社会蕴涵。

从理论的层面上来说，人生叙事是社会学、人类学研究的重要方法之一，主要目的是通过让当事人讲述自己的人生故事或当下的所思所想来获得对具体个体的全面了解。这种方法最初用于对美国原住民的访谈研究，研究者要求被访谈者描述自己的人生和作为一个个体的具体感受。当时的目的是描绘即将消失的族群的生活状态（或生活方式）。后来这种方法被运用到对芝加哥的罪犯、妓女的访谈过程中。研究者首先要求被访谈者讲述自己的人生经历，然后查阅相关的社会资料、警察局的档案以及被访谈者所生活的社会环境。研究的最终报告主要包括三个方面的内容：其一，芝加哥的社会生活面貌；其二，被访谈者如何看待自己的人生，换句话说，被访谈者作为一个独特的个体有什么样的感受；其三，社会如何对待这些类型的人，这些社会行动（如社会工作、社会帮助、社会互动等）对具体的个人又会产生什么样的后果。这种研究方法将个人的故事与社会发展、个人体验与社会评价有机地结合起来，以期形成相对完整的所谓"社会事实"。

20 世纪 20 年代，托马斯（W. I. Thomas）和兹纳涅茨基（Dlorian Znaniecki）经过大量的研究写成了《身处欧美的波兰农民》①。两位研究者的研究方法是让一个波兰移民将自己的人生历程写成文字，然后由研究者来进行系统分析。这种研究方法"第一次系统收集了社会学意义上的人生历程"，从而开创了人生叙事研究方法的新纪元。个人讲述故事的时候，故事的真正意义只属于讲述者本人，只有经过"听者"（即研究者）将讲述者的故事与研究者的知识和更大的社会场景紧密结合起来，才能形成所谓"真实的社会事实"。

之后一段时间，人生叙事研究方法在社会学或社会人类学研究领域一度沉寂，量化研究方法成为主流。直到 20 世纪 70 年代，Daniel Bertaux 和 Paul Thompson② 又重新用人生叙事方法对面包师或渔民等职业群体进行研究，在他们的努力下，人生叙事研究法不仅得到进一步创新，而且再次在欧洲（特别是德国、意大利和芬兰）流行起来。

人生叙事研究法特别忌讳问一些能够用"是"或"不是"这样的词来回答的问题，特别强调被研究的对象用他（她）自己的话语来讲述"他（她）的人生故事"，因此，这种方法也叫叙事法。在具体操作过程中，叙事法大致有两种主要方式：一种是要求被研究对象按照时间顺序讲述从童年到现在的全部经历；另一种是让当事人用文字讲述自己的人生经历，具体方法有很多种，比如让若干名被研究对象参与书写人生经历的竞赛、收集他们写的自传或者利用别人已经收集的人生叙事文本等。

---

① 〔美〕W. I. 托马斯、〔波兰〕F. 兹纳涅茨基：《身处欧美的波兰农民》，张友云译，译林出版社，2000。

② Daniel Bertaux & Paul Thompson, *Life Stories*, Los Angeles: SAGE Publications, 2015.

在本书中，除了上述两种方式，叙事法还应该包括叙事者对周边人和事的评价和议论。在实际参与观察过程中，研究者发现，人们在讲述自己的故事时总会有意无意地评说到周围的人和事，多少听起来像是在"议论是非"，但在社会人类学看来，这种对"是非"的议论也同样具有相当的社会文化意义，因为议论是非不仅体现了人们的价值观、人生观和世界观，还是人与人之间达成一定共识的一种特定方式。

对这样一种研究方法的偏爱源于多年前笔者第一次阅读英国人类学家拉德克利夫·布朗的《安达曼岛人》一书时产生的一个非常不成熟的想法。那时笔者对于人类学经典醉心于描述前工业社会生活和各种巫术、仪式、符号感到困惑，不太明白为什么人类学家总沉溺于那些现代社会已经少见的"奇闻逸事"而对身边每天发生的事漠不关心。比如，在调查中，笔者发现在很多现代乡村生活中，虽然仍然保留了某种传统的仪式，但那个仪式可能一年就举行一次或几次，而且很多时候是表演性的，它与人们的日常生活关系并不大。即便有百分之一的相关性，也意味着人们日常生活的绝大部分内容都与这些仪式没有直接关系。因此，笔者认为在现代社会背景下，详细地记录和理解一个地区或社会群体在经济社会发展背景下所经历的过程应该成为当代人类学的重要任务之一。而在记录过程中，当事人的叙事应该是社会人类学收集和分析的重要内容。为什么呢？因为我们所处的时代是一个"巨变"的时代，身边无时无刻不充满着经济、社会、文化变迁的脚步声。每一个生活在这个时代的人都主动或被动地被卷入这一变迁洪流之中，亲身体验和经历这一巨变。因此，他们对发展有着自己的理解和阐释。

那些生活在一向被认为"与世隔绝"的独龙江峡谷内的独龙江乡村民也能像城里人一样随时与世界紧密联系在一起，他们也能方便地在网上购物或者销售当地特产，也能通过微信约车，也常在朋友圈发送当地的各种大小新闻和个人逸事。一个农户的小孩患上了地中海贫血症，他很快发现当地早就有人建立了一个"地中海贫血微信群"，相关的家属在群里随时交流各种信息和经验。人们真切地感受到这个世界似乎变成了一个紧密相连而又透明的"地球村"。人们在尽情地享受人类经济社会发展带来的福祉的同时，也不得不面临经济发展和社会变迁带来的种种挑战和风险。

一个乡村干部不禁感叹："如今的乡村工作越来越难做了，即便是最封闭的农村，农民们拿起手机就可以查阅国家政策或法律法规，你哪里稍有不合规的地方，他们就会提出来，找有关部门反映。"这一感叹并非个案，它透露出一个普遍存在的社会现象，即信息的公开透明在一定程度上削弱了乡村社会内部的传统权力（或权威），个人不再简单地遵循传统权力（或权威）、克制自己的愿望和诉求以实现某种认同，而是将自身的利益追求和价值选择放在首位，并且他们懂得如何利用各种自然和社会条件来达成自己的目标。这反过来对中国共产党在新的历史条件下的社会治理机制和能力提出了更高的要求。所以，个体的经历、感受、叙事为我们了解所生活的世界提供了一个非常好的平台。正是基于上述种种原因，本书试图通过对独龙江乡发展过程及社会变迁的长期考察和访谈，来思考国家主导型发展背景下独龙族乡村社会生活在经济、社会、文化等方面发生变迁的过程。

在这样的背景下，人类学所倡导的"参与观察"方法被赋予了新的含义。人类学家不再仅仅带着好奇的目光去观察那些稀奇古怪的"异文化"和他者的奇特行为，更重要的是去认识、理解和阐释那些和我们一样天天手里拿着智能手机、时时接收着海量信息、享受着现代科技发展带来的种种便利的人的生活。田野点不再仅仅是那些远在天边、与世隔绝的土著部落。人类学家无论在哪里，每天一睁开眼就能看到五颜六色的生活画卷。一个很有意思的现象是，当今很多高校人类学专业的学者、研究生从城里跑到乡下（特别是民族地区）去调查，把到乡下去调查视为迈入人类学门槛的必修课。可到了乡下一看，村里几乎见不到年轻人，他们都到城里去了。所以，人类学家们观察到的往往是老年人的乡下生活，在老年人的叙事中去收集历史记忆的蛛丝马迹。

就方法论而言，多年来让笔者感到很困惑的一个问题是，一向自诩以研究他者的生活为主要目标的社会人类学家很少愿意静静地聆听研究对象的叙事，总以为那是"个别的、不具代表性的"，或者以为个人的叙事"充满了主观性""人们说的与实际做的并不完全一致"，等等。这些议论的确有一些道理，但任何事都有两面性。没错，个人的叙事具有较大的主观性，但不能因此说个人叙事中完全没有接近事实的"相对客观性"。一方面，当一个人认同某件事的时候，我们可以说那只是个人的观点，而当 10 个、100 个、1000 个人都有类似认同的时候，我们不得不承认他们之间存在某种更接近事实的"共性"。另一方面，赫拉利所说的讲故事更强调的是当人们"编造"出一个故事或神话，而且一个群体中大多数的成员都相信这个故事的时候，这个故事是否真实并不重要了，重要的是这个故事在该群体成员的心中已经成为一个"事实"了。因此，社会人类学通过聆听人们的"叙事"、考察"叙事"中那些被大多数成员分享或信仰的故事，同样能够更好地了解和阐释他者的生活是什么、为什么那样生活。

本研究主要采取随机访谈的形式，不设问题，不突出调查的目的，也不让被访谈者把自己的故事都讲述出来，而是让他们讲述印象最深刻、体验最直接的某些经历片段，或者对目前生活进行叙述，或者对周围发生的事（某一阶段发生的事）进行叙述或评论。这样做的目的是让被访谈者在轻松愉快的氛围中，选择自己感兴趣的话题、人生片段，来叙述自己的故事。为了避免受访者感到尴尬或难为情，研究者在征得对方同意的基础上引用很多"聊天的内容"，也在很多地方隐去了被访谈者的真实姓名。另一种研究方式是鼓励一些受教育程度较高的年轻人记日记（365 天），通过他们的日记来了解他们一年内经历的各种事件、社会变化以及所思所想。

第二节　村寨变迁：以四个小组为例

独龙江乡和中国其他地方不同，最明显的差异有以下三点。其一，由于自然环境条件的限制，历史上长期与外界隔绝，形成相对独立、封闭的状态。1964年修通人马驿道前，基本上没有与外界连通的道路。进入独龙江乡需要用木梯（或藤条梯）攀岩绝壁，靠简陋的藤木桥越过汹涌的河流。其二，以氏族（家族）为单位，分散居住在便于开荒种地的地方，且各小家庭常因轮耕的需要而在本氏族领地内不断更换居住地。氏族（家族）内部结构相对松散，缺乏类似东南沿海地区那样高度权威和严苛的家族内部管理制度。氏族（家族）之间相互交往较少，属于整个地区共同的活动（如集市、节日、宗教庆典等）很少。其三，生产率极低，直到1950年，铁制的生产工具都比较少见，人们主要靠狩猎、捕鱼和种植玉米、小米及少量豆类来维持基本生活。据有关文献记载，1950年贡山县成立第四区（独龙江乡）时，独龙江乡的第一位领导人孔志清（独龙族）就代表政府给每户人家赠送两尺布。1952年，中国共产党怒江州委员会向独龙江乡赠送了1413把锄头、219架犁、30头耕牛、380件衣物，足见当时独龙江乡生产生活的困难程度。

改革开放前，独龙江乡的生产用品和日用品都是由独龙江商店（隶属独龙江供销社）经营的。总店设在孟顶小组，其他每一个区（现在的村委会）有一家分店。店里的工作人员属于国家工作人员。乡政府从巴坡村搬迁到孔当村以后，巴坡村委会从孟顶小组迁移到巴坡小组。2002年供销社从孟顶小组搬到孔当村，供销社的工作人员不再由国家统一发放工资，于是大部分的门店被转包或直接出售给私人经营。

新中国成立以后，贡山县政府在中央、省、州各级政府的共同努力下积极推进独龙江乡的生产生活发展；兴办教育和选送青少年到省城和更大的城市接受教育；认真落实民族政策；培养少数民族干部和国家工作人员；鼓励少数民族青年参军入伍，在部队接受教育和锻炼；等等。当地政府鼓励村民集中居住到独龙江两岸，分散居住的状况逐步得到改善。到 2010 年独龙江乡实施整乡推进项目时，整个独龙江乡有 42 个居住点。项目实施以后，42 个居住点合并为 26 个村。为了展示目前独龙江乡村庄发展的新貌，本书选取 4 个村子作为案例做简要的介绍。

1. 巴坡小组

巴坡村的巴坡小组是巴坡村委会所在地，坐落于独龙江南部一块很小且不平坦的台地上。1999 年独龙江公路贯通之前，独龙江所需的物资运输和人口出入都要经过这里。受台地面积狭小的限制，这里只能勉强容纳十几户人家。1956 年 10 月 1 日，贡山县人民政府正式成立，巴坡村一度成为独龙江乡的行政中心，独龙江乡政府和边防部队就驻扎于此。1999 年 9 月 9 日，贡山－独龙江公路正式通车（路面未硬化），2002 年乡政府迁移至孔当村，巴坡小组就成为巴坡村委会的办公地。村委会的办公室主要在一幢新盖的现代二层小楼里，旁边两三栋简陋的旧式办公楼房和部队营房还能让人依稀看到当年政府工作人员和部队官兵工作和生活的情形。如今部队营房的一部分成为边防派出所的办公室，平时很少有边防警察待在这里，只是偶尔有事或有执勤任务的时候才有边防警察来暂住或办公。营房的另一部分已经成为爱国主义教育基地展览室，里面展示着当年独龙江生活状况的图片和部队官兵的工作、生活照片及各种用品、器械、床架等。后面山上的八块烈士墓碑则记载着那些曾经为这里的安宁和发展献出生命的官兵的故事。江对面半山腰上用石灰和石块塑成的"无限忠于毛主席"大字仍然清晰地呈现着历史的印迹。

巴坡小组共 15 户 50 人，其中男性 26 人、女性 24 人，15 岁以下 6 人、60 岁以上 4 人。2017 年拥有草果种植面积 157 亩、重楼种植面积 6 亩。全组共有独龙牛 13 头、黄牛 6 头、猪 26 头、鸡 133 只、鸭 2 只、小汽车 1 辆、摩托车 5 辆、彩电 15 台、冰箱 4 台、洗衣机 7 台、手机 36 部。

在这个只有 15 户人家的小村子里，有 4 家小商店，其中两家就在公路边，另两家坐落在村委会与部队老营房之间。除了销售日常生活用品外，还销售当地人编织的独龙毯。靠近路边的一家小商店门前，常常能看到一位老年妇女一边看店，一边在门前的空地上编织独龙毯。

村子周围是繁茂的森林，树林里种植了大量草果。虽然很多草果还未挂果，每户人家每年出售的草果量不大，但草果已经成为村民收入的主要来源。目前，全村草果种植面积已经达到 315 亩（小组长的估算）。2016 年 9 月新鲜草果的价格已经飙升到每公斤 13 元（2015 年仅为每公斤 7~8 元）。2015 年全村种植草果的收入大约为 64200 元，占全村全年总收入（84700 元）的 75.8%。2016 年由于雨水多，单株草果的挂果相对较少，但因总体上挂果的草果树数量超过 2015 年，而且 2016 年的市场价格翻倍，在访谈时大部分村民预计 2017 年的收入会超过 2016 年。在政府的支持下，村民也开始尝试种植一些重楼，但目前基本上还没有收益，且每户种植面积基本不超过一亩。

独龙江整乡推进项目实施之后，本来就不多的耕地因集中建盖村民住房被占用了一部分。据小组长一户一户估算的结果，全村耕地面积只有 23.6 亩，且都是旱地，只能种植玉米、土豆等。自 2003 年全面实施退耕还林政策以后，山坡上不再允许耕地。村民的粮食主要靠国家的退耕还林补助，大部分人家有足够的粮食，有些家庭吃不完，但个别家庭略显不足。村子周围随处可见养蜜蜂专用的箱子，有的箱子里已经有蜜蜂在酿蜜，有的箱子空着，未经加工的蜂蜜价格一般为每公斤 120 元。

2012 年，政府统一为村民修建了新式砖混结构住房，每一户人家有 80 平方米，分为 6 个房间。每户人家都单独有火塘房，日常做饭仍然是在火塘上，用铁三角搭上铁锅，炒菜、煮菜都在火塘上，没有灶台。村民家里都没有卫生间，但村里有两个公共厕所。

巴坡村现有党员 17 名，他们的党支部在巴坡小组，那里有 4 名党员，拉王夺小组有 13 名党员。每月 5 日是党员活动日，党员们帮群众背柴火，给群众修路。党支部还搞了一个草果基地，一共有 25 亩，5 亩已经开始挂一点儿果了，但党支部不卖，打算用来育苗，另外的 20 亩是 2017 年 3 月才开始种的。以前国家给提供草果苗，但不够种，现在都自己育苗了。按照党支部的计划，卖草果的收入主要用于党员活动、支部建设，或者用来帮助那些仍然困难或生病的群众，总之，卖草果得到的钱都用在村民身上。

2. 拉王夺小组

根据王文东组长介绍，拉王夺组以前是三个小组。现在的拉王夺小组共有 71 户村民（245 人），其中男性 130 人、女性 115 人、15 岁以下 57 人、60 岁以上 16 人，有 5 户住在巴坡小组。全组总耕地面积 148 亩、草果种植面积 1138 亩、重楼种植面积 43 亩。全组共有独龙牛 57 头、猪 84 头、鸡 1294 只、小汽车 3 辆、农机 12 台、摩托车 27 辆、彩电 64 台、冰箱 36 台、洗衣机 54 台、手机 138 部、计算机 1 台。在整乡推进行动中，政府给建盖房子的一共 67 户，其余 4 户因户口不在本村或其他原因而未能纳入扶持行动。2013 年 6 月村民们搬入了新居。村子里目前有 4 家小商店，都是在扶持行动以后才开业的。2003 年拉王夺小组开始实施退耕还林，大概 2007 年开始分林地，实施林权改革，将山林都分到每家每户。

组长说，组里一部分村民原来住在山上，那地方也叫拉王夺，附近有一个村子叫甲务当。由于甲务当人口比较少，帮扶行动建房的时候就将全村都搬迁到巴坡小组去了。2016 年整个小组卖草果的收入是 28 万多元。组长家的收入是 6000 多元，收入几万元的农户有好几户，1 万多元的有三四户，大部分家庭的收入都为几千元。新鲜的草果价格基本上是 6.2 元/斤（12.4 元/公斤）。组长说，附近的木兰当小组的收入是最高的，他们组共有 17 户，2016 年卖草果的总收入达到 50 多万元，其中，收入最高的一家达到 5 万多元。据说，孔当村有一户人家，单是卖草果就有十几万元的收入。收入最高的是普拉底乡，一家人的年收入达到 30 多万元。

访谈时，组长估计他家 2017 年卖草果的收入大概能达到 10000 多元，因为 2017 年草果的价格比较高，每公斤能卖到 20 元以上。

3. 孟顶小组

根据杨组长的介绍，孟顶小组现有 33 户人家 140 人，组里有 2 家小卖部、2 名护林员。信基督教的群众约有 20 人。共产党员有 16 人，加上预备党员共有 22 人。每月 5 日是党员活动日，活动基本就是打扫公路和党员活动室附近的地方。截至 2017 年，村里有两户人家买了小汽车，是贷款买的。其他好多人家本来是有钱买的，但他们不买，还没有驾驶执照。

全村总的耕地面积为 148 亩、草果种植面积为 544 亩、重楼种植面积为 18 亩。全村共有独龙牛 49 头、黄牛 6 头、猪 48 头、小汽车 3 辆、摩托车 5 辆、彩电 27 台、冰箱 22 台、洗衣机 27 台、手机 48 部。

2016 年孟顶小组的草果收入各户不一样，有的收入高一些，有的低一些。组长家种了 8 亩多的草果，刚种 2～3 年，才开始挂果，且数量较少。2016 年，组长家与另一户人家合作种草果，收入有 3000 多元。

组长现在还兼任护林员的工作，每个月的工资是 800 元。每年要从工资中扣除 150 元的保险费，以便出现意外或疾病时能得到一定额度的补助。护林员的主要工作是经常性地巡视山林，防止有人偷猎或偷盗林木。每个小组都有若干名护林员，孟顶小组有 4 名正式、3 名临时的护林员。这些护林员都是由村民选举出来的，并不是谁想做就能做。

现在村里除了 2～3 户人家仍然在享受低保之外，其他人家从 2016 年起就不再享受低保待遇了，原因是很多贫困户已经实现脱贫了。组长觉得在脱贫的认定上有一些不太公平的地方。因为衡量能否脱贫采用的是人均收入水平，所以，有些收入高的村民把收入低的村民也平均进去了。表面上人均收入很高，但实际上还是有一些比较贫困的农户存在，他们也不能再享受低保。在组长看来，村民之间收入差距正变得越来越明显。

2017 年，政府对各家各户的电器损坏情况进行了统计，同时又发放了一些新的家用电器，说是要把坏了的旧电器收回去，以保证村民的安全。孟顶小组的新电器基本上都按时发放到村民手里。2017 年，村子里正在盖 2 栋廉租房。村民困难的时候可以暂时住，经济条件好转以后就需要搬出去，不收取费用，政府给廉租房取名叫"幸福公寓"。廉租房要优先考虑有孩子的家庭，但是有些人住在贡山，孩子由亲戚抚养，他们就不能再分到廉租房了。廉租房盖好以后交由小组管理。

村民小组副组长、组长的每月补贴是 60～80 元，村主任一个月补贴是 1000 多元。

4. 马扒腊小组

马扒腊小组有 96 人，政府给盖房子的有 19 户，实际上是 23 户，因为有 4 户是房子盖了以后才分家的新户。组里大部分家庭的年收入是 1 万多元，最高的达到 18000 元。该组在政府开始鼓励种草果时没有积极响应，2012 年，看到别的村种植草果得到实惠后才开始种植，所以，好多草果还没有挂果。2013～2015 年该组陆续增加种植量。种草果前，村民基本没有其他收入来源。

马扒腊组总耕地面积为 23 亩、草果种植面积为 320 亩、重楼种植面积为 9 亩。全组共有独龙牛 18 头、猪 41 头、鸡 330 只、小汽车 6 辆、摩托车 11 辆、彩电 24 台、冰箱 8 台、洗衣机 22 台、手机 48 部。

2016 年有很多商人来村里收购草果，价格是每斤 6.3 元，不同时间和不同地方收购价格有些差异，到最后已经涨到每斤 8 元。2017 年比 2016 年价格更高一点，据说贡山那里涨到每斤 10.5 元。除了自家种植的草果以外，还有村民自愿组织起"互助组"，比如，4 户人家合起来种植一些草果，大家一起种，一起收。

村里家家都有蜂箱，所以，村子里已经无法养蜜蜂了，蜂箱太多。挪到野外去养也不行，蜂蜜容易被野熊吃掉。由于实行严格的生态保护措施，近年来野熊的数量越来越多，野熊总是在夜间偷吃村民的蜂蜜，即便是在村子附近的蜂箱，野熊也经常光顾。政府对野熊破坏的蜂箱给予一定的补助，如果谁家的蜂蜜被野熊吃了，就要报到乡政府去，每箱补助 300 元。但是村民的损失还是不小，有的人家一箱蜜蜂能产 20 多斤蜂蜜，本来可以卖 1000 多元。外地人经常到村里来购买蜂蜜，一般是 60 元左右一斤，弄得好的话甚至一斤能卖到 100 多元。所以，村里家家户户都有蜂箱，有的人家养了很多。在笔者调查期间，野熊在两个晚上就吃掉了一户人家的 8 箱蜂蜜。野熊是怕人的，白天不敢出来，晚上会出来。如果蜂箱离村子比较远的话，蜂蜜白天也会被吃掉的。

组长说，以前他们家就住在江对面的山上，那时候差不多有七八户人家，都是自家亲戚。小组里过去没有小卖部，以前大家都没有钱买东西，只能干劳动，砍火山地、种苞谷。一般情况下，砍烧的火山地只能种一年，第二年就没有肥力了，只好重新开垦另一片地。村民们在一片地上种一年庄稼以后，就在地里种上水冬瓜树，然后去别的地方开火山地种庄稼。等种的树长大了，再回来砍了继续种庄稼。

过去，村里经常有马帮经过马扒腊村，但村民与赶马的人接触不是很多，也没有太多交流。马帮过来后，偶尔会买一些特产回去，比如黄樟。

组长还记得他小的时候，政府要他们去县城背盐巴等生活用品。村民去贡山背东西来回要 5 天时间，出去 2 天，回来 3 天。中间要在山上住几个晚上，一般是住在西哨防。如果背的东西多了，走路就比较慢。他们背的箩筐都是从缅甸那边买过来的，除了自己用，有时候也会再卖出去。有时家里有独龙牛的话也会牵到贡山县城去卖。部分村民会去马库买缅甸的箩筐或别的东西，或者用中国的盐巴、茶叶去换缅甸人的箩筐、野味、晒干的江鱼等。好多村民在缅甸那边有亲戚。所以有时候是亲戚之间的互赠，比如，缅甸亲戚送个箩筐，那么中国这边的亲戚就回赠点盐巴。中国这边的亲戚得到对方回赠的礼物后，有时留着自己用，有时转赠给国内其他的亲戚，或者拿到贡山县城去卖。一般情况下，在马库花10元钱买一个箩筐，拿到贡山县城就可以卖到30~40元。近年来，随着交通的改善，箩筐价格飞涨，买一个箩筐要150元了。过去，独龙江里的江鱼相当多，卖也卖不出去。自己想吃的话，去撒一个网就可以了，网是自己用线编的。现在江里的鱼少了，再加上每年都有禁渔期，江鱼的价格越来越高。

2017年，马扒腊组全组约有20~30头独龙牛，全都放养在一个新建的马扒腊小组和巴坡小组共用的牛场里。牛场周围建起了围栏，其他组的牛进不了他们的牛场。一般情况下，村民每1~2个月要去牛场看一下自己的牛。拉王夺组是集体养牛，由政府扶持的。马扒腊小组是个人养的，需要自己去看。每次去都要背着2~3包盐巴，但实际上可能用不完，因为不是每一头牛每次都来吃盐，有些找不到。牛都是散养的，牛场里有好几个山头，这里几头牛，那里几头牛，不容易找到所有的牛。村民不需要在每一头牛上做标签，自家的牛都能认出来。如果牛是自己病死的，政府不会给补助；如果牛是被野熊吃掉的，那政府会给一些补助。病死的牛不能拿回来吃，一般会让它自己腐烂掉，或者被野狗吃掉。

村子里过节、办喜事、办丧事的时候会杀牛，也有的人家会把牛卖给别人。不过2016年小组没有卖过牛，也没有杀过牛。山上的牛场不好，太陡，牛生病死的也多，被野熊吃掉的也多，牛产业总是发展不起来。以前是去缅甸那边买过来的小牛多，现在是各个小组之间互相购买的小牛多。牛的价格按岁数大小来分，小牛一般能卖5000~6000元，大牛（特别是母牛）要贵一点，每头能卖10000多元。村长说："村民现在大部分都脱贫了，只有一两户家里条件差的，政府把他们搞成了护林员。我们小组有两个护林员，是村委会搞的，小组里的人直接选举出来的，有些是建档立卡户选出来的。我们当组长，工资也没有多少，看我们辛苦就要我们当护林员了。我们小组车子比较多，有 7～8 辆。"

第三节　民间叙事中的独龙江乡历史发展与演变

有关独龙江乡社会文化生活的文献很少，现有的一些零星故事大多都是通过神话和民间传说流传下来的[①]。如今的村民已经很少能记得独龙江乡早先的故事了，即便少数人偶尔能讲一点儿独龙族过去的社会文化生活情景，如长房子、竹楼、氏族等一类的故事，他们也说不清是老一辈人口传下来的，还是政府工作人员、学者讲给他们听的，他们都说："听别人说的"。比如，笔者在《独龙族简史》一书中看到有关独龙族创世纪的神话传说。该神话像其他很多民族的神话传说一样，描述了大洪水、兄妹按天意结合繁衍后代等故事。当问及村民的时候，很少有人知道有类似的神话传说。现如今的村民能够讲述的基本上是"大集体"[②]（大约 1958 年）以后的事。

刚步入知天命年纪的独龙族村民李友胜告诉调查者说，他对爷爷辈以前的独龙江乡生活并不是很了解，只是记得父母曾讲过，独龙江乡的村民在过去大多数是以家族（氏族）为单位分散居住在山上的。整个大家族的成员共同居住在一个长房子里（家庭成员越多，房子越长），但长房子内部又以小家庭为单位，生产活动有时分开，有时又互相帮助，分开做饭吃，各自安排小家庭的生活。即小孩的时候，兄弟姊妹和父母住在一个房子里，小孩们长大结婚后，父母为每一个新建立的小家庭加盖一间房子（把原有的房子延长），小家庭从此自己做饭吃，只有

---

①　《独龙族简史》编写组：《独龙族简史》，云南人民出版社，1986 年。

②　村民们对合作社、人民公社那段历史都习惯用"大集体"来表述。

在过节的时候整个大家庭才在一起吃饭，整个大家庭住在同一个房子里。

李友胜说他有 6 个兄弟姐妹，其中 3 个因种种原因夭折，只有 3 个活下来。他感叹母亲能够把他们三个兄弟姐妹养大非常不容易。那时候基本的温饱都不能解决，而且医疗条件非常差，很多人患病不能得到及时医治。独龙江峡谷内医生很少，从独龙江乡到县城要翻山越岭走 2～3 天。因此，说起独龙江乡近些年来的社会生活变化，李友胜很有感慨，他说现在这样的好生活在以前想都不敢想。他以米里王小组的变化来讲述自己亲身经历的乡村生活变化。

我们米里王小组现有 21 户人家共 86 人，住的都是新盖的房子，主要集中在村里新建的篮球场附近，少部分人家住在巴坡村委会附近，距米里王小组大概有 800 米。米里王这个村子在人民公社成立之前就有了，那时候全村只有 7 户人家，他们全都是亲戚。人民公社成立后，这里改称为米里王生产队，归属孟顶生产大队管辖。

我小的时候，我们家住在山上，离这儿很远，大约要走一个半小时。我 10 岁才开始上学，16 岁还在学校读小学。那时我们家的耕地比较多，但基本上都是在山坡上开垦的旱地，只能种点苞谷、高粱、南瓜或豆类，产量低。家里的主要经济收入来源还是帮政府运送物资。18 岁的时候就响应政府的号召去背东西了（运送货物，比如盐巴、粮食），从贡山县城到巴坡村（当时乡政府所在地），或者从巴坡村到其他村子。那时我们走的是老路（即 58 公里的人马驿道），来回一趟需要五六天的时间。出去的时候需要 2 天时间，到了县城后一般要休息 1 天，返回的时候因为背着东西，所以需要 3 天的时间。平均每人背 25 斤左右，每斤的报酬大概是 0.4～0.6 元。我只背了 7 年，到 25 岁以后就没有参加背东西了。

那时候，除了靠人背之外，马帮也参加运送货物，不过下雪的时候就只能靠人了，马无法走。赶马帮的人主要是来自西藏的藏族、来自怒江流域的傈僳族，独龙江内的独龙族很少有人赶马帮，比如，现在的米里王小组里没有一个人赶过马帮。

20世纪六七十年代实行的是"生产合作社"制度（笔者：李友胜想说的是人民公社制度），我们一家人从山上暂时搬迁到这里来参加集体劳动。现在盖房子的这些地方就是当年我们耕种的土地。当时的制度是人民公社，公社下面是生产大队（笔者：相当于现在的村委会），再下面是生产小队，分别由大队长、小队长负责管理，大家一起劳动。到年底，粮食全部收割完之后，按每个人全年得到的工分分配粮食。不参加劳动就没有工分，没有工分就没有粮食。当时我年纪小，所以每劳动一天能得3个工分。中国实行改革开放后，不再实行集体劳动，我们家又搬回山上去了。

后来因为娃娃读书不方便，就从山上搬迁到米里王小组了。我们是2004年搬下来的。刚来的时候就暂时借住在老乡政府旁边原来公社粮管所的房子里。现在的巴坡村委会所在地原来是乡政府和粮管所（或叫粮店），后来粮管所搬到孔当村去了，我家就暂时借住在原粮管所的房子里，以方便娃娃上学。2008年政府在米里王这里搞易地搬迁，盖了一些石头房子。我们一家搬到那些石头房子里住了四年多，然后国家又搞新农村建设，重新盖了房，我们才又搬到现在住的地方。

山上的老房子现在还有老人住，主要是住在那里方便放羊。我们的牛也放在那里，我们家现在还养着两头牛，以前每头牛大概能卖1500元，现在每头至少能卖10000元。牛基本上放养在山上，每个月去看1~2次，给它吃点盐巴就行了。每户人家都在自己家牛的耳朵或者脖子上做了标签，一般不会弄混，也没有人会偷牛，只是老熊会攻击牛，特别是小牛。

2003 年的时候重新确定各户承包的山林，所以我们家的林地是在原来居住的地方，现在还得回到那里去种草果（大概有40 亩草果），路程遥远，非常不方便。去年（2016 年）的草果收成和市场价格都还不错，我们家总共卖了11000 元左右。目前，草果已经成为村民的主要经济收入来源。草果的养护、采摘主要是靠自己，有时候也会请亲戚帮忙。不过在大多数情况下，我们是采取换工的方式，今天你帮我，明天我帮你。大家都是兄弟，互相帮帮忙也是应该的。但是，有的人家更愿意采取支付工钱的形式，一般情况下，100 元做一天（每个劳动力一天的报酬是100 元）。退耕还林政策实施后，我们这里的耕地很少，大概是2007 年分配的，每户人家只有0.8 亩。

现在村里的年轻人也像城里人一样天天上微信。我们米里王村民小组自己组织了一个微信群，大约有50 多名村民加入了微信群。大家每天都在上面交流各种信息。有时候村里发通知也是通过微信群发的。

现在，我有三个儿子。老大初中毕业以后就待在家里。他眼睛有毛病，白天看不见，晚上却能看见一点。老二、老三在读中专。一个在六库（怒江州州政府），另一个在临沧（另一个地级市）学按摩，学费不是很多，一年学费1180 元，生活费一个月大概需要300~400 元。

现在的巴坡农家乐的房子本来是属于我们小组的，后来有人要开农家乐，我们就把房子卖给他了。

今年五月，我们村承包了养鸡场。养鸡场属于巴坡村委会，鸡苗是国家提供的，当时政府给了500 只小鸡。我们村负责管理，负责管理的村民每人每月工资1500 元。

以前全乡只有一家商店，现在我们小组就有三个小卖部，而且品种齐全，样样都有，买东西非常方便。

现在国家对村民的补助不少，小组长每人每月补助 120 元，副组长每人每月 75 元。曾经有一段时间村民几乎每人都享受低保，现在这种普遍性的低保全部取消了，取而代之的是公益金补贴，每位村民每年补助 464 元，边防边民补贴每户每年 1000 元，农机补贴每户每年 240 元，村里还有三家低保户。今年草果还算可以吧，估计收入会比去年多一些，主要还是看市场价格。

我以前喝酒很厉害，最多的时候一次可以喝一斤，现在不喝了。过去家里自己酿酒，或者在商店里买散装酒喝。现在家里早就不酿酒了，想喝的时候就去买瓶子酒和散装酒喝。

过去，我们喜欢打猎，但现在政府不准打猎，打猎工具都被收掉了。我觉得这是好的，可以保护动物。那些年村民们到处开荒种地、打猎，好多野生动物都见不到了。最近两年，村民们经常能看到江对面的树林里出现成群的猴子。不过老熊经常偷吃我们的蜂蜜，有时还会把我们的小牛咬伤或咬死，人晚上走路也会碰上熊，很害怕，我们都尽量不在晚上出去。

我哥哥一辈子没有结婚，60 多岁了，现在属于五保户，住在他的侄女家里。我还有个亲弟弟在六库工作，是州政协的委员。他曾经到中央民族大学读书，毕业后就到六库工作。

我老婆是我舅舅的女儿，这种类型的婚姻在我们这里曾经非常普遍。我们这里过去几乎全是近亲结婚（即姑表婚）。现在不一样了，村里的媳妇来自不同的地方，有的是从巴坡村娶过来的，有的也是从家族内部娶的。有些村民也会从独龙江上游的村子娶来媳妇。现在的年轻人自己相互认识的多，都是读书的时候认识的。

李友胜的人生故事内容非常丰富，基本涵盖了独龙江乡乡村生活的方方面面及目前存在的问题，描绘了独龙江乡自中华人民共和国成立以来发展变化的基本脉络，从分散居住到集中居住的搬迁过程，从家庭（或家族）开荒种地到"大集体"生产，从背运物资到草果种植和牛羊养殖，从孩子教育到政府补助，从婚姻到家庭，等等。这就是独龙江乡自 20 世纪 50 年代以来村民生产生活的大致线索。凡是 50 岁以上（2015 年前）的村民，在讲述自己的人生故事时都会提到这几个关键的节点，这也是他们印象最深的几个历史片段。除此而外，他还提到自己和小孩上学的情况、婚姻习俗、酗酒、政府扶持的集体养鸡场、养牛、微信等方面。这些方面的内容在后面其他村民的叙述中还会反复被提及。

李组长的故事还提到了在独龙江乡比较普遍存在的两个问题。其一，实行环境保护以后野熊数量增加，不仅威胁村民放养的牛，还常常对村民养的蜜蜂造成很大的破坏。其二，村民原来分散居住在山上，后来政府实行山林承包的时候，原则上就按照村民所占的山林来划分。这就带来一个非常现实的问题——那些原来住在山上的村民虽然把住宅搬迁下来了，但他们的山林地往往比较远（组长家要走 1.5 小时）。现在每户人家只能把草果种在自己的山林里，这就意味着这些村民不得不通过人力把草果背到有公路的地方。这是一项非常艰苦的劳动，村民背一趟草果得来回走 3 个小时以上。

本章将以李友胜的故事为基本线索，分别归纳村民有关不同社会生活侧面变化的叙述。

一 从分散到集中：独龙江乡居住模式的改变过程

关于独龙江乡在新中国成立前的生活状况，现在很多村民都说不清楚了。凡问到过去的生活，村民都是在说新中国成立后的事，只是偶尔会提起"听父母或爷爷奶奶说过……"。

李友胜家也曾经像其他大部分家庭一样分散住在山上。他的父母生了 6 个子女，最终活下来的只有 3 个，足见当时生活之艰苦和医疗条件之欠缺。新中国成立以后，政府曾为独龙江乡提供了大量的铁制农具，替代了比较落后的木制农具，并通过边防军人和政府工作人员向村民传授各种新的农耕技术，村民开荒种地的效率大大提高。但是由于气候、交通、各家各户分散而居等原因，独龙江乡的生产整体上很难满足基本的需要。按照李组长的说法，从他家居住的地方到乡政府所在地要走1.5个小时。这就意味着他家人到乡里买点生活必需品得走3个小时以上，而且独门独户地住在这么偏远的山里，哪来的现金收入？如果家里出现危重病人，简直无法想象如何能翻山越岭把一个病人抬到乡政府所在地，更何况乡医院的医疗水平本来就不高。笔者在巴坡烈士陵园的墓碑上看到一位年轻的边防战士仅仅因为得了阑尾炎就失去了宝贵的生命，可见当时独龙江乡的医疗是何等欠缺。因此，在当时的条件下，像李友胜家这样生6个孩子只有3个活下来的情况在独龙江乡非常普遍。笔者在调查期间经常住巴坡农家乐，也知道农家乐的房子原来是乡医院。在访谈中，部分村民透露说他们不太敢去农家乐附近，因为那周围"以前死了不少人"。据村民讲，死在那里的人大多数是因为有病送到乡医院，后来就死在那里了。这从另一个侧面说明当时医疗条件的简陋。

虽然政府自20世纪50年代起就从丽江等地选派了一些优秀的年轻教师到独龙族地区办学，但极其分散的居住方式使得一些小孩不得不放弃上学。要让一个小孩走这么远的路去上学也是一件极不容易的事。路途遥远不说，单是一路上的悬崖峭壁和各种野兽就足够凶险的。所以，李友胜10岁才开始上学就不难理解了。事实上，还有很多人家居住在更远的山坡上，需要步行2个多小时才能到达乡政府所在地。从这个意义上来说，教育与交通是密切关联的。

独龙江乡也和全国其他地方一样历经了人民公社时期的集体化生产这一过程。在那个时候，村民也参加统一组织的集体生产活动（主要是在独龙江边改造水田和在山坡上开荒），年底按劳分配。为了方便"大集体"共同生产，很多村民从山上临时搬迁到集中劳动的地方或者暂时投靠亲戚。"大集体"时期主要的劳动是在独龙江两岸开展"坡改梯（田）"，试图改种水稻或者集体开荒种地，提高生产效率。所以，村民都集中在一起劳动，年底按照工分和产量的多少来进行分配。改革开放政策实施以后，随着生产承包责任制的落实，村民又纷纷返回山上的居所。但年轻一代越来越意识到教育的重要性，于是一部分村民自愿想办法搬迁到离乡政府较近的地方居住，以方便孩子上学。政府实施新农村建设和整乡推进项目以后，大部分村民才最终全家搬迁到新建的村寨。这是整个独龙江乡 26 个村寨的形成和演变过程，这一过程到 2015 年才基本完成。

自称已经 80 多岁（2017 年）的罗建国老人平日里更愿意使用傈僳语与他人交流，他说这是多年养成的习惯。年轻的时候，周围的人基本都不会讲汉语，大家都习惯用傈僳语交流，时间长了就养成用傈僳语交流的习惯。罗老人说，他家原来住在叫拉王夺的地方，旁边是甲务当。在山上的时候，他们主要是种芋头、山药和苞谷，产量很低。2000 年时，全家才从山上搬到现在住的地方。

从罗老人的叙述中，我们进一步得知，独龙江乡的搬迁不是一次完成的，村民是陆陆续续搬迁到现在的村子的。罗老人家 2000 年就搬到现在的住址，而李组长家 2004 年为了方便孩子上学暂时借住在村里，后又经过两次搬家，直到 2014 年才真正住到村子里。无论是罗老人家还是李组长家，他们的每一次搬迁都是在政府的推动下才得以实现的。罗老人说：

> 1949 年贡山解放的时候，我才十多岁。记得刚解放的时候，村里来过两个汉族人。1958 年"大跃进"时期，我既参加集体劳动，又负责记工分、分粮食。在人民公社时期，村里组织集体生产，整个小组的人一起劳作。每一个人的劳动是用工分来记录的，

成年人每干一天的劳动大概能得 6～7 分，小孩子一般得 2 分。那时候一个村子有多少土地已经记不清了，更主要的是，当时也没有测量过。只记得当时全村（生产队）有 30～40 位村民。

罗老人记得 1949 年的时候就有两个汉族人来过独龙江乡，笔者问他这两个人是政府工作人员还是上门女婿，但老人也说不清楚，不过他似乎对其他民族的人进入独龙江乡记忆特别深刻。这或许与独龙江乡在历史上很少有外地人进入有关。对罗老人来说，记忆最深的还是人民公社时期他参加村里的集体劳动、给村民记工分的事。

现在罗老人家里有两个儿子、四个女儿。两个儿子结婚后都住在村子里，其中三个女儿就嫁在本村，另一个嫁到安徽省。当时这个女儿出去打工，认识了她现在的老公，结了婚并留在安徽了。不过罗老人欣慰地说，女儿每年都会回来看望他。按照当地的风俗，最小的儿子负责养老人，所以罗老人现在跟最小的儿子住在一起。小儿子家也种了不少草果，但还没到盛果期，2016 年卖草果的收入只有 2000 多元。

对于罗老人来说，家里最大的变化就是其中一个女儿远嫁安徽，因为这标志着在历史上长期处于封闭状态的独龙江乡的普通村民已经走出了传统的氏族界限、走出山谷，与外面的世界发生了联系。新中国成立后，有很多年轻人在政府的扶持下，到大城市接受了良好的教育，成为政府工作人员，甚至领导。但那些人基本上都是当地的社会精英，像罗老人女儿这样的普通村民通过外出打工、自由恋爱而远嫁他乡，并且经常回家来看望父母，不能不说是新时代的一种突破。

另一名叫罗军的老人如今在村里与四五岁的孙子相依为命。罗军老人家有两个儿子，一个在县城里工作，另一个在村里。村里的儿子结婚第二年（20 多岁）就去世了，2016 年罗军的老伴儿也去世了。他本想去乡敬老院生活的，但儿媳改嫁后，孙子没人照管，他只好留在家带孙子。城里的儿子让他到城里生活，他说不习惯，不想去。年轻的时候，罗军曾在部队服役 8 年，后担任甲务当小组的小组长 25 年。罗军老人说：

> 2003 年，我们家从山上搬迁下来，一开始是在巴坡村委会那里住了五年，开了个小卖部。2008 年搬过来，是水泥房子。后来2013 年又搬到了现在的房子里。老一辈的房子是长房子，长房子内部被分成一间一间，各家住各家的，都是亲戚。现在住在小组里，村民之间很少交流，很多都不认识。大家都不怎么出门，相互间也不怎么认识。
>
> "大集体"的时候，边防队也在米里王那里搞基地，他们养羊、养猪、养牛、搞劳动、搞大棚、种蔬菜等，那时黄瓜、南瓜都是部队搞的。当时独龙江乡驻有两个班专门搞种植基地，一个月换一个班，一个班有 7~8 个士兵。那个基地现在长满了树木，但还是能大概看出当年的样子。那时候，这里就一个商店，叫"独龙江商店"，大家都是去那里买东西的。

罗军老人的故事提到了前面两位没说到的两个重要事实。其一，部队对独龙江乡发展的积极作用。据文献和一些年老的村民回忆，新中国成立以后，政府就积极招募丽江等地受过教育的年轻人到独龙江乡支持教育或政府工作，促进独龙江乡的生产发展。部队在保卫国境安全的同时积极参与各种社会服务，给当地孩子上课，从事生产劳动。一方面是为了满足部队生活的需要而种蔬菜、养猪、养牛、养羊、种粮食，另一方面也是通过他们的示范把先进的农业技术、种植理念和方式等带给当地的老百姓。其二，村民们在政府的鼓励和支持下从原来的 42 个居住点集中住在 26 个村寨以后，相互之间交流不多，还需要一个适应的过程。

对这些经历过分散居住的村民来说，印象最深的自然是"大集体"时代。虽然开始的时候"大集体"生产方式只是让他们暂时离开祖祖辈辈生活的地方，集中到一起劳动，但这种生产方式是他们之前从未经历过的，而且更重要的是"大集体"生产第一次让他们不得不开始和"陌生人"合作。以前，周围的人都是认识的，而且相互之间基本上都多少有一些亲戚关系。"大集体"生产则把几个氏族（家族）整合在一起，组成生产队和生产大队，直至人民公社。对于"大集体"时代，村里的斯学光老人是这样回忆的：

> 1967年的时候这里就有人民公社了。不过这里的人都习惯叫"集体"而不是"公社"。当时全村人集体劳动，拿工分。由于独龙族没有文字，汉语也说得不是很好，记工分的人是用傈僳话（笔者注：傈僳文）记分的，等秋天收获粮食以后就可以按工分分配粮食。那时候白天黑夜都需要干活，大家只好住在一起。当时大概有100多人在一起劳动，晚上用竹子点上火把照明，继续劳动，有的人耕地，有的人搬石头。那时候，我们还年轻，挺好玩的，无论白天还是晚上都可以一起干干活、唱唱歌。
>
> 1973年就结束了集体劳作，各自回到山上自己种地去了。回到山上后，继续砍伐（森林）、开荒种地。我家里当时有七个人：爸、妈、两个哥哥、一个姐姐、一个妹妹和我。在山上住的时候我们不可能长期固定在一个地方，哪个地方好种庄稼就在那里住1~2年，然后又搬到另一个地方。以前的房子不是这么好的，也不是木板的，是竹子编的，上面盖着茅草，家里有一个高高的竹子房子，用来装粮食。十多年前，我们一家人就从山上搬来这里，现在那些老房子已经荒废掉了。

不知是言语表述的问题，还是记忆上的差错，斯学光老人在讲述人生故事的过程中出现了一些存疑之处，比如，人民公社并不是1967年才有的，1973年也没有结束"集体劳作"，但他所说的分散居住、集中劳动，后来又返回原住地，最后搬迁到独龙江边的这一过程和李组长及其他村民讲述的内容基本是一致的。

按年龄推算，斯学光老人应该出生在1950年代，他所讲述的应该是1960年代之后的生活经历。从他的讲述中不难看出，直到1960年代，独龙江乡的生产力水平仍然比较低，真正的耕地很少，每户就三四亩（人口多的人家可能到10亩），且产量低。大家都是靠打猎和在山坡上开荒种地勉强维持一家人的生计。住房主要是用竹子和茅草盖的，房子经常随着土地轮耕而迁移。人民公社时代集体生产，大家都集中到一起劳动，为了"加班"劳动，大家不得不集体居住。后来集体解散，大家又各自回到山上去住。这一点与上面李组长说的一致。

如今，斯学光老人和老伴儿一起独自生活，没有和子女们住在一起。他们有三个女儿，一个嫁到贡山县城去了，一个嫁到龙元村，另一个就住在巴坡村委会下属的独务当小组。两位老人说，住在独务当小组的这个女儿和女婿经常会到老人住的地方帮忙做一些家务。

在谈到独龙江乡过去的生活时，斯学光老人对打猎有比较深刻的记忆，那时候什么动物都可以成为猎捕的对象，而打猎的目的是家人能吃饱肚子。国家实行"退耕还林"政策之后，村民不能再上山打猎了，但斯学光老人对此表示理解，并没有任何抵触情绪。

对于过去的生活，村民杨友正老人的故事是这样的：

> 我70多岁了，1950年来到独龙江。我先是去当兵，退伍后在民族工作队工作。1950年代曾经搞过一次土地改革，具体是什么时候记不得了。1958年后搞了一个合作社，合作社就是集体。1958年的时候集体①就有了。1956年的时候还是叫互助组，1958年就叫集体了。当时就是在小组内部互相帮忙搞生产。后来搞了大集体，地多着呢，以前孟顶和米里王两个小组是一起搞生产的，开

---

① 村民所说的"集体"实际上是指人民公社。

田、挖水田、砍火山地。大队长、小队长是有的，两个小组一共有三个小队长，当时有200多人一起搞生产。搞集体的时候是住在山下的，就是现在的孟顶村，这里有房子的就会在这里睡，有亲戚的就在亲戚家里睡。搞集体就是砍火山地、挖水田。每天早晨早早地就要起床，七点钟天刚亮，要吹哨子集合。有些时候，饭都来不及吃，回来才吃。中午12点以后是吃饭的时间，自己做自己的饭，不是集体吃饭。

当时开垦的耕地在下面，还有江对面，山上还有些火山地，全部砍掉，树林没有了，全部用来种苞谷，当时整个集体有一两百亩地。搞集体的时候粮食是够吃的，但不劳动是没有粮食吃的，要记工分，最开始的时候是5分，最后最高的时候才10分，是那些小队长才能拿到的。年底的时候按工分结算，有多少工分就分多少粮食。洋芋、苞谷、芋头啊全部收起来，有多少全部分给村民。没有干活的就是不劳不得。像那些当老师的，老百姓要分粮食给他们吃，是政府要求的。真要有不劳动的人，家里没有粮食，是会借给他们的，但他们基本上是不会还的。

晚上还要干活，点起火把，要挖地，种水田的时候12点都要搞起，那个时候小娃娃点火，大人干活。早晨要早早起来还要吹哨子，一遍一遍地吹，不参加集体是不行的，资本主义是搞不得的。自己是不能单独耕种的，一点儿都不能。如果粮食不够吃，外面①的粮食就会拉进来，进行分配。当时粮食不够吃就搞一种腌菜，现在已经见不着了。

公社②差不多1977年就结束了。集体完了后，就开始包交提

---

① 村民所说的"外面"就是指贡山县城及其他地方。
② "公社"就是指人民公社制度。

留①，差不多是 1983 年的时候，包交提留就是多劳多得，一家一户分一点儿，耕地面积分掉了。火山地是多劳多得，火山地不算在里面。耕地面积是分了，一家一户差不多 2 亩多地。那时候我们家里有 5 口人，分了 2 亩多耕地和水田。分地的时候，我们有三个女儿，儿子是分了地之后才出生的。分地的时候，米里王有 7 户人家，孟顶有 30 多户，一共 40 多户参与了包交提留。

以前拉王夺是三个小组，一组、二组还有甲务当小组。搞集体的时候，最开始是两个小组一起搞的，后来因为人太多，粮食不够吃，就又分开了。以前的村委会是在孟顶的，只是后来乡政府搬走以后才慢慢地搬到了那边（孔当），大概是 2002 年的时候搬的。孟顶大队是当时的一个名称，也就是村委会所在地。孟顶以前是一个村，当时还没有巴坡村的称呼。巴坡那边全部归孟顶管理。马库也是孟顶的一个小组，后来才成了一个村。1965 年、1966 年就开始出现大队了。

杨友正老人的讲述比村里其他老人的回忆要清楚一些。尽管他的方言味比较浓，但他所讲述的故事和时间与一般的文献记载比较接近。因此，比较客观地反映了人民公社时代独龙江乡的基本情况。正如其他几位所讲述的，集体生产方式把原本单家独户的村民都集中起来改造水田和共同开垦耕地，以记工分的形式来进行分配。村民要承担教师们的粮食供应，对于那些因种种原因"不劳动"的村民同样"借"给他们一定的粮食。最重要的是，如果全体村民的粮食不够吃了，政府就会想办法提供支持（杨友正所说的"外面的粮食就会拉进来"就是这个意思）。所以，可以说，即便是在中国国家建设最困难的时期，政府还是尽量给予独龙江乡力所能及的帮助和支持。

---

① 这里的村民习惯把家庭联产承包责任制称为"包交提留"。

上述几位以及其他很多村民讲述的故事与大多数文献记载的历史大体相似。中华人民共和国成立前，很多人家都以家族或家庭为单位分散居住在较远的山坡上。这种情况在整个独龙江乡非常普遍，那时真正有一定规模的村庄很少。分散居住的好处是便于放牧和开垦耕地，但在家族成员之外，人与人之间的交往很少，甚至没有统一的集市和赶集日。人际互动和交往大多数情况下仅限于有亲缘关系的人之间的往来和交换。真正实现成一定规模的定居是在新农村建设实施以后，很多原来分散居住在山上的人才真正搬迁到现在居住的村子里。李组长所说的"新农村建设"在独龙江乡具体指实行整乡推进后对独龙江乡的村民住房进行整体设计、整体建设。

关于独龙江乡村民生活的变化，孟顶小组的副组长说起来很有感触。他说他家原来住在红星桥对面，当时那里只有6户人家，20多人。

> 2006年的时候，这边还是盖的那种铁皮房子。现在搬到这里来住感觉很好，以前都是砍火山地，生活比较困难，现在日子越来越好了。今天没有去搞我们家的草果地，在帮别人搞，过几天再搞我们家的。我们是两三家人一起合作，互相帮忙。2015年草果的市场价格是3~4元一斤（每公斤6~8元），2016年的时候是6元左右一斤（12元一公斤）。去年我们家卖草果的收入有14000多元。

这位副组长特别提到当年砍火山地时期生活的艰难。但是如今村民不仅生活好转了，而且学会了自己组织互助小组，用"小集体"的力量来种植草果，增加收入。草果种植是个相对轻松的活儿。草果喜欢阴湿之地，一般不需要开垦山坡地，可直接种在树荫下。一旦草果苗种下成活，3~4年可以挂果，之后最长可以保持15年不必重新种植，大多数情况下，也无须施肥，只需除一除草（一年1~3次不等），最后就是等着采摘果子。孟村长他们觉得，3~4户人家合作可以提高效率，种植更多的草果。其实，一户人家种植草果的多寡还与其承包的山林面积和位置密切相关。海拔高于 1800 米或土壤过于贫瘠的山坡草果很难生长或者挂果较少。

孟顶小组副组长是这样描述他家过去的生活的：

> 我年纪小的时候，我们住在米里王那里，就在老路（人马驿道）经过的地方。当时村里只有十多户，100 多人。那时（1990年代）我们家有 11 口人：爸爸、妈妈、兄弟五个、奶奶，还有三个姐妹。当时睡的地方非常简陋，就是那种长长的茅草房。我们家有一点儿水田，不过也不多。现在的草果地没退耕时都是苞谷地，那时是今年种一块，明年种一块（轮耕），哪里有火山地就在哪里种。

虽然副组长讲述的已经是 1990 年以后的事了，但当时他们家仍然是住在"长长的茅草房"，仍然在实行轮耕方式，仍然在开荒种地。

总的来说，自新中国成立以来，独龙江乡经历了从分散居住到集中居住、从家庭生产到集体生产再到家庭联产承包责任制、从产量极低的传统农业到经济作物（草果）种植的大转变。与其他地方农村的情况不同，这里的转变很少是村民自发推动的，而是在整个国家发展潮流的推动下和政府的积极推动与参与下发生的。但是这些重大转变从深层次上影响着他们的生产、生活及人与人之间的关系。

二 背运物资

由于独龙江乡在历史上长期与外界隔离，再加上自然环境条件限制和生产技术滞后，当地长期以来主要靠狩猎、捕鱼以及种植产量极低的玉米、小米和少量豆类来维持生活，生产出来的农产品几乎不能满足需要，生存条件极为艰苦。自 1950 年以后，在党和政府的关心下，国家为独龙江乡提供了生产和生活所需物资，但由于没有公路运输，只好动员青壮年村民去背运和靠马帮运输。村民去背生活必需品的时候都是空着走到县城，然后从县城往回搬运生产、生活必需物资。也就是说，所有生活必需品都靠人背或者马驮，没有其他运输工具。即便是专门从事运输的马帮也基本上属于独龙江乡之外的藏族人或傈僳族人，独龙江乡的村民基本上没有自己的马帮。

每年有好几个月的时间，政府都鼓励村民去县城把各种物资背运进独龙江，特别是大雪封山（一般是每年 11 月至次年 4～5 月）之前，当地政府的主要工作就是组织村民抢运物资。但是从独龙江到县城一趟来回需要 5～6 天的时间，每个人每次能背 25 公斤已经很了不起了。如此低效率的运输方式一方面体现当时的生活艰难程度，另一方面由于政府给背运物资的村民支付一定的报酬，在一定程度上也算是给村民带来一点儿经济收入。基本上每位 50 岁以上的村民在讲述人生故事的时候都会或多或少提到背运物资这段历史，足见这件事在大家记忆中的重要地位。

按照年龄推算，李友胜组长应该出生于 20 世纪 60 年代，所以，他十几岁开始从县城背运物资进入独龙江乡大概已经是 70 年代末 80 年代初的事了。其实，独龙江乡背运物资的历史自新中国成立就开始了。最初的时候没有修通茨开镇至巴坡的人马驿道，主要靠边防官兵翻山越岭带少量急需用品或生产工具进独龙江。1964 年人马驿道修通之后，村民参加背运物资成了独龙江乡每年最重要的工作（当年 11 月至次年 4～5 月大雪封山期除外）。所以，从 60 年代开始一直到 90 年代末，独龙江乡所需物资几乎都是靠人背马驮运进去的。时年 64 岁的斯学光老人（2017）比李友胜组长年纪稍长，他也回忆了当时到县城去背物资进独龙江乡的经历。

以前去贡山没有公路，所有的东西，包括吃的盐巴都是背进来的。政府要我们去贡山把东西背进来，我也参加了。那时候我们从贡山背 1 斤货物到巴坡村可以得到 2 角钱，背 25 斤得 5 块钱，背 50 斤的话就能挣 10 元。但这么遥远的路程，人不可能一次背 50 斤的。我背了 6~7 年，后来有了马帮，不过人还是要背。马帮一般是每个人赶五匹马。当时独龙江这里全乡只有一个商店，在老乡政府（现在的巴坡村委会）的旁边。

斯学光老人讲述的到县城背物资的经历与李长的讲述略有不同。李组长说每背 1 斤能得到 0.4~0.6 元的报酬，而斯老人说每背 1 斤可以获得 0.2 元。这一差异的产生可能是因为他们两个人所处的时代不一样，毕竟两个人相差十多岁。但他们的故事基本反映了独龙江乡完全靠外来物资支持、交通极为困难的历史。

孟顶小组的一位老人在讲述自己的故事时，把当时背物资的艰辛更详细地描述了一番。他说，从县城到独龙江如果不背东西要走 2~3 天，但背着东西至少要走 3 天，再加上从独龙江到县城后需要休息 1 天，这样来回一趟就差不多就是一个礼拜了。更重要的是，这几天的路途中没有可供行人休息、吃饭、睡觉的地方。后来，有人在路边盖了三间简易的房屋，行人到那里以后可以在房子里烤火、做饭和在火塘边睡一会儿。

我原来也参加过背东西，从贡山到巴坡，走老路。我们背粮食、茶叶、盐巴等，什么都背。那些都是公社、商店的东西嘛。要背的东西很多，有的有 50~60 斤重，有的有 100 多斤重。背 1 斤 3 分钱，每次背 100 斤的话可以得 3 元钱，但路那么远，谁背得动 100 斤？那个时候相当苦啦，经常背东西。每一年都要背这些东西嘛，什么国家的、部队的，不背他们吃什么。出去背东西，外面有公司嘛，这边直接打个证明领什么、背什么。就拿着去贡山，领取完再背回来，背多少给多少钱。走 3 天，休息 1 天，走一趟要 1 个星期才能回来。

路途中没有村子，大家搭起大蓬蓬睡觉，火烧起来，煮点饭吃。当时有人在路途中间搭建了三间简易房子，大家称它们为"老房子""东哨房""西哨房"，就在路边，供来来回回的人在那里烤火、吃饭。赶马帮的人不在这里睡，他们自己搞（搭帐篷）。马帮一般要找可供马吃草的地方休息，一般不睡觉，要找有草的地方拴马，马吃饱了继续赶路。赶马帮的人主要是德钦（县）的藏族和傈僳族，但贡山人也有，人很多，那时特别热闹。每年雪封山是从11月就开始的，到第二年的4～5月，要半年左右。真正的马帮要7～8月才开始进来，那时候雪就融化得差不多了。

这位老人的讲述与村民杨友正说的情况大体相似，杨老人说："当时，人马古道（人马驿道）修通后，去过贡山背过东西，像盐巴、粮食、茶叶都需要背。政府组织的是背100斤3元钱，每背1斤3分钱。来回背一趟要一周的时间，去3天，回来4天，能背多少算多少。冬天下大雪的时候不背，大雪封山的时候东西已经背完了，只有家里粮食不够吃才会去供销社。以前就乡政府那里有一个商店，其他地方都没有。"

这两位老人应该属于参加背运物资比较早的村民，因为他们说每背1斤能挣3分钱，而一些年纪比他们小一些的村民在回忆时却说每背1斤能得到2～3角钱（甚至4～6角），笔者推测这应该是因时代不同而出现的差异。

到过独龙江乡的人都知道，高黎贡山和独龙江乡每年雨量特别充沛，年降水量高达3000～4000毫米，有时候一连几天都是大雨倾盆。在这样的气候条件下，环境潮湿、植物茂盛，蚊虫、毒蛇、蚂蟥和凶猛的野兽很多，这就给背运货物或一般通行带来了更多的麻烦。

从独龙江到县城背物资的艰辛可以从一群徒步旅游者的叙述中得到进一步印证。2017年调查期间，调查者在巴坡农家乐碰上一群徒步旅游者。他们一行12人，其中有4人是在当地聘请的背夫，据说是从贡山县城找的，除了包他们吃住外，每人还给 1000 元的劳务费。参加徒步的游客分别来自北京、河北、东北、甘肃、陕西等地，他们都是国庆节加上单位年假大家凑到一起出来徒步旅游的。到达农家乐的时候，其中一个领队看到农家乐的服务员正在吃饭，便问她是否可以先给他吃一点儿，"实在是饿死了"。后来，在聊天中，该领队说：

> 我们团队女的比较多，所以从贡山出发的时候就特别担心，万一碰到什么突发情况是很麻烦的。还好这次只是下雨。不过在山里实在是太难受了。天天下雨，还有那么多的蚂蟥，简直要了人命。这次我们只是第一个团队。过一周，还有一个团队要过来。我还得从贡山再走一次老路（笔者注：前面提到的人马驿道）带他们进来。明天休息一天，后天我们就去贡山然后去丙中洛那边，那里还有一条不错的徒步路线，适合我们去体验的。不过这次真的太辛苦了，关键是下雨，做饭都不好做，尤其是女的，上个厕所都麻烦。不过好在终于走出来了。

从这些徒步者简单的话语中不难感觉出走人马驿道的艰辛。要知道，这些游客是在 2017 年国庆节前走的这条路，他们还请了 4 个当地人帮着背行李，空着手都足足走了三天，还弄得每个人都叫苦连天。可以想象，当年背物资的村民经历过的艰难。

自新中国成立一直到 1999 年独龙江公路通车，整整 50 年时间，独龙江乡的日常生活用品（特别是盐、茶、米、蔬菜、糖和生产工具等）都是靠人背马驮运送进去的。那时候，当地政府每年的重要工作之一就是组织村民在大雪封山前把必需物资运送进独龙江乡。也就是说，至少有 2~3 代人参与过背运物资。事实上，1999 年独龙江公路通车以后，背运物资并没有完全结束。由于公路等级低，泥石流经常导致道路不能正常通行，高黎贡山隧道前后仍然受大雪封山的影响，所以，有时还是需要人去背物资。

村民几十年投入大量时间参加背物资，一方面说明独龙江乡物资匮乏，另一方面也说明独龙江乡交通滞后带来的不仅是物资运输的问题，对其他问题，如孩子教育、疾病救治、人际沟通等都有深刻的影响。一位在村委会做了 20 多年领导，现已退休在家的老人回忆说：

> 以前，边防站的战士有生病的，说是尿道感染，用直升机送回去的，大概是 1965 年前后。那时候我在读书，他给我钢笔，要我好好读书。当时我害怕嘛，不敢说话，现在的话那钢笔值钱了。后来听说他死掉了，病死掉了。

这样的事件在当时不在少数，部队的战士因为一点儿小病小伤就失去生命的情况时有发生。大部分的村民一旦得了重病几乎没有任何办法，完全不可能想象用担架抬着一个病人翻山越岭走 3 ~ 4 天到县城。小孩子在高山峡谷间穿越 2 ~ 3 天去县城上学的艰险是当时好多孩子辍学的主要原因。

三　上学、参军、干部培养：国家推进民族地区发展的重要策略

发展教育是中国共产党实行民族地区民主改革、推动民族地区发展，以及实现民族团结、民族平等的重要举措之一。新中国成立后不久，当地政府就从相对发达地区选派一些受过良好教育的青年到独龙江乡支援边疆建设，在当地兴办学校，让更多的儿童能够入学。同时还选派一些比较优秀的孩子到条件比较好的地方上学。1957 年，独龙江乡第一次选送了几个小学生到县城、丽江、昆明和北京继续上学。从此以后，政府经常选送优秀中小学生到大城市上学。这些学生在接受良好的教育后，都被分配到各级政府部门和单位工作，有的留在城市，有的回到贡山县城或独龙江乡工作，为独龙江乡的发展做出了重要贡献，也体现了党和政府对少数民族和民族地区发展的高度重视。

通过政府和社会各界人士的共同努力，独龙江乡从完全没有学校发展到今天能上学的孩子全都能保证按时入学。到 2015 年，独龙江全乡共有 88 名教师（其中 46 名小学教师、20 名初中教师、3 名幼儿园教师），618 名学生（426 名小学生，192 名初中生）。

由于特殊的地理环境，自 20 世纪 50 年代起，政府就在独龙江乡开办学校，但只有小学，初中要到贡山县城去上。对于很多当地人来说，求学的道路还是很艰辛的。马扒腊小组的组长说：

> 以前读书辛苦啊，要走老路，寒假的时候是回不来的（因为大雪封山），有些学生住在学校，有些住在亲戚家。我是 1990～1992 年在贡山县城读的初中。读小学的时候是在巴坡小学，以前读到六年级是不能直接升初中的，要经过考试，考不过就不会要你去的。在斯拉洛那边上 1～3 年级，然后再去巴坡继续读完小学。

出生于 1970 年的马扒腊小组长小的时候，先在斯拉洛小组上 1～3 年级，4～6 年级得到附近的巴坡小学上学，然后到贡山县城上初中、高中。从组长的叙述中不难看出，到了八九十年代，独龙族地区的青少年上学仍然不是一件容易的事。小学在不同的村子上，初中在县城上，虽然相隔只有 58 公里（走人马驿道），但一年中只有暑假才能回家，寒假因高黎贡山大雪封山无法翻越，只能投亲靠友或留在学校。可以想象，那些生活在 1950～1980 年代的独龙江青少年求学是何等艰难。

拉王夺小组组长王文东是 2000 年才开始上初中的，后来到云南省林业技工学校学习。对于自己的求学经历他是这样回忆的：

> 我以前在巴坡读小学，2000 年去贡山读初中。1999 年贡山到孔当的泥土公路已经修通了，但我们还是走老路去贡山读书。从这里到孔当还有 20 多公里，从孔当到贡山又经常没有车，所以，走老路更方便一些。走老路一般要两天时间。我 2003 年 9 月至 2006

年 7 月在昆明省林业技工职业学校上学，当时的学费是每年 3000 多元，主要靠家里支持，政府补助比较少。我学的是汽车修理与驾驶，但我自己对此没什么兴趣，学完后也没有本钱去开修理店。我们学的是汽车，无论做什么投入都是相当大的。现在读职业学校是免费的。

需要说明的是，政府当时对义务教育阶段和大学学习的扶持比较多一些，对职业技校的扶持相对较少，王组长说的 3000 多元学费主要靠家里支持基本反映了当时的情况。这样一笔开支对于城里人或其他地方农村的人来说或许算不上什么，但对于当时独龙江乡的村民来说是个不小的数目。

孟顶小组养蜂村民的女儿在怒江民族中专学习学前教育专业，每学期的学费和住宿费一共 900 元，她说：

> 我还有两个弟弟在读书。其中一个在三乡（孔当村）读初中，每个月有 450 元的补助。因为学校搬新校区，床位不够，要推迟到 15 号才开学，所以，后天才回去。另一个弟弟今年才读小学一年级。我们姐弟三个的年龄分别是 18 岁、15 岁、12 岁。我没有读高中，直接去读中专了。我们学前教育专业的独龙江就我一个人，不过今年开始就有 3 个人了，其中有一个叫王萍。以前我们读小学的时候是住校，自己做饭吃，很苦的条件。孟顶小学以前一个年级差不多有 12~13 人，老师少，之前只有木文宗老师还有一个丙中洛的老师，一个教数学，一个教语文，后面又来了四个，迪志军是第二年来的。

很显然，从这个养蜂村民女儿的叙述中可以看出，近年来，政府对独龙江乡教育的投入在迅速加大。首先，初中已经可以在本地（孔当村）上了，那里已经建盖了一所九年一贯制学校，不需要再到贡山县城

（即便去县城，现在也有比较便捷的交通了）。其次，初中学生（她弟弟）每月能有 450 元的补助。最后，她自己在上中等专业技术学校的时候，学费和住宿费加起来也只需 900 元，这其中明显有政府的补贴。

在大力加强学校教育的同时，政府还通过选拔培养少数民族干部、国家工作人员和选派优秀青年到部队学习锻炼，让他们以不同的形式参与国家建设。虽然有一部分村民因为不适应外面的生活，最终自愿选择返回独龙江乡，但他们回乡后或者担任小组长，或者做村委会一级的干部。总之，都为社会做出了一定贡献。

马扒腊小组组长的父亲 14 岁小学还没毕业，就离开村子到贡山建筑公司工作。他自己说是去"打工"，按照他说的外出时间是 1968～1975 年，那正是"文化大革命"期间，应该还没有"打工"这个概念。但不管怎么说他先是到县城建筑公司工作，7 年之后返回村子，曾在孟顶大队（现在的村委会）生活了 13 年，在马扒腊小组担任组长 3 年，后又到马库村委会担任主任工作 8 年。现在退养在家，他说：

> 我今年（2017 年）63 岁了，小学都没有毕业。1964 年（10 岁）开始读书，在巴坡完小这里上学，这里当时还没有搞集体。一个小组一个集体，实行工分制，每个劳力每天有 4～5 个工分。小孩子不用参加干活。一个小组在一个地方搞生产。我们小组人不多，大概有 30～40 人。那时候我父亲是小组长。1968～1975 年我不在家，在贡山建筑公司打工，盖房子。我们当时盖的房子现在都不在了，以前的老房子全部拆掉了。当时的工资没有多少，一天 0.8 元钱，一个月 24 元，太低了，大概相当于现在的 300 多元吧。1968 年我才 14 岁就出去打工了，不读书了。家里人多，我有 9 个兄弟，加上父母全家有十多个人。当时，公社要求家里面人多的、条件差点儿的就出去打工，父母就叫我打工去了。独龙江乡当时和我一起出去打工的人有两三个。打工回来后，我在孟顶待了 13 年，

1976 年到 1989 年，后来在马扒腊待起，当了 3 年的小组长，再后来 1992 年去了马库，政府来找我要我去的。我现在一个月有 2000 多元的退休金呢。

罗军老人一家原来居住在甲务当小组，那时全组只有 9 户（50 多人）。1969 年刚 16 岁的他就参加了中国人民解放军，驻扎在云南省的丽江地区。1977 年从部队复员回乡后，政府安排他到县林业局工作。3 年后，他觉得当林业工人太辛苦，就回到甲务当。后来政府又让他参加民族工作队去贡山工作，可他工作了一个月就跑回村子里了，说是不习惯那种生活。他说另一个村子的孟国龙也和他一起在部队服役了 8 年，政府也给他安排了工作，但同样觉得不习惯，回村子了。罗军回到甲务当组以后，连续担任小组长 25 年。访谈的时候，他感叹说要是当年不回村的话，他现在的"退休金一定很高了"。

"故土难离"可能是形容罗军老人和其他一些有同样人生经历的独龙江乡居民最恰当的一个词了。他们在 20 世纪 50~80 年代到部队服役。在那个极为崇拜军人和国家大力培养少数民族干部的年代，像罗军这样的少数民族军人应该是非常荣耀的，而且给个人发展带来了很多好机会。事实上，他们退伍以后政府也曾想办法安排他们到政府部门和相关单位工作过，可他们不适应那样的工作，自愿选择回到独龙江乡生活。他们回乡后，基本上都成为当地的骨干力量。罗军本人当了几十年的小组长。如今，他与孙子相依为命。根据笔者多年在民族地区调查的经验，像罗军老人这样的少数民族军人并不少见，他们退伍后很多觉得不习惯在政府机关或各种部门工作，而更愿意选择回到自己的家乡当农民。应该说，这一批人本应该是国家民族政策最早的直接受益人，当时国家采取各种措施培养少数民族干部，让更多的民族青年接受现代国民教育，鼓励和扶持他们到政府或别的部门工作。让他们参军，通过部队生活的锤炼提升他们参与国家建设的能力，以服务于国家和社会也是其中重要的措施之一。但是，他们中有相当一部分人"故土难离"，适应不了各种新的环境和生活，更愿意回到自己熟悉的世界里去生活。甚至后来儿子在城里工作，希望把他接到城里生活，他仍然觉得不能适应城市生活。

那些被选送到城市接受教育的青少年后来都成长为政府各部门的领导或工作人员，他们大多数都没有返回独龙江乡，但他们同样在不同的岗位上为后来独龙江乡的发展做出了自己的贡献。

四 "退耕还林"对独龙江乡生产、生活的影响

正如前面所述，独龙江乡最大的特点就是长期"与世隔绝"，自然环境非常优美却不太适合种植农作物，粮食、蔬菜等产量一直不能明显提升。自从引进铁制农具以后，"刀耕火种"的生产方式对环境的破坏比较严重，却没有彻底改善当地的生活状况。据村民回忆，2003 年起，政府开始执行严格的退耕还林政策，禁止在山坡上开荒种地、禁止狩猎，每年实施禁渔期管理。实施"退耕还林"以后，为了保证村民的基本生活，政府实行粮食补贴，根据各户退耕还林的面积多少进行补贴，大多数村民反映补贴的粮食足够满足一家人的需要，部分家庭甚至出现"吃不完"的情况。同时，政府还通过给小组长（副组长）、贫困户等安排做护林员的工作来间接地增加他们的收入。村民对于政府采取的措施都表示积极支持，访谈中从没有听到反对的声音。马扒腊小组组长的父亲是这样说的：

> 以前我们就是天天砍火山地啊、打猎啊、砍柴啊、打渔啊。那时候鱼也多，野味是经常可以吃到的，后面鱼全部被炸药炸没了嘛。干部也炸、部队也炸、老百姓也炸，到处都炸。炸药他们要的嘛，修路的那里要一点儿，一包一包的。1970 年代的时候，一年四季都炸，一炸就有几百斤。有些是用网，有些是直接捞，但很多

就流下去了。在有旋涡的地方炸，领导来了，要准备炸鱼了嘛。你炸这里，他炸那里，都是有固定的地点。山上也是，要去山上打野味。现在没有了，你想炸也炸不成了嘛。打猎也是一样的，那时候野牛也是可以打的。以前我打过野牛、猴子、老熊，是用弓弩打的，50米以下是有效的。实行森林保护以后，就不能打了，现在打不成了。差不多是1980年以后就不让打了，但还是有人打，现在不行了。

曾经有那么一段时间，从政府工作人员到普通村民，大家的环保意识都不够强，所以，当枪支代替了弓弩、炸药代替了渔网、铁制工具代替了木制工具以后，人们的行为没有从根本上提高独龙江乡的生产率，而是对当地的生态环境造成了严重破坏。政府实施退耕还林政策和严格的环境保护制度不仅对保护独龙江乡的生态系统起到了积极作用，而且从根本上改变了当地的生产、生活模式。其中，政府补贴和各种扶持措施到位以及草果种植的引进是最明显的因素。关于政府实行的退耕还林政策及其对独龙江乡生活的影响，村民罗军是这样说的：

> 1990年代的时候开始禁止打猎了。2003年11月开始退耕还林，不允许上山打猎、不允许在山上开荒种地。国家给退耕还林的补助是每亩120元，到现在为止已经退耕还林14年了。
>
> 开始的时候，每一户人家每月发50斤粮食。后来变成每人每年发374斤。自从政府实行退耕还林政策以后就不允许上山打猎、不允许在山上开荒种地了。除了补粮食外，国家给退耕还林的补助是每亩120元，到现在为止已经退耕还林14年了。
>
> 集体化的时候，巴坡的耕地也不是很多，大约有70～80亩。主要种小米、大米、苦荞、洋芋、豆子、苞谷等。由于村里人口多，粮食不够吃。以前的耕地现在都被新农村建房占掉了，拉王夺小组现在住的地方过去就是我们的耕地。孟顶小组的耕地面积还比

较多一点。山上原来的耕地（比如甲务当）现在都长满了水冬瓜树、栗子树，没有耕地了。国家来保护的嘛，都不准砍了。以前，我们要砍火山地，一天就能砍一二十亩，整座山上的树木都砍倒，然后用火烧掉。但是，地不肥，粮食产量不高，只能勉强够吃。一家人的火山地每年大概能收 100 背篓的苞谷，差不多刚好够一家人吃，但还得留点儿喂鸡、猪什么的。搞集体化的时候，我们都到江边来住，自己盖一点儿茅草房住着。

退耕还林政策的实施极大地改变了独龙江乡的生态环境，但村民们不得不放弃传统的狩猎和开荒种地，捕鱼也只能在禁渔期之外，养蜜蜂成了另一种增加收入的渠道。一次，调查者碰巧经过孟顶小组附近，看到路边有一个中年男子正在从路边的蜂箱里把蜂蜜掏出来。采集蜂蜜的方式是比较原始的，主要的防护措施就是戴着一个纱网的帽子遮住脸部，其他部位都没有遮挡。男子直接将双手伸进蜂箱里，把蜂蜜掏出来，然后再放到早已准备好的塑料桶里。整个采集过程大约用了半个小时，采集到的蜂蜜大概有 7~8 公斤。看到调查者经过，中年男子略微停了一下，热情地招呼调查者吃蜂蜜。蜂蜜的味道很甜很香，这算是最纯正的蜂蜜了，是直接从蜂箱里采集出来的。中年男子说："本来是要到 12 月才采集，但是这几天有两箱蜂蜜晚上被老熊吃掉了，就赶紧采了，不然一点儿都没得了。"

谈话间，中年男子的妻子走了过来，看上去大约有 50 岁。看到调查者在一旁，她又开始热情地招呼调查者吃蜂蜜。中年男子全部弄完之后，调查者想进一步了解他们的生活，就跟他商量能不能去他们家坐一会儿。结果，他妻子误以为调查者是买蜂蜜的，她说："不卖了，我家姑娘老是想吃，就留给她吃了，有两箱被熊吃完掉了，今天采了一桶，我们不卖，我们家哥哥比较多，一家送一桶。"

生态恢复是好事，但对村民来说，也带来一些新问题。其中最令村民头疼的是各种野生动物的数量增加很快，特别是野熊。目前，野熊伤害人的事还不是很多，但野熊伤牛和偷盗蜂蜜的事却经常发生。村民养牛都是放养在离村子很远的地方，每月带着点儿盐巴去看1~2次，平时无人管。这样，一些体弱或幼小的牛经常会被熊伤害或吃掉。另一个问题是，野熊总是在晚上偷吃村民蜂箱里的蜂蜜，即便是放在村子附近（甚至村里）的蜂箱也难免。为了增加收入，大部分村民都在村子附近放了蜂箱，专门养蜜蜂，但经常被野熊偷吃掉。虽然野熊造成牛和蜂蜜的损失保险公司或政府都会给予一定的补偿，但一方面是手续麻烦，另一方面补助的金额总是小于实际售卖的价格。一位村民说：

> 以前养的蜜蜂不多，一家有两三窝（箱）。现在多是多了，但蜂蜜全部被老熊吃掉了。

正如罗军所言："以前嘛，山上基本上没有树，都是荒山野岭的，泥石流比较多。山上的树都被砍掉、烧掉了。实行退耕还林以后山上才有树的。"

五　人口流动

独龙江乡最明显的人口流动有三次。第一次大约是在1990年代，在当时全国农村人口外出打工浪潮的推动下，周边县份外出打工比较早的一些人（独龙江乡的村民说是傈僳族）到独龙江乡动员一些年轻人到深圳、广州等地去打工。这些年轻人第一次离开独龙江乡到大城市觉得很不习惯，再加上工资比较低，后来都陆续回来了。不过，也有一些人在这个过程中找到了自己的意中人，到别的省结婚生子去了。第二次是婚姻关系的外延，随着改革开放的深入，不少年轻人（特别是女青年）选择与贡山县城附近村庄或周边县份（如福贡县、泸水县等）的人结婚。婚姻使他们离开了独龙江乡，形成单向的人口流动。由于对外婚嫁的大多数是女青年，这在一定程度上导致独龙江乡的男青年找对象难。第三次是政府加大对独龙江乡扶持力度以后（特别是 2010 年后），一方面是部分已经嫁到外地的女性或者离婚，或者带着丈夫和孩子返回独龙江乡；另一方面是外来的上门女婿或到独龙江经商的人数不断增加，进一步导致独龙江乡人口的多元化。

独龙江乡的年轻人曾经到广州、深圳等一些经济比较发达的地方打工，但因为不适应外面的生活、收入低和独龙江乡近些年的快速发展等原因，大部分年轻人更愿意回到独龙江乡来生活。草果的种植更是为年轻人增加收入开辟了另一条通道，所以，越来越多的人不愿意离开独龙江乡。对于独龙江乡的发展，很多村民都给予了积极评价和说出了深切的感受。村民 AN 女士说：

> 我读到初中，就不读了。2006 年的时候，我们很多人去深圳打过工，当时很多人去，是外面傈僳族的在招人。我们整个独龙江乡地区的人在深圳那边有五六十人。不过出去打工嘛，当时工资不高，才几百块一个月，每个月吃吃喝喝唱唱歌就没了，很多人去了一两年都挣不到钱。后来待了一两年就回来了，外面还是没有这边待着舒服。

马扒腊小组的组长说：

> 我小的时候，村里很少有人去外面打工。后来我们小组的小伙子出去打工的比较多，去深圳、广东（其他城市）。他们都是自己出去的，那边的老板通知要几个人我们这里就去几个人，有专门的人来通知。这两年出去的没有了，前两年出去打工的人也全部回来了。现在在外面打工的一个都没有了。最近两年，村里的媳妇大部分是本地人，没有从外面娶过来的。嫁出去的几个女性在外面生活了 3~4 年又都回来了。以前独龙江很艰苦嘛，就嫁出去了，现在独龙江生活好嘛，就又回来了，大部分是离婚回来了。现在独龙江

的生活比外面更好过了。我们小组嫁出去的有一个回来了，独自一人回来的，孩子留在外面了。

独龙江乡的年轻人曾经到东南沿海打工，但现在除了在外地成婚的以外大部分都回来了，甚至有已经在外地结婚又离婚（或带着丈夫和孩子）返回独龙江乡的。与此同时，外地到独龙江生活的人也在不断增加。孟顶组养蜂人家的表弟可能是最早进入独龙江生活的外地人之一了，他们一家来独龙江乡已经10~20年，他自我介绍说：

> 我姓曹，老家是丽江市永胜县，来这边做生意很久了，以前是有熟人在这边，后来生意不好做，他走了，我继续留下来，并且讨了一个独龙族的老婆，做这个蔬菜生意已经差不多10个月了。以前嘛，还有一个姓杨的也做这个生意，他要是做的话，我就不来了；这里人口就那么多，两个人来卖的话就卖不了什么东西了；我主要是去三乡（笔者注：乡政府所在的孔当村委会，当地人也叫三乡）、巴坡还有马库卖蔬菜和其他食品。不过现在不行了，马库那边的路塌方，过不去，也就只能在这附近的地方卖卖。上游是不去的，我只去下游这几个地方；卖的东西的价格跟三乡市场里的价格是一样的，没有什么区别。只不过下来卖的话会好一点儿，买的人要多一些，够车费的。差不多一周来一两次，生意好的时候就多跑点儿，生意不好的时候就在三乡待着。

曹师傅的车厢面积不大，有四五平方米的样子，车上堆积着很多种类的蔬菜、水果还有粮食，主要有大米、面粉、面条、苹果、橘子、香蕉、梨、茄子、菜花、甘蓝、胡萝卜、西红柿、辣椒、土豆、豆腐等。不过虽说价格跟三乡差不多，但是与外面县城相比还是要高很多的。就拿香蕉来说，一斤香蕉在昆明的价格是3元左右，在六库的价格是4元左右，在贡山则是6元左右，而到了独龙江一斤香蕉的价格要8元左右，足见当地的物价还是比较高的。

六 宗教信仰

在传统社会生活中，独龙江乡的村民都相信万物有灵，大约在 19世纪末 20 世纪初，西方传教士进入独龙江乡，开始在当地村民中传播基督教，一部分村民开始信仰基督教。进入人民公社时期，特别是"文化大革命"期间，基督教信仰被禁止，大部分教堂被毁。那段时间里，基督教信仰基本处于停滞状态。

20 世纪 80 年代，随着中国改革开放的推进，国家实施了新的宗教政策。独龙江乡的基督教得到了恢复。人们重新建盖教堂，并与缅甸信仰基督教的日旺人（与中国境内的独龙族同属一个族群）有一定的交往。信仰基督教的村民每周三、周六下午和周日上午都会集中到教堂，由"传道员"（他们不叫牧师）带领大家读《圣经》。据笔者的观察，信仰基督教的大多数是中老年人，其中女性居多。年轻人并非没有，但数量总体偏少。当问及村里很多年轻男性为什么不信教的时候，有一部分人说他们是共产党员不信教，更多的人则说"信教就不能喝酒，所以不信"。

村民杨友正自认为他信基督教一方面是受家庭环境的影响，他奶奶、母亲都在新中国成立前就信教了；另一方面是因为他不抽烟、喝酒以及国家的信仰自由政策。根据他的记忆，独龙江乡第一个信仰基督教的人（也是牧师）是傈僳族。这个傈僳族的牧师去世后才是约翰牧师①。他还提到，原来在教堂里念的经书都是傈僳文写成的，念经的时候也是用傈僳语，现在他们已经有独龙文的经书，但是他们还得慢慢

---

① 约翰牧师是独龙族，约翰是他信教后取的名字。笔者在调查期间几次与约翰牧师聊过，他自称"100 多岁了"，但是问他哪年生、独龙族名字叫什么等，他一概说不清楚。特别是 2016 年、2017 年拜访他的时候，沟通越来越困难，他总是答非所问，感觉他确实年纪不小了。

学习。

　　我信教，我妈妈有信教，奶奶也有过信教。解放以前就有信教了，以前教堂在我家水田那里。据说以前独龙江乡第一个信基督教的人就死在那里，坟墓就在下面，在我家田地那里。他是贡山来的，傈僳族，后来就死在这里了。他死了之后才是约翰，最早是我刚说的那个，约翰是后来才当牧师的。我们小娃娃的时候那个傈僳族的牧师就死掉了。我差不多40岁的时候开始信教，大概是八九十年代。国家说信教自由，我就想去了，就愿意去了。我以前没有抽烟、喝酒，就是我们自己想去就去信教了。

　　以前是自家搞酒，米酒、苞谷酒，都是自己搞（酿）。当时90年代人不多，只有二三十个人，搞集体的时候教堂是没有的，全部拆掉了。解放后那段时间是有的，后来没有了。

　　我今晚去教堂了，去的是马扒腊那里的教堂，巴坡教堂那边太远了。我们村里有20多个信教的，以前没有用独龙文写的经文，都是用傈僳文写的。现在改成我们独龙文了，看一点儿懂（笔者注：意思是"我能看懂一点儿"）。我们独龙语好，自己的语言好，慢慢地学嘛。

迪军是马扒腊教堂的传道员，一个星期天中午，调查者全程参与观察了教堂的活动。迪军全程主持了教堂里的读《圣经》、唱赞美诗、信徒交流等活动。他们有时用傈僳语，有时用独龙语，所以，调查者只能观察他们的活动。活动结束，信徒们在教堂外的草坪广场上面对面排成两行，互相握手道别的时候，调查者采访了迪军，他大致给调查者讲述了独龙江乡基督教发展的历程。

　　这个教堂是1908年建的，1958年后，发生"大跃进"和"文化大革命"，基督教就被取消了，70年代末80年代初又恢复了。

以前我们是用傈僳语念经文，现在也是，老人也是在用傈僳语说话，傈僳语学起来比较简单。但是现在已经推广独龙语的经文3~4年了，在全乡的教堂里教，现在他们差不多都会点儿了。这个是我们这些传道员自己翻译出来的，就是从傈僳文经文、日旺文里面翻译出来的。

马扒腊教堂有40多个信教的，礼拜天有些人会来这边，礼拜天来的人比较多，礼拜三、礼拜六人就比较分散，有些老人不来。现在是老人多一些，年轻人出去打工、上学。我们这里外出的年轻人大部分都在县城打工。

一开始我是跟着爷爷一起信教的。爷爷从缅甸回来的时候，巴坡这里大概只有40人信教。现在马库那边人也不多，以前那里只是一个小组，现在改村委会了人还是少，但喝酒的人比较多。

这个教堂是当时筹钱建的，花了47000元左右，但是教堂不是我们负责建盖的，县里教堂委员会具体负责建造。以前就是在教堂旁边一个木房子里面传道。教堂一开始是在木兰当，后来去了麻必当，再后来就搬到这里的旁边，1908年以后就是在这里了。今年的感恩节要在这里搞，不是每个村都来，只是马扒腊和孟顶小组的信众过来。

约翰是圣经的名字，我的名字是大卫，但是不喜欢叫。以前没有汉族的名字，只有独龙族的名字。经文翻译是很难的工作，整个文字都需要学习。这里面是四乡和缅甸的经文多，各个地方语言是不一样的。去年有信徒结婚，一般情况下，结婚就在那个教堂。其他信众给他们捐钱举办仪式，长老向他们表示祝福。长老是马库的，今年暑假去世了，10月的时候我们要重新选举。

这时，站在旁边的另外一个教堂管理人员插话说：

我信教十多年了，我家里爸爸、妈妈、我媳妇都信教。信教就是不喝酒、不抽烟、不赌博，家里面也安静。你喝酒的话会打架，不好意思嘛，家里面打架。以前我也喝，不过喝得不多，一点点儿，差不多2000年的时候开始信教。我20岁开始信教，今年我36了嘛。当时父母信教是去米里王那里。新农村建设后我们去了马扒腊那里的教堂。信徒有困难的，奉献的东西会给他们帮忙一下（资助他们）。奉献的那些东西都会放在执事的家里，这些由执事管理。有三个执事。这些奉献，传道员分一点儿，教务处奉献一点儿，根本不够用的。在信教的人中女性多一点儿，男的少一点儿。女的不喝酒的多，男的则少一点儿。我刚信教的时候，只有20多个信徒，条件相当苦的。

这里晚上还是要祷告的，不过我们以后就不会过来这边了，算是最后一次。执事说："我当执事三年了，三年一次，投票选出来的，今年要换，感恩节之后就要投票。其他还有两个执事，木兰当有一个，米里王一个。米里王的执事是我大哥，我家里都是信教的，老人家（父母）也是信教的。执事负责收拾东西之类的工作。感恩节的时候是全体信徒都过来帮忙。这里就是叫麻必当福音堂嘛。这边信教还是好的嘛，我们传教，就是这么说嘛，不抽烟、不喝酒就是好嘛。隧道修通后，打工的就很少了。人去打工了，就没有搞草果地的了，所以就都回来了。这几天下雨就不去了，休息。收草果的时候，周天我们就休息了。去年收了一个月才收完。当时教堂是一个月捐一次，捐了一部分后才开始搞的，政府没有给提供什么帮助。村委会只是治安管理才管理一点儿，其他的不会过问的。圣诞节是整个乡全部集中在龙元那里，到时候全部要去。今年教堂要搬到孟顶了，要重新修一个了。那个马扒腊的教堂不方便，人也没有，要在活动室那里搞。整个独龙江信教的人一个人捐一点儿就够了，100元、50元，你有多少就捐多少，没有什么要求。

　　这两位传道员平时都在用傈僳语或独龙语传道，所以，汉语讲得不是很流利，在表达意思的时候总是习惯用不太通顺的汉语表达方式，但总体上说还是将独龙江乡基督教的兴衰史和现状基本描绘出来了。按照传道员的说法，基督教是在 20 世纪初才传入独龙江乡的，传教士是美国人。之所以到今天仍然用傈僳语传教，是因为基督教先在傈僳族群众中传播（传道员说的维西地区主要人口就是傈僳族和藏族），然后才逐渐传播到独龙江乡的。由于五六十年代中国的政治运动，很多信徒流入缅甸境内。后来随着中国实行改革开放，一部分信徒又回迁到独龙江乡。

　　尽管第一位传道员强调说不喝酒、不抽烟与信仰耶稣不完全是一回事，但普通的老百姓在日常话语中就是这样解释的，在很多人看来不抽烟、不喝酒就是信教的重要标志。甚至第二位传道员在叙事的时候也在无意之中把信教和不抽烟、不喝酒等同起来。

　　按照第一位传道员的说法，他的爷爷约翰算是最早在独龙江乡传教的本地人[1]。由于他爷爷跟着美国传教士传教，所以取了一个外国名字。好几次与约翰交流的时候，笔者试图弄清楚他的独龙族名字或汉名，但都无果而终。由于年事已高，笔者问他的独龙族名字，他总是坚持说自己的名字就叫约翰。老约翰现在年纪太大，走路不便，所以也不去教堂了。

　　这里的传道员都不是专职的，而是需要兼顾家里的农活及其他各种事务。由于信众人数较少，捐赠的东西也就少，传道员几乎从大家的捐赠当中也得不到什么好处。

　　整个独龙江乡有 700～800 人信仰基督教，而当地的总人口在 4200 人左右。这样算来独龙江乡信仰基督教的人数比例达到16.7%～19%。

---

① 之前的村民说约翰不是独龙江乡第一位传教的本地人，他应该是第二位，之前还有一位傈僳族的传教者，去世后就葬在独龙江边上。

巴坡村委会下属的几个小组共有基督教信众 200 多人，分属三个教堂。除了巴坡农家乐旁边的麻必当教堂（三个中最大的一个）外，还有孟顶教堂和拉王夺教堂。孟顶教堂位于红星桥附近，规模相对较小，大概能容纳 100 人。教堂旁边有一个以前的老房子，外观看上去很是不错，墙是用竹子编的。沿着道路继续走，便是两排老旧的房子，房子分两种，一种是用空心砖砌成的，一种是老式的木板房，上面用一种绿色的铁皮覆盖，这跟龙元村的教堂比较相似。

笔者在教堂边与一位年长的女性和一位年轻的女信徒攀谈起来，问她们当初为什么选择信仰基督教，年轻女性是这样说的："这是我妈妈，我信教有 20 年了，差不多了，信教的原因记不得了。劳动和信教是不冲突的，周天休息嘛，不会冲突的。信教是好的，不喝酒，不抽烟，家里不吵架。当时我是自愿去信教的。"

周日的时候，信众都陆续聚集到麻必当教堂前的小广场。教堂旁有一个供信众休息的木头房子，那里摆了几个沙发，信徒在礼拜前或礼拜后可以休息、聊天、交流。旁边用石头盖了一个很现代化的厕所。来参加礼拜的信众男女老少都有，还有背着娃娃一起过来的。休息的时候男女自然分开坐，基本上是男的坐左边，女的坐右边。中午 12 点整，传道员敲响了教堂的钟，集合的时间到了。100 多名信众陆续进入教堂，男女信众自然分开入座，坐在一起的很少。信众中女性老年人居多，男性年轻的和年长的差不多各有 20 多名。年轻女性人数也不多，约有 10 名。信众首先全体起立，一起唱赞美歌。随后上去一个礼拜长诵读经文，之后由下面的某位信众诵读经文，再轮流让不同的信徒起来念经文。整个礼拜过程差不多要两个小时。在礼拜的过程中，不时有人上去奉献，东西不多，有吃的、有钱。礼拜结束后，需要依次走出教堂，一般男的先出来，然后大家轮流着相互握手，就算完成了整个礼拜过程。

LW 女士出生于 1973 年，信奉基督教已经 20 多年了。她对独龙江乡的教堂发展情况比较熟悉，周三、周六、周日三天都去教堂参加读

《圣经》，之前一直是读傈僳文《圣经》，后来开始有独龙族文字的《圣经》了，但她也说不清自己当初为什么选择信仰基督教。

> 我自己也说不清为什么要信仰基督教。巴坡村村委会范围内共有三个教堂：拉王夺教堂、麻必当教堂、孟顶教堂。孟顶教堂可能是独龙江乡建得比较早的教堂之一，听老人们说很早就有了，但后来被毁掉了。实际上，当年这些教堂全部被破坏了。有好多年的时间，这里没有教堂，也没有信教活动。到我 18 岁的时候，村民们才重新建教堂。也就是在那时候我才开始信教的。当时，麻必当教堂建在学校对面的山坡上，信教的村民大概有五六十个。每周三、周六和周日都需要去教堂。圣诞节的时候信众们全部集中到马库教堂或者巴坡教堂。过去我们在教堂里读《圣经》都是使用傈僳语，从去年开始，我们开始用独龙语读《圣经》了。

孟顶村养蜂人的妻子曾经在结婚前信过基督教，原因还是像很多村民说的那样因为"不抽烟、不喝酒"。后来，她放弃了信仰，主要是因为觉得经常去教堂会影响家里的农活。她说：

> 我以前也在孟顶小学上过学，但读到三年级就不读了。没有结婚的时候还信基督教，说不喝酒、不抽烟就去了，我自己去的，想去，信了一年半左右就没有信了。如果信教的话，每天都要早早地回来，不能劳作。

马扒腊组的一位村民说尽管他妈妈和村里的不少村民都信基督教，但他不信。他对基督教持比较矛盾的态度，一方面他觉得信基督教的村民不能喝酒、抽烟、吵架和"杀生"，这对于维护地方社会的和谐稳定有积极的作用；另一方面他又觉得大家的想法不一样，无法进行交流。

> 我们小组信教的人比较多，一共有 20～30 个，我妈妈也信教。

村里信教的年轻人也多，差不多所有的年轻小伙子都信教。如果信教了就不能抽烟、喝酒。这是好事，村里喝酒的人少了，打闹吵架的情况也就很少了。以前嘛，喝酒多，经常打闹。现在喝酒的少了，村里就很和谐了。但另一方面，他们的想法跟我们不一样，不好搞（笔者注："和我们说不到一块"的意思）。

在整个独龙江乡也有很多坚决不信基督教的村民。这些村民大概分为两类：一类是觉得自己很难做到不抽烟、不喝酒或绝对不杀生。在笔者的访谈中，有不少村民（包括女性）说他们当初是想去信的，但觉得自己做不到不喝酒、不抽烟，就"干脆不去了"。还有一类村民是完全不相信所谓神、上帝、耶稣的。

以上叙事大致描画了基督教在独龙江乡的发展历程，也展示了不同信众对基督教的认识和非基督教信仰者对基督教信众的看法。但所有叙事者都没有明确地说明信仰基督教的主要原因是什么。像 LW 女士这样完全不知道自己为什么去信仰基督教的信众其实在访谈中是非常常见的。对于很多人来说，一个基本的逻辑就是信教不能喝酒、抽烟、吵架，所以反过来说，不抽烟、不喝酒、不吵架的人就具备了合格基督教徒的品质，就应该信基督教。这种逻辑在一定程度上解释了为什么男青年信仰基督教的人数远少于女青年和中老年人，因为很多男青年感觉要抑制喝酒、抽烟的欲望是很难的。有一位受访的年轻人说："又不能喝酒、又不能杀生，太难做到了。"至于信仰基督教的根本原因，很少有受访者能够说清楚。很多人其实是受身边人的影响才选择信仰基督教的。

七　草果种植

草果是一种姜科、豆蔻属植物的果实，一般作为调味香料，也可以入药。其茎丛生，属多年生草本植物，最高可达 3 米左右。草果的果实位于茎根部位，裸露于外，呈红色，采摘晒干后呈黑褐色。草果喜阴、湿、热气候，适合在海拔 1100～1800 米的地方栽培或野生于疏林下。所以，村民一般将其栽种在树荫下，不需要专门开垦耕地来种植，也不需要每年种植、施肥和使用农药。种植成活后一般 2～3 年开始挂果，之后可以连续采摘 15 年左右。村民需要做的就是经常性地除去周围的杂草，根据土壤的肥力、湿度等除草的次数也有所不同，有的每年需要除 1～2 次，有的需要除 3～4 次。每年 9～11 月是采摘草果的季节，目前村民都是采摘鲜果后直接卖给公司或中间商，由公司或中间商去进行干燥加工并对外销售。

独龙江乡原本没有草果，老县长高德荣在 2010 年才从其他地方将草果引进独龙江乡并开始示范性种植。之后，当地政府将其作为一个增加农民收入的重要项目来推广。开始的时候，很多村民积极性不高。尽管政府做了很多宣传，并在资金、种苗、技术上给予了很多扶持，但种植的农户并不多。几年后，一部分率先尝试的村民开始通过卖草果获得了可观的利润，很多村民才开始种植草果。甚至连龙元村这样海拔高于 1800 米、被认为不适合种植草果的村子也尝试着种草果了。2017 年，草果成了独龙江乡村民最主要的收入来源。

草果成为独龙江乡村民主要的收入来源之后，村民罗军家里已经基本上没有耕地了，种植了 20～30 亩草果。由于草果种在树林里，加之独龙江乡降雨量特别大，杂草生长很快，每年大概需要给草果除 5～6 次草。除草一般由自己家里的人完成。罗军认为自己家的草果种植很不成功，主要是地点没选择好，挂果比较少。2016 年卖草果的收入大概只有 1000 多元。

斯拉洛小组的 LM 家现有 3 亩多耕地，其中 2 亩租给乡政府去搞重楼育苗，每年每亩租金是 1000 元。剩下的地就自己种点苞谷、洋芋之类的作物。2016 年，草果的市场价是每公斤 12 元，全年草果总收入是4000 多元。LM 说："（自己家）和村里其他人家比算是收入比较低的，有的人家收入达到 20000 元以上，还有的人家报给政府说收入 10000 多元，实际上的收入却超过 20000 元。2017 年，由于雨水太多，草果挂果不是很多。"

关于草果给村民带来的好处几乎每一位叙事者都会谈到，所以，就不在此单独列出，但草果在独龙江乡发展中的重要性毋庸置疑。

以村民 LW 家为例，2017 年她家里主要养鸡、养猪、种重楼。重楼的市场价是每公斤 32 元，一头猪能卖 2000 多元，鸡 100 元一只。此外还有生态补贴，按牛的头数来算。她家养了两头牛，每年能得到 1200 元的补贴。她和家人平时的主要劳动就是为草果地除草，每年需要除草 2 ~ 3 次。闲的时候就到江边或者山上背点柴火，每天还需要去弄点猪草。

草果的市场价格经常变动，2017 年，新鲜草果能卖到每公斤 10 ~ 12 元，到后期甚至每公斤卖到 18 ~ 20 元，据说在贡山县城里甚至卖到了 22 元一公斤。政府帮助搞草果种植基地的时候，她家的草果种植大概达到 200 亩地。同时，她家在拉王夺还有一些水田。2016 年，家里卖了一头猪（2200 元），自己宰杀一头。从 2016 年起，政府规定家里有小孩读书的才能享受低保，没有小孩在学校读书的家庭就不能再享受低保了。

根据 LW 女士提供的信息，斯拉洛小组现有 17 户人家，总人口 50 人。全村有劳动力 25 人，其中妇女 9 人，没有外出务工人员，除个别来村里入赘的外地人之外，都是独龙族。2016 年，斯拉洛小组全村草果收入 92800 元、卖牛收入 21000 元、卖鸡收入 2500 元、卖蜂蜜收入 600 元，粮食收成只有 130 公斤，平均每人 2.5 公斤。村里有一个小卖部，销售各种日常用品。村民们还住在山上的时候就有这家小卖部了，全村人搬到江边居住以后，这家小卖部也随着搬到现在的村子。

2015 年，政府为每户人家免费建盖了新式住房。2016 年，政府又给每户人家补助 5000 元，并为整个村子免费提供 41 袋水泥，让各家各户自己建盖厨房。由于相关部门认定斯拉洛小组已经达到脱贫标准，所以，原来村民们一直享受的低保都取消了，村里不再有人享受低保。

AN女士告诉笔者，木兰当那边的草果种得早，木兰当收的时候这边才开始种。2014年的时候才开始有收入，刚开始的时候才两块五一斤，2015年的时候三块多点儿一斤，2016年刚开始就5元一斤，后来慢慢地升到了10多元一斤。

草果的引进无疑为独龙江乡的发展提供了一条非常可行的道路。草果种植、养护都比较简单，一旦种植成活，人力资源成本主要投入采摘和运输果实过程中。作为一种常用的调味品，虽然需求量不是很大，但因为草果需要在特定的自然条件下种植，并非随处可种，所以目前市场价格还比较令人满意，村民从草果种植中获得的收益远远超过其他作物的收益。从这个意义上来说，草果种植直接推动了独龙江乡的经济、社会生活变化。

第四节　家庭与婚姻生活

正如上文所述，独龙江乡的村民从分散居住到"大集体"、家庭承包责任制再到合并村社，从狩猎、江中捕鱼到种植玉米、小米、豆类，再到种植草果、重楼和养殖牛等，人与人之间的关系发生了很大的改变。其中最明显的是家庭结构和氏族观念的转变。原来大家庭住长房子的生活方式被单家独户的核心家庭（最小的儿子和父母居住）生活方式所取代。来自不同氏族的村民合并到一个村子后，相互之间的交往不是很多，甚至对氏族的概念也越来越模糊。合村并社以后，村民必须适应新的环境和新的人际交往方式。

然后，社会生活的改变不仅体现在家庭组织形式的变化上，其他许多方面也都发生了根本性的改变，比如，婚姻习俗和婚恋观的变化也非常明显。在过去，表舅婚和氏族内部成员间的婚姻是常见的婚配形式，兄去世弟续娶嫂子等婚俗也普遍存在。这些婚恋习俗显然与长期封闭的环境和较少的人口流动有密切的关系。如今，随着独龙江峡谷大门敞开，年轻人（特别是女性）有了更多的选择，不少女性嫁到贡山县城、县城附近的村庄或周边县份（如福贡县、泸水县等），甚至云南之外的省份。也有越来越多的女婿上门到独龙江乡。所以，独龙江乡的人口从单一的独龙族变成了不同民族混杂的多元结构。

比如，罗建国老人家有一个女儿远嫁到安徽省，外出打工是促成这一姻缘的主要媒介。从这一案例中，我们看到了独龙江乡村民在婚姻习俗方面的重大转变。根据很多文献记载，独龙江乡的村民在传统生活中主要是在家族（氏族）之间或家族内部（比如舅舅的女儿）缔结婚姻。新中国成立之后，除了那些到政府部门和大城市工作的人之外，一部分村民开始外嫁，但外嫁的地点也主要限于县城（贡山）、州府（六库）或附近的福贡县。在民族方面上主要是与傈僳族、怒族的成员通婚。改革开放以后，一些女性开始远嫁到安徽、河南、北京、山东等地。她们丈夫的民族身份也扩大到了包括汉族在内的各民族。

用当今时髦的话说，L 女士是纯粹的"90后"，2017 年访谈的时候她才 20 多岁，但已经是两个孩子的妈妈了。她的丈夫是四川人，汉族。村子附近建桥的时候，L 去那里打工，认识了这个后来成为她丈夫的"外地人"。他们相识、相爱、结婚、生子。她丈夫的大哥经常在独龙江乡承包一些工程（包括民居建设），所以，她丈夫经常到附近工地上做工。这个来自四川的男人似乎已经习惯了这里的生活，他喜欢这里的气候，还学会用漆油煮鸡。L 则在家里照顾家人、孩子和操持家里的各种事务，同时还担任小组的副组长。有时候，她丈夫也会带她到四川老家走走，见见外面的世界。

L 的父亲去世了，母亲又给她找了个继父，是来自贡山的傈僳族。这样一个家庭就有了独龙族、傈僳族、汉族三个民族，生活也过得其乐融融。在 L 眼中，现在独龙江乡主要的社会问题之一是女性在婚姻选择方面有了更多的自主权，与外界的男士结婚越来越成为一种风潮和趋势，但随之而来的是独龙江本地的男青年找对象越来越难。当问及其中的主要原因时，L女士是这样告诉笔者的：

> 现在村里普遍存在的主要问题是，女的都嫁了，男的没有结婚的很多。部分原因是他们嗜酒如命，只要有了酒就什么都不重要了。现在越来越多的女孩子不愿嫁给本民族的青年，主要是他们天天喝酒。

L的人生故事和叙事部分反映了年轻一代独龙江人的生活方式的变化。首先，他们能够自主选择结婚的对象，而且在选择过程中不受民族或地域身份的限制。其次，一部分年轻人（特别是男青年）沉迷于酗酒，从而导致一些女孩子更愿意选择与外来的男青年结婚。这一方面促进了独龙江乡与外界的联系，另一方面也给独龙江乡男青年的婚姻问题带来了新的挑战。最后，草果已经成为村民的主要收入来源，斯拉洛小组里没有种草果的只有两户人家。这两户人家都有适宜种草果的林地，只是因为他们都年纪大了，没有能力，也不想去种草果。

奇特的是，在访谈中，笔者还发现，在女性"紧缺"的独龙江乡竟然还有未婚的大龄女士。AN女士比L女士年纪大一些，AN已经30多岁了，但还未结婚，在当地女性相对较少的情况下，这种现象并不多见。在陌生人面前，她总是非常腼腆，几乎不说话。别人主动和她说话，她总是害羞地低着头，一律不回应，或者干脆跑掉。但当她和村里的其他年轻人在一起或是喝酒的时候，她其实还是个很能说笑的女孩子。她并不想外出打工，村里的农家乐需要帮手的时候，她会去帮着做饭、洗碗什么的。

AN的家就在巴坡村委会旁边，据说那以前是供销社的老房子，后来AN家把它买下来，开了一家小卖部，做点小生意。AN的姑爹说，AN家经济条件相对好一些，生活压力不大，但AN过分沉溺于喝酒，所以，30岁还未成家。也就是说，在AN的姑爹看来，她之所以这个年龄还没有找到合适的结婚对象，是因为她酗酒。笔者曾试图问问她本人这样的说法有没有道理，但她从来不谈自己的婚姻问题。笔者、调查者和AN熟悉了以后发现，其实AN是一个非常善良的女孩子，相处时间长了之后，她渐渐变得不那么内向和羞涩了，也愿意向我们讲述她自己以及家人的故事了。

AN家有父母、2个哥哥和1个弟弟。AN说她家以前是住在山坡上，那时家族共有10多户人家，总共30多人，三代人住在一起。当问及她的家族叫什么时，AN笑而不语，过了一会儿说是记不得了。大约1987年的时候，AN一家搬到孟顶小学居住，她爸爸当时是孟顶小学的老师。搬下来的时候，AN才刚刚出生。后来，随着孟顶小学撤销，AN一家人又搬到巴坡村委会旁居住。政府实施新农村建设以后，AN一家又从巴坡村委会那里搬迁到米里王小组。后来，AN的哥哥、弟弟先后成家，AN随父母依旧在村委会那里居住。

当问到独龙江乡的婚俗时，AN是这样说的：

> 我哥哥向我嫂子家提亲的时候我们家不在这里。哥哥和嫂子提亲前就认识，他们认识了后我们家就开始到嫂子家提亲了，当时我们家还在山上，提亲的时候带点酒啊、茶啊、糖啊什么的。提亲时爸妈、亲戚还有本人都是要去的。哥哥和嫂子结婚的时候他们已经有了两个孩子了。结婚的时候，我们要准备很多东西的，酒啊、肉啊、牛啊。那时候跟现在不一样，现在就是请大家吃吃饭嘛。那时候，我们家要提前两个月准备米酒，并送给女方家很多东西，比如被子啊、衣服啊、锅啊、农具啊、家具啊、三脚架啊这样一些东西，还有毛毯。当时这些东西都是要背到女方的家里的。我们背着东西去女方家里还要做饭给她们吃，男方要做饭给女方家里吃。我们做的要给女方吃，女方家做的要给我们吃。东西也是要互相交换

的。男方家给女方家送礼，女方家需要返礼（即回礼）。当然女方家返的礼一般要少一点儿，东西是差不多的。女方家返的礼男方的亲戚朋友要分享，所有的东西都是要分的。三脚架要分给最亲的亲人，像我叔叔啊什么的。在女方家是分开吃住的，饭后，会一起唱歌跳舞，经常玩通宵。第二天，吃完早餐就走了，要在12点之前离开女方家。双方家长坐在一起交流。之前两个家庭都是互相认识的，人多的时候可以住在亲戚家。以前是有床的，床是他们自己用木板做的，不过老人还是会睡在火塘旁，习惯了。女方的亲戚是不会跟着新娘住在一起的，所以，返礼需要挨家挨户地去送。

以前，我们家住在人马驿道旁边，所以，赶马帮的人会去我们家。他们在我们家做饭吃啊什么的是不收钱的，提供地方给他们做饭吃，我能听得懂他们说的傈僳话。赶马帮的人有傈僳族也有藏族，藏族的人多一些，有时候一次来4~5人，有时候3~4人。他们都是一起走的，马是个人的啊，但他们几个人一起出来做生意。当地人也有赶马帮的，不过人数很少，也就几个人。

从AN的叙事中可以看出，当地的婚姻和礼物交换习俗在不断改变。男女双方交换的礼物要和家族里的其他成员分享，参加婚礼的客人过去随礼一般是送东西，现在开始用现金随礼，但是在家族成员分享物品的时候，仍然仅限于分享礼品而不包括现金。也就是说，在村民心目中，物体是公共的、可以共享的，但现金是属于私人的，不可以共享。

在独龙江乡独龙族、傈僳族和藏族之间没有任何隔阂，关系非常融洽。比如，赶马帮的人（有傈僳族、藏族）经常在AN家自己做饭吃，当然，AN家本来也是不同民族混合的家庭（她爸爸是独龙族、她妈妈是傈僳族）。

拉王夺小组长王文东的妻子原来是迪政当村委会的。王文东曾经在迪政当村做了六年的小学代课教师，就是那个时候他们相互认识并结婚，他说：

> 我们这里的习惯是有人结婚的时候，大家要去帮忙，比如帮着杀牛、煮饭等。结婚的时候男方要给女方家送东西，比如猪、牛、衣服、毯子等。以前的话，火塘上用的三脚架是必须给的，因为那个时候大家都在家烧火塘，有三脚架就方便在火塘上煮或烤东西。现在条件好了，男方可以送铁锅，还有酒，一大桶一大桶的，摆起来让全村人喝。男方去女方家送礼的那天晚上，大家就在女方家玩。男方家给女方家送礼以后，女方家要返礼，比如，如果男方家送给女方家一卡车彩礼的话，女方家要返还男方家半卡车的礼品。过去的话，男方的父母给女方家送牛、猪、毯子和铁锅等，女方的父母就杀猪送给男方家，或给点儿粮食。现在粮食都是国家给，没有必要了。送礼和回礼的事也是年轻人自己商量着办。然后，男方家要请客吃饭，主要是男方家在操办。
>
> 女方返回给男方的礼物，如果是肉的话，要分给本村的各家各户，大家共享。女方也是，男方送来的肉都要在全村分享。其他的东西，比如锅、衣服等则主要是亲戚之间分享。双方的父母都不会自己把送来的东西留下，他们觉得用不着。
>
> 现在去参加婚礼都是送钱，大家都有钱了，朋友、亲戚来了都送点儿钱。一般来说参加一次婚礼送 100 元。有的人送鸡蛋也是可以的，没有明确的要求说你要送什么。主人家只是叫你去喝酒，不是要你带什么礼物，但是面子上的问题嘛，不好意思不带点儿。

在传统的独龙江乡生活中，铁制工具比较稀缺。这一说法可以从结婚时男方家送给女方家的礼物中看出来。按照王组长的说法，在火塘上支撑着锅煮东西的三脚架是最重要的礼物之一。直到今天，有的村民还是习惯在火塘上放上三脚架，然后把锅架在上面炒菜或者煮东西。男、女方互赠的礼物（如肉、衣服等）是要在亲戚（甚至全村人）之间分享的，这充分体现了过去同一氏族成员长期在一起生产生活形成的"共有共享"心理意识。如今，各种礼物的互赠变成了钱的交换，而钱是不能分享的。所以，人与人之间的礼物交换在本质上发生了前所未有的变化。

当然，这不是说村民之间就再也没有交换或交流了。村民间的交流仍然存在，只不过在形式上变成了相互请客吃饭、喝酒，而不是分享肉、衣服或别的礼物。马扒腊小组的一位村民说，在独龙江乡，年轻人结婚前要不要提亲好像没有统一的规定，两个人互相看上或相好了，有的人家需要提亲，有的人家不需要。他和他当时的女友（现在的老婆），相好了一两年以后，就在家里杀猪、杀牛请客，然后背着东西去岳父母家里把她接回来了。举行婚礼的时候大家就是喝喝酒、吹吹牛，一直到天亮。女方家也是一样的，也是要返礼的。他还说，独龙江乡的大部分年轻人都还是愿意找本地人作对象，从外面嫁过来的女性应该是有的，但他一下说不出哪位女性是从外地嫁到独龙江乡的。从外面来上门的男性也是有的，一般是从福贡县过来的女婿。他妹夫就是从福贡县过来定居在这里的。妹夫是傈僳族，妹妹和妹夫当时是在外面打工认识的，后来结婚一起到独龙江乡来的。

马扒腊小组组长的父亲（64岁）是这样讲述村里的婚姻交换故事的：

> 以前我们小组娶媳妇是这样的，哪里有我们的亲戚朋友就会去哪里找媳妇。我的亲戚嘛，礼物就不需要送了，就是去女的家里帮她家里面做做农活，给她家都点儿忙，砍柴啊、砍火山地啊、赶牛啊。最早的时候，男方先住在女方家里，住了三天才回来，后面慢慢地就可以成家了。后面不是这样了，你想讨哪家的姑娘，一次讨

回来就可以了。以前三脚架是结婚需要送的，家里有两个就要送一个，还有锅这些都是要送的，如果没有这些东西，结婚后如何生活？我小的时候是没有三脚架的，村里最厉害的那些人家里才有这种铁的三脚架。一般人家就是用石头当三脚架，石头尖尖的，下面埋在地里，上面架上锅就可以煮饭吃了。对石头的选择也是有要求的，要尖尖的那种。这种铁的是买不起的，这边也没有，只有最富裕的人家里才有。1987年以后就家家都有铁三脚架了，都是从贡山背回来的。

我小的时候村里是有教堂的，那时候老人都信教，现在那些老人全部都不在世了。那时候一个村子里的人都是亲戚。媳妇么，是随便找了么。我的女儿嫁给他家，以后我的儿子又从他家娶回来一个媳妇，这样也是可以的。那时候么，路不好走，结婚的时候，亲戚朋友坐下来喝喝酒、喝喝茶就可以结婚了，住得远的亲戚朋友就来不了了。

我老婆是马扒腊组的，她是老区长（独龙江第一个区长）的女儿。他们家姓马，我们家姓孟，没有亲戚关系。姓马的也有，姓斯的、姓孟的，各种姓的人都有。以前结婚很简单，杀猪啊、杀牛啊，最重要的就是杀头牛。家里没有牛的话，就杀猪。还有集体也会帮助结婚的。假如一个人要结婚了，家里什么都没有，集体会拿一点儿东西给他，以后他也不用还。只要他们两个好好地在一起就行了。

提亲也是有的，什么时候结婚，那个事先要定好，提亲的时候需要带猪、锅，有什么带什么。意思就是他家女儿要嫁到我家，我就要给她东西嘛。他家一般是要返回一些的。我背去一点儿，他家要返还一点儿。返还回来的吃的东西要分给亲戚朋友，这是我们独龙族人的习俗。你嫁给我们姑娘，这些东西我们是不能吃的，要分给亲戚朋友吃。老人说吃了这些东西是不好的，以后娃娃生出来会得病，会不吉利，脚会有毛病、眼睛会有毛病等。现在独龙族也是这样讲究的嘛。女方那里给的可以吃，但我给她的亲戚朋友分了，她们那些是可以吃的。按照我们的习俗，我们这边的吃不得，吃了会不好。我们送给她们的她们不会给我们吃。比如，今天我们给她们家送了猪肉，她们家里不能把这些猪肉做给我们吃，她们会杀鸡，或者另外准备东西给我们吃。

这个老人的叙述透露出了一些传统婚姻交换方面的明确信息。首先，所谓"哪里有我们的亲戚朋友就可能会去哪里找媳妇"的意思就是传统的婚姻主要是在氏族成员或认识的人之间缔结的，婚姻选择的范围比较小，所以，对彩礼也就没有特别的要求，尽家里的财力所能表示一个心意就行了。如果家里太穷，周围的人会帮着他把婚礼给办了。这情形让人感觉一个集体就是一个大家庭。

另外，老人的讲述中还透露，在当时的条件下，三脚架是比较贵重的财产，要村里"最厉害"的人家才有，一般人家就用三块石头来支撑铁锅。其实，铁锅也同样是稀有之物。

老人进一步说明大家分享彩礼的细节。当男方给女方家送聘礼的时候，女方家不能全部自己占有，要把一部分退还给男方家。这些退回的聘礼需要在亲戚朋友之间分享，不能独自占有，否则将来生出来的小孩会有脚、眼等方面的毛病。在笔者看来，这些习俗反映了在物质极其匮乏的条件下维护氏族（家族）共同体团结的需要，同时也折射出人们对环境的认知程度。在访谈过程中，笔者发现，或许是由于当地气候潮湿，村民习惯在家里烧火塘。雨天和没事的时候，全家人经常围坐在火塘边，做饭、炒菜也都习惯在火塘上。由于长期蹲坐和烟熏，村民在关节、眼睛方面出现病变的情况相对较多一些。从这个意义上不难理解，村民为什么说如果不分享女方家退回的聘礼，以后孩子就容易得脚或眼睛方面的疾病。

第五节　机遇、发展及其问题：独龙江乡
新居民的叙事

　　外地人进入独龙江乡（特别是到独龙江乡居住和生活）的历史并不久远。据文献记载，1908年清廷丽江府阿墩子弹压委员兼管怒、俅[①]两江事宜的夏胡是"以政府官员身份巡视这一带的第一个人"。在此之前，怒、俅地区受维西土司管理，西藏察瓦龙喇嘛和贡山喇嘛寺不时会派人去这一地区收取贡赋。夏胡巡视后，下令停止缴纳对土司和喇嘛寺的贡赋，委派怒管代表清廷管理这一地区。[②] 除此之外，很少有外人进入独龙江乡的记载。据村民们回忆，周边的人（主要是傈僳族）有时因狩猎或采药会零星进入该地区。

　　新中国成立后，部队干部、战士和国家工作人员（特别是教师）陆续进入独龙江乡，他们中有汉族，但主要是来自周边的傈僳族、怒族、纳西族等。在政府帮助下到大中城市接受教育然后参加工作的人也和不同民族的人结婚、组建家庭。一直到改革开放前，独龙江乡与外界人的互动主要是通过政府系统这一条主线来实现的。换句话说，这种互动是在政府的直接推动下实现的。

　　改革开放以后，这种互动从政府推动变成了政府和民间共同推动，而且民间的力量越来越大。一方面是独龙江乡的年轻人外出打工，嫁到外地的女性越来越多；另一方面是到独龙江乡上门的外地男性和到谋求发展机会的外地商人不断增加。这些外地女婿和商人对独龙江乡的人和生活有他们自己的看法和理解。因此，除了听独龙江乡本地人讲述他们的历史和感受外，我们也不妨换个角度来听听这些外来人的叙事，透过

---

① "怒"即怒江流域，"俅"就是现在的独龙江。

② 《独龙族简史》编写组：《独龙族简史》，云南人民出版社，1986，第22～23页。

他们的故事我们或许能更全面地认识独龙江、独龙江人和那里的生活。

B师傅大约40来岁，在2017年研究者对他进行访谈的时候，他到独龙江乡做上门女婿年才不过四年的时间。目前，家中有妻子和一个女儿。2013年他随外出打工的妻子回到独龙江生活，由于他不是独龙江乡户口，他妻子（独龙族）又属于"外嫁女"，按照相关政策规定他们在独龙江乡没有土地，也无法在政府扶持中得到相应的补助和享受相关的扶持政策。刚回来的时候，他们只得暂住在妻子的父母家，后来他们在村子的路边自己盖了一幢很小（两个房间）的简易住房，其中一个房间用作小卖部，另一个房间作为夫妻俩的卧室。2017年，B师傅将邻村的一幢废弃民房买下，将旧房的木料拆了运到村子里，重新建盖一幢有三个房间的小屋供自己居住。B师傅生活主要以在村子里开商店和开车跑运输为生，差不多每天都往返于县城和村子（或者村子到村子），大部分是载客，有时也帮进货的村民捎带一些货物。

B师傅在周围几个村里都小有名气，主要是因为他"有钱"。作为一个从外地来到独龙江乡生活的人，他没有土地，没有享受政府的各项优惠政策，也没有所谓"人脉关系"，能够在短短几年的时间里，凭着自己的智慧、勤劳在村子里赢得"一席之地"，得到多数村民的认可，并不是件容易的事。无形中，B师傅在村民中树立了一个榜样，他让越来越多的村民意识到，在独龙江这样偏僻的地方仍然充满着各种发展的可能性。

B师傅说：

> 我的腿之前做了手术，站的时间长了就会麻木。医生说是股骨头坏死，在医院治疗了一下，现在经常会感到有些麻木。我现在不能喝酒了，还在吃药。
>
> 我家这个房子还是蛮好的吧，你在外面没个五六万元你买不下来。房子原来的主人因为政府在新农村建设中给他盖了新房，就不

想要原来的老房子了，就以 5000 元的价格卖给我们。这是独龙江乡以前的老房子了，原先建在拉王夺小组去草果地的老路边上。我家就从房子原来的主人那里买了过来，他差一点儿就反悔了。我把老房子拆了，把木料搬到这里来重新建盖。现在大部分都已经拆过来并建盖好了，还有一间没有拆。过几天隔壁这间屋子我要弄一下。这段时间太忙、太乱了，没时间弄。那间拆过来以后要盖得跟我睡的那一间一样，万一有朋友来给他们睡一下。我不想用来接待游客，麻烦得很。有些游客脾气很怪的，我拉到过很多这样的游客，说好七点出发，他们就是起不来，等我去叫他们，他们还在做梦呢。

我们家以前住的那里，主要是没有火房，只有两间，一间搞小卖部，一间我们自己睡。做饭就旁边那一点儿，不能生火，只能用煤气，不好住。现在多了一间嘛，就可以做厨房了。我这个房子盖下来基本上可以住了，住十五年都没得问题，一共是四间的，还有一间没有搞。主要是这个房子没有地皮（土地使用权），如果那个人是我亲戚，我就可以整过来，把这间也整成住宿。我旁边这个房子，你知道他们要多少钱？50 万元。我要是有 50 万还来独龙江干什么，我早就回老家天天躺着看电视了，我也会享受啊。

今年的国庆节黄金周生意不行了①，独龙江里面也查，贡山县城那边也查，今天一天就查了两次。

下个月开始收草果了，我家里投入几万元，种了一些草果，已经两三年了，估计明年或后年就会挂果了。总体来说，我家种得太少了。以后我老了，干不动活的时候，请人帮收草果，只要有钱，永远就有人给你干活。今年很少有游客包车进独龙江。政府说要用

---

① 由于六库到贡山公路正在改造重建，贡山县政府决定借此机会重新改造提升独龙江旅游设施条件，所以，2017～2019 年暂不允许游客私自进入独龙江乡。

两年的时间打造独龙江的旅游产业，但两年的时间肯定会拖垮很多在独龙江等着的老板的。开超市的人也不容易，现在的农民都是直接去贡山县城买东西。现在那些超市一年营业额要达到 20 万元都成问题，就是学生开学、放学的时候买东西的人稍微多一些。我家的超市基本上还是有顾客的，我主要是开车拉客人，顺便帮人带点东西，每次收 20～30 元，有些熟人是不收钱的。

2009 年我在浙江的一个厂里打工，一个月能拿到 1400 元的工资，在当时已经是很厉害的了。那时，我有空的时候爱喝酒，喝了酒之后就想找个女孩子聊聊天，经人介绍牵线，我与这个独龙族女孩在电话上聊上了。这一聊就是几个月，然后她发个相片给我看一下，我发个相片给她看一下，我想这么好的女孩子怎么没人要。后来她也想去杭州打工，我就从浙江到昆明来找她，带她一起去。她坐了两天车子才到昆明，我们一起玩了几天，就去杭州了。

回杭州后我就没有去原来的那个厂了。我以前不会开车，后来在杭州学的驾照，学费不算太贵，总共 4000 元。2011～2012 年，我们就一直在杭州。那时有个电动车厂，每个月能拿到 5000～6000 元工资，当时已经算是相当牛了。但读书少的人根本进不了那个厂，只有高三以上文凭的人才可以进去。后来，我有几个老乡进去了。

我的女朋友（现在的媳妇）因为个子有点矮小，找工作不容易。刚开始去的时候工作很不好找，只能帮人家洗碗。工作一晚上，她裤子、鞋子都弄湿了。后来我说不要去洗碗了，没有意思。当时我工资一天六十块，不包吃、不包住。我们两个人辛苦半年才赞了一万元不到。租房子那个时候便宜，才 100 元一个月。稍微好一点儿的我们住不起，只能住那种在农村里用大砖搭起来的简易房。我们在杭州这两三年，工资上涨了两三倍，她的月工资达到5000 多元，我能拿到 6000 多元。我们两个人拼命地苦干了两三年，积累了一点资金，我媳妇就说，以后我们年纪大了肯定干不起那种体力活。于是，我就想到独龙江来开车，我知道这边可以赚钱。

2015 年以前，从贡山县城到三乡的公路都是泥土路，行车非常困难，96 公里路要行驶 10 个小时左右，而且一碰上雨天就出现泥石流，堵几天是常有的事。每天下午三点以后就没有车子了。那时候你要租个车子去县城一般要 500～600 元。如果谁家生娃娃生不出来（难产），包个车子出去那至少要 800 元。我第一次到女朋友家的时候，从贡山县城到独龙江，我们才带了一点点东西，卡车司机就收了我们 500 元钱。现在好多了，2015 年 10 月 1 日，新修的贡山-独龙江公路正式通车。

一开始，我买了一辆双排座的货车。你不知道当时那个赚钱是如何容易，晚上睡在家里都会有人打电话来说要拉东西。那时候我跑一趟马库（约 20 公里）来回就要收 800 元。2013 年的时候，这附近只有我一个人有车子。即便不去贡山县城，在这里接送一下学生，一天都能挣 1000 多元。现在，想都不要想还会有这样的好事，有一段时间去马库村委会，每位乘客收 50 元，去孔当（乡政府所在地）每位乘客收 20 元，去拉王夺小组每位乘客收 30 元。现在去马库每人只能收 30 元，去贡山县城每位乘客收 70 元，如果下一点点儿雪，就要收 100 元每人。有时候就是给 200 元也爬不上去，冰太厚，只要有水就会结冰，太难走了，挖掘机都不行。

经过这些年的摸索，我越来越熟悉这里的路况了，有些地方开慢点。冬天，从贡山县城到独龙江（孔当村）都是每位乘客要收 100 元，约 79 公里路程一般要跑五个小时，有一次跑了六七个小时，雪太大了，特别是从检查站到十八公里，还有独龙江隧道前面那里，雪非常厚。三乡到巴坡村是 18 公里，一般收 20 元。最近这两三年不行了，生意不好做，单是巴坡村委会就有 20 多辆车。不过对我来说，倒也没有太明显的变化，这里的人我基本上都认识，乘客比较愿意坐我的车，我基本上没有空驶的时候。有时候也帮别人捎带点货物，平均下来每跑一趟大概能有 200~300 元的收入，每个月会有 1~2 天拉不到客人。

但不是所有的司机都有这样的收入，实际上其他很多司机经常找不到客人或货物。有的人即便开着最好的车也没多大用，他们无法和我竞争。比如，上次你搭他的车进来的那个司机，他要发财的话早就发财了，他是第一批来独龙江发展的外地人。从贡山-独龙江公路挖通的第一天他就来了，具体说路还没挖通他就来了，公路挖通第一天他就买车。你知道他拉一趟货要收多少钱吗？8000 元！以前他是开货车的，就算他们县长一个月也拿不了那么多。

以前很多学生没钱坐车，宁可走路。现在慢慢地，学生或家长都愿意坐车去学校，但还是有一些学生从学校回家的时候愿意走路。独龙族总体上还是比较淳朴的，有时候学生坐了车没钱给，我也不担心，因为我知道他们有钱的时候肯定会给的。有的学生上次坐了我的车，没钱给，回家后父母给他们点零用钱，他们会先把欠着的车费给补上。从内心来讲，我有点不忍心要他们的钱，但我也没办法，毕竟我的车子也要烧油。

2013 年刚来的时候我差点破产了。我买的第一辆车是九座带空调的，花了 70000 元。那个时候独龙江带空调的车就是我这辆，独一无二的。又花了很多钱在村子里开了个小卖部。当时钱本来就不好赚，再加上大雪封山，差不多半年的时间无法去进货。整天就待在家里，又没有电，电视也看不了。我对吃的观念与这里的人不太相同，我觉得不仅要吃饱，还要吃好。但商店里卖的吃的都很贵，比如，我一天要喝一瓶啤酒，一瓶啤酒要 10 元。当初来这里的时候我身上总共带了 10 万元钱，差不多都花光了。

来到独龙江后我在老岳父家住了有一年多。那会儿我媳妇是享受低保的，我买来车子后我媳妇的低保待遇就取消掉了，因为那个车子是用她的名字落的户。

2015年前，村子里没电，大多数人家都经常点蜡烛。很多人家用一种当地人叫"水力器"的微型发电机给自己家发电用。从沟里面引来水，然后用管子将水放下来冲那个机器发电。水量大发出来的电才够用，才能看电视。由于大雪封山出不去，又没别的事干，只能看电视，如果不看电视心里面总觉得毛躁躁的。2015年新农村改造以后才建起来电站，村里开始用上电。①

以前在村子里开小卖部很赚钱，因为商品都是靠马帮驮进来，村民要到县城买东西非常不容易，所以即便小卖部卖得很贵，也不得不买。我家开起小卖部以后，我们的商品比其他人的便宜很多，但开始的时候，很多村民还是不愿意来我们这里买。原因是他们看着我眼红，不希望我发财。即便有人来买吧，他们也经常赊账。所以，开了一段时间后，我干脆赌气不开了，我说我们家不开了，你们有钱去其他家买吧。虽然小卖部不开了，但我们家里还是有账本的，等那些赊账的人有钱了我就去要，不管他生气不生气。

有的当地人很讨厌像我这样外地来的人，讨厌你赚钱啊、讨厌你比他厉害啊、有本事啊，但毕竟是少数，一个村可能就1~2个，大部分村民还是很好的，比如像高建龄他们都是很好的，他们都不计较。总体来说，我在这个村子里面还是尽量少得罪人。如果有人想整我，我就不理睬他，碰面的时候也互相不打招呼。但对于大多数村民，我还是和他们建立了良好的关系的。他们结婚我都会给他们随礼，无论他们邀请还是没邀请，我都会去参加。一般情况下，

---

① 这一说法并不是很准确，2015年前其实是有电站的，只是功率比较小，不能满足日常生活需要。2015年以后电网公司投入资金对原有电站进行扩容改造，能为村民提供更多的电力。但由于使用电器的人家大幅增加，旱季的时候电力供应还是比较紧张，停电是常有的事。

我每次随 100 元的礼，关系好点的就随 300 元。比如我媳妇的老表啊、舅舅家啊等，我随的礼可能就要在 300 元以上。

像我们这样从外地来这里打拼的人，我们家算是混得不错的了，但其中的辛苦只有我们自己知道，连公安局长都说他也受不了这样的苦。我家这个住宿算是不差的，他们农村的人家过来我家看，说我家搞得这么好，羡慕的不得了。像我们家这个嘛，只是说还没有收拾，很多家都没有我们家收拾得干净。很多人说我有钱，我告诉他们不盖家里的房子的话，我真的有点儿钱，你要我马上买一辆 20 万元的车我毫不犹豫。但现在你叫我买一辆 10 万元的车，我都没得办法。现在基本上是没钱了，家里的房子花了 30 多万元。人工费贵，150 元每人每天。我这个房子都说亲戚朋友帮忙，没出工钱，但我得供他们吃喝、买材料。每天来 30 人，单是吃喝就前前后后花了 17000 元。

贡山县交警大队每个月要召集我们这些跑运输的驾驶员开一次会，进行安全教育，要求我们开车的时候遵章守法，尽量不要出安全事故。其实我自己也都是很小心的，你知道，这里的道路都很窄，下面都是万丈深渊，一旦出事命就没了。我能不注意安全吗？不过有的人好像就是不怕死，开车竟然还敢喝酒。前段时间不是有人把车开进独龙江里去了吗？肯定是喝酒惹的祸。

当年我刚来的时候，这里已经很少见到村民养马了，也就剩下被水冲掉的那家有马。当时他们家还有车子，但是他们家的车子是那种旧货车。

B 师傅是甘肃人，在浙江打工的时候通过手机社交平台认识了他现在的妻子（独龙江人）。按照他自己的说法，他当时在那边做得挺好的，两个人的收入合起来每月有 10000 多元。考虑他的妻子找工作比较难、收入低、工作比较辛苦，也考虑到将来老了没有保证，他就带着妻子来到独龙江。事实上，他们夫妻俩回独龙江乡的时候，政府刚好即将启动整乡推进工作，因此，也可以理解为 B 师傅比较敏锐地发现了个人发展的机会。

作为一个从外地到独龙江乡生活的人，B 师傅经历了独龙江乡历史巨变的特殊阶段。他刚来的时候，贡山－独龙江公路改造工作尚未开始，还是 1999 年修通的未硬化公路。那时候已经有来自丽江永胜县的师傅买了车在这条公路上跑运输。由于道路行驶非常艰难，经常被大雪封山或泥石流阻断，再加上竞争对手少，司机要价都很高。一车货从贡山县城运到独龙江乡运费竟然高达 8000 元。这刚好印证了笔者前面所说的，搭乘卡车每位乘客要 100 元（96 公里），从孔当村包车到另一个村子（四五公里）司机要价 1500 元。但正是这种情况让 B 师傅看到了商机。

进入独龙江乡以后，B 师傅迅速购买了该地区第一辆带空调的中巴车，专门跑客运，很显然是为了避开与之前很早就在这里跑运输的货运车之间的竞争。不幸的是，由于大雪封山、道路改造等原因，B 师傅每年大概有半年的时间没有生意，暂住在岳父母家，又经常停电，闲极无聊，几乎破产。他家开了个小卖部，但不少村民经常以赊账的形式把商品拿走长时间不给钱。再加上作为外来人，村民对他多少有些心理上的排斥。

后来，B 师傅凭着自己的勤奋、智慧和友善慢慢地在当地扎下了根。首先，他每天很早就起床跑车。在独龙江乡往来各村之间搭载上学的小孩子或家长，或者往返于独龙江和贡山县城之间。其次，他非常注重建立和拓展人脉关系，无论是邻里之间还是与乘客，他都建立了广范的联系。这其中信任是最主要的手段，他通过自己的努力，让村民逐渐减少对他这个外来人的排斥，大家都愿意搭乘他的车。笔者几次搭乘他的车进出独龙江乡，都发现他经常接听电话，差不多每天都会有人打电话联系他，要搭乘他的车，而他的车常常是满载，有时候电话打晚了还搭不上他的车。最后，B师傅尽量友善地对待所有人，无论是独龙江本地人还是外地的游客或商人。比如，本地人家里有什么事，不管主人邀请没邀请他都会主动去送点礼，学生乘车没钱，他也不计较，不过当地的学生也都比较诚实，按B师傅的说法，他们有了钱以后都会补给他的。正是这种相互间的信任，让B师傅感觉当地人大部分是非常好的，只有极个别人出于嫉妒等原因，对B师傅仍然持有一些排斥的态度。

政府实施的整乡推进行动为每一户独龙江乡村民免费建盖了60～80平方米的住房，后来又加盖了专门用作厨房和火塘的房子。当时政府为了遏制有的人钻政策空子，不得不确定一个截止日期，之后回来的一律不再享受扶持政策。所以，像B师傅这样在行动开始后才回来的上门女婿（或外嫁后因离婚或自愿返回的女性）得自己想办法解决。B师傅和他妻子刚回独龙江乡的时候，暂时借住在岳父母家。

2017年底，B师傅在拉王夺小组花4500元买了一栋木板房。将木板房拆了运回米里王，然后在米里王重新盖房。拆房子大约花了一天时间，重新建盖花了两天的时间。B师傅的老婆说，她家最近特别拮据，刚刚在甘肃老家花了30万元盖了一幢大房子，又在这边盖了这个房子。盖房子的时候，第一天就来了几个人，人手不够，到了第二天，亲戚朋友都知道了，陆陆续续地来了五六十个人，人太多了。虽然都是相互帮忙，不用出工钱，但光是招待他们吃喝就花了不少钱。

"我们热闹了一晚上，喝酒唱歌，一直到天亮了他们才走，主要是为了宴请这两天为我们家盖房子的亲朋好友。昨天晚上我们分了两个地方，一个喝酒的，一个不喝酒的。不喝酒的他们就吃东西，单独一个房间。喝酒的一个房间，他们喝酒唱歌，可热闹了，十多个人喝了好多酒，一直到了凌晨四点多才散去。今天主要是修补一下，补补那些透风的地方。今天过来的人少，就两个人过来帮忙。为盖这个房子，我们前前后后花了17000多元钱，主要是用在喝酒、招待亲戚朋友上面了。我老公他不管，都是我自己操办，叫他过来帮忙，他就是不来，开着车跑去贡山拉客去了。接下来，再收拾一下，等找电工接好电就可以搬家了。"B师傅的妻子抱怨说。

这段叙事有两个特别值得一提的地方。其一，虽然平日访谈的时候，村民们都说氏族关系已经很淡了，但从B师傅家盖房子这件事中可以看出，亲戚关系和自愿主动帮忙的行为规范仍然在日常生活中发挥相当大的作用。B师傅家拆了旧房，然后搬到村里重新建盖。他们并没有主动请亲戚帮忙，第一天知道的人少，所以只有几个人来帮忙。第二天大家都知道了，亲戚们就"不请自到"都来帮忙。亲戚之间的帮忙不需要支付工钱，但得"好酒好肉地伺候"，让大家吃得满意、喝得尽兴。这在一定程度上可以说既是亲戚之间相互帮忙，也是借机让亲戚之间相聚、加强彼此之间的感情联络。

其二，作为外来人的B师傅有些不太喜欢和适应这样一种"强加"（不请自到）的服务。他觉得："我需要的话我会请你，我不请，你干嘛非得来"，"活没干多少，整天就吃吃喝喝的"。显然，B师傅更愿意将"情"与经济理性分开。他并不反对人与人之间加强"感情联络"，但他觉得该干活就是干活，该交流的时候再交流。但B师傅也知道，尽管他心里不乐意，但他无法（也不能）阻止人们这样做。因此，他最终选择了逃避，他自己家盖房子，他却开着车出去载客去了。

B师傅家新建的房子一共有三间，每一间差不多都有10平方米。一间厨房、一间杂货铺、一间用来住。房子不大，但对于只有夫妻二人的B师傅一家来说已经足够了。

> 我本来是想我再买几块板子再把我的房子搞好一点，但是后来不想搞了。没意思，我还是要回甘肃的，这旁边都是我亲戚的，当时我搬过来的时候，是我媳妇的哥哥嘛，他说你们搬过来就是了，盖在那里就是了，没事。不是说谁想在这里盖房子就可以盖的。所以算了，我有几十万早就回家睡觉喽，不会来独龙江了。这一片是

三户人家的，不用给钱，商量好了就搬过来了。十多年以后，我们就还给他们了，地会还给他们的，然后房子我们会卖掉，肯定会卖个好价钱。我上边原先住的房子，我想干什么，他不给我，我想搞农家乐，搞独龙族以前的老式造型的房子。就像那个贡山县傈僳族那种房子，原来我是想搞那种房子。我告诉那个人说人由我来请，房子由我来搭，你就出个地皮就可以了。

　　我告诉你，即使是别人在你家吃饭、在你家住宿，人家也是要看人的。农家乐现在没有特色，什么都没有。如果上边那里我可以搞，百分百能赚钱，但是不想搞了，我想搞的就是这里，因为什么？那里是在路边，景色好，那边上面又是一个观景台，下面又是一个球场，车子可以直接开到球场里面。我告诉你，如果他们同意的话，比如说，今天卖了2000元的情况下，你绝对有1000元的嘛。其实正式的还是要靠我，你是谁，你是哪棵葱？全部是需要我搞，讲不通，几个老板认识你？他们认识的基本都是我嘛。他就是老县长（高德荣）进来吃东西他照样要给钱，招牌是我自己打的。而且我们搞农家乐是有补助的，这个我们是知道的，但是就是跟他讲不通嘛，借我的实力他肯定能赚钱，百分百的。他们没有去过外面，见识不行。那上边村委会有个以前的老房子，要是我老家没有搞房子，我立马把它买下来，重新粉刷一下，那个房子就可以了。以前我老家还没有盖房子的时候，我这个亲戚他说不卖，现在他说卖了，可我不买了，没有意思了嘛，8万块，明显是买的地皮。我告诉我媳妇，就是我现在没钱，贷款我贷不了这么多，只能贷5万元。他那个房子有4间，还是用石头墙搞起来的。就要他的地皮。他现在要11.5万元，就是在村委会那块。哎呀，我最喜欢的就是那个地方了，其他地方我不想去。现在他要卖给我8万块。我那个老表就说："以前我娃娃还在的时候我不想卖，现在娃娃不在了就想卖掉了。"现在嘛，我是有心无力，我要搞投资嘛。过几天草果地一收完，我就去保山那里去买草果苗。搞上它几百亩，以后老了就不用犯愁了。如果我不盖房子一定买下来，以后肯定发财。

B师傅的妻子插话说：

我们家盖房子花了很多钱。现在没钱了，昨天我去搞电花了400元，说是480元，那80元不要了。过来帮忙盖房子的亲戚有的来自米里王组、马扒腊组，还有的是我们巴坡小组的。都是亲戚，告诉他们我们要搞房子，当时我们用车拉他们过去。我老公没去，气死我了，我提前跟他说要拆房子，可他硬是跑到贡山去了。房子是用货车拉过来的，包车费600元，现在都还没有支付，没钱啦。货车是这边的，就是下面被泥石流冲下去的那家傈僳族的。2008～2009年的时候，我就出去打工了，是别人带着一起出去的，我自己不敢去，是我亲戚带我出去的。（其他人）有些去了广州、深圳，但是他们大部分是被骗过去的。

B师傅的故事大致可以分为三个阶段：在浙江打工并认识独龙族女友阶段；和妻子一起放弃打工，返回独龙江创业阶段；在独龙江的生活和未来规划阶段。

2009年B师傅在杭州打工，每个月工资也就1400元左右，就在之后的2～3年内，他的月工资涨到了6000元，他妻子也能拿到5000元。他们的故事从一个侧面反映出当时中国（特别是东部地区）经济的腾飞速度。东部经济的加速需要大量的劳动力，发展相对滞后的西部成为劳动力的主要来源地，所以，为B师傅和他妻子这样的年轻人提供了更多的个人发展机会。当时西部很多地方的一些政府部门（如妇联、劳动、民政等部门）都积极组织培训、牵线介绍当地的农村青年到东部地区务工，将其视为脱贫致富的重要途径，同时也希望通过到发达地区务工来改变西部地区人们的发展观念。B师傅和他当时的女朋友（现在的妻子）则是老乡带出去的。他们当时面临的一个问题是受教育程度较低，在劳务市场上缺乏竞争力，只能做一些比较普通、收入较低的工作，只能租住最便宜的房子。但是经过 3~4 年的努力工作和勤俭生活，两个人积累下 10 万元。这时 B 师傅从国家对独龙江乡的大力扶持行动中看到了个人发展的大好机会，于是夫妻二人毅然决然地带着 10 万元积蓄，从发达地区来到西部最偏远的独龙江峡谷寻求新的发展机会。

当时社会上和学界都给这些进城务工的年轻人一个新的称谓，叫"第二代农民工"。他们与 80~90 年代进城务工的农民有很多的不同之处，其中最明显的是他们不仅仅满足于挣钱养家糊口，而且在不断寻找更好的个人发展（或增加收入）机会。所以，他们不像第一代农民工那样，赚到钱就往家里寄，他们开始学会自己积累资金以图发展。他们的消费观念也发生了重要的转变。B 师傅通过讲述自己的经历，以一个新型农民工的视角，从一个侧面展示了当时中国的整体发展状况（特别是东西部发展的差异）和经济社会生活的转变过程。

B 师傅个人叙事的第二部分是他在独龙江的创业史。B 师傅和他妻子返回独龙江创业的时候（2013 年），独龙江整乡推进行动正在热火朝天地进行中，贡山县城到独龙江乡公路正在改造中。B 师傅虽然买了当时在独龙江乡最好的车子，但由于大雪封山或施工需要，公路交通经常中断，B 师傅不得不经常百无聊赖地待在岳父母家里。由于他是新来的外人，不仅没有土地，也享受不了各种政府扶持，他妻子也因为他买了车而不能再享受低保。然而，当 B 师傅在 2017 年回忆起当时的独龙江生活时，他觉得那时恰恰是最好赚钱的时候。当时独龙江乡有车的人很少，加之道路通行困难，当地人几乎不外出，需要车的大多是外来者或商人，所以，一般的司机（基本都是从其他地方来的司机）要价都很高，而且车子还常常供不应求。

B 师傅创业的成功不仅仅缘于他的精明，能及时发现并抓住商机，还缘于他善于建立广泛的人脉。在村子里，他用各种办法让其他村民从开始时的"看不惯"到慢慢接受他，甚至很多村民开始模仿他去谋求个人的发展。在村子外，他善于利用现代通信工具和自己的热心服务，建立起广泛的人脉关系。所以，他在没有土地、房子和各种政府支持的情况下，在独龙江乡开创了自己的生活天地。无形中，他给其他村民树立了一种寻求个人发展的榜样。

B师傅是一名来自独龙江之外的上门女婿，从他很随性的叙述中我们可以体会到他对于成功的喜悦和自豪。他的叙事方式在乡村生活中具有相当程度的代表性，即"想到哪儿，说到哪儿"，没有一定的顺序，一会儿谈这个事，一会儿又跳到另一个话题上，也没有什么深刻的大道理。但从整个叙事过程来看，其表达的内容还是相当清楚的。

虽然他还算不上一般人眼中的"大富大贵"，但在独龙江乡来说，他已经算得上"成功人士"了。首先，在不到五年的时间里，他从一名"一无所有的外来人"成为一名能买房（盖房）、有专门跑运输的车子、有小卖部的村民。其次，他自认为在村子里已经赢得大部分村民的认可和信任，建立起了自己的人脉关系，在独龙江乡"站稳了脚跟"，有了自信。最后，他对自己的未来有清晰的规划，而且充满信心。

从B师傅的叙述中，我们能感受到独龙江乡2013年至2017年间的深刻变化。贡山-独龙江公路改造完成后极大地改善了交通状况，独龙江乡村民的生产生活也随之发生了翻天覆地的变化。

1. 村民出行频率增加和外来人口向独龙江乡流动

B师傅说，尽管独龙江乡的购车人数大大增加，但他每天基本上都能找到乘客。在对其他人的访谈中，叙事者也反复提到，过去独龙江的村民除了去县城运送物资（靠人背马驮）或病情严重不得不到县城医院就医之外，一般很少离开独龙江。现在每年至少要到县城三四次，特别是年轻人。一部分经济条件较好的村民甚至将小孩送到县城去上学，不仅小孩经常往返于县城和独龙江，父母也会经常去看望小孩。慕名而来的游客和研究者也在逐年增加。随着进出独龙江乡人口的增加，物资、信息、知识流动和社会文化交流也在不断扩大，不仅给独龙江乡的经济发展提供了更多的机会，而且从更深的层次上不知不觉推动着独龙江乡乡村社会的变迁。比如，B师傅多次提到他的"生意经"——通过他买车、经营小卖部、努力建立各种人脉关系来获得比别人更高的经济收入。实际上，他的这种经营理念在无形中影响了当地的村民。很多人看他跑运输赚了钱，也纷纷买车搞运输。也有不少村民学着在村里开小卖部。B师傅在叙事的时候多次暗示，这里的村民虽然能模仿他买车、经营小卖部，但他们在建立广泛的人脉方面还是远不如他。然而，随着时间的推移，村民们也将很快适应这种新的社会环境，下文将谈到的村民之间在各种庆典时也模仿其他地区逐步兴起随礼的风气就是一个很好的例子。

2. 人们出行和货物运输费用大大降低

原来公路状况不好的时候从巴坡村到30公里外的马库村很难找到车，包车一个来回竟然要800元，如今在路边就可以随时搭车，60元可以跑一个来回。从村里去县城，原来要100～300元，现在70元就可以搞定。虽然相对于当地的收入水平来说，在路边搭车每公里需要约1元的车费，在价格上仍然有些偏高，但相对之前的价格已经便宜很多了。2010年至2013年，笔者一行人多次到独龙江乡调查，从县城到独龙江乡没有公交车，只能搭乘运货的双排座卡车，每人每次100元，还要看司机高不高兴载客。从乡政府所在地孔当村到龙元村，大约10公里路程，询问了几位驾驶员，都说包车要1000元，后来一行人只能自己走着去。因为那里没可住的地方，晚上又步行回到孔当。

3. 商品价格降低

独龙江乡土地极其有限，加上气候等原因，能生产的食品种类非常少，很多日常生活必需品都是从县城运到独龙江的。本来从省会昆明到县城就路途遥远，运输成本高，再从县城到独龙江，运输成本就更高了。独龙江公路修通之前，各种日用品和生产物资基本上是靠人背马驮运到独龙江乡的。当地村民打比方说："一棵大白菜在县城卖 1 元钱，背到独龙江的运费就要 2 元钱。"B 师傅提到，即便是到了 2013 年、2014 年的时候，他买一瓶啤酒也要 10 元钱。2015 年新改造的公路正式通车后，村里的小卖部数量突然增加，形成激烈的竞争，同时运输成本也大大下降，因此，小卖部内的商品价格都大幅度降低，一瓶啤酒降到 3 ~ 5 元。

作为一个外来者，B 师傅眼中的独龙江乡村民是淳朴的，虽然个别人看到他赚钱有些"眼红"，但"大部分人是好的"。有的时候，他对当地人的一些习惯还是无法接受，比如，他妻子请了很多亲戚来帮忙拆房子，他自己却开着车跑县城去了。后来 B 师傅私下给调查者解释说，主要是他"受不了那些亲戚过量喝酒，然后醉醺醺的样子"，所以，他选择逃避。

B 师傅的叙述中也出现一些矛盾之处，比如，他说自己投资了好几万元种草果，希望将来自己老了之后仍然有收入。但他又说，他迟早要离开独龙江回到他的老家去，也许这正是他此时矛盾心理的真实表现。一方面，独龙江乡的发展给他和他的家人提供了更多的机会；另一方面，由于他在这里没有"根"，连盖房子的地皮（土地使用权）都没有，因此，他觉得他并不属于这个地方，没有归属感，总有一天要离开这个地方。

但不管怎么说，独龙江乡的发展给 B 师傅和他的家人带来了很多个人发展的机会。事实上，B 师傅的叙事不仅仅是个人的人生故事，它在一定程度上代表了那些从外地到独龙江当上门女婿的人的基本生活状况。Y 先生是从外地到独龙江上门的傈僳族村民，他每天开着卡车到县城批发一些蔬菜、水果，然后走村串寨，把流动的"农贸市场"开到村民家门前。

另一位从西北地区来独龙江上门的女婿，因其妻子双目失明，家中非常困难。在经历了一段时间的艰苦挣扎之后，这位上门女婿自己做包子、馒头、花卷，然后一个村一个村地去卖。每天也能销售 80～100 元，多少也能给家里增加点收入。

这些上门女婿在个人能力、经济基础和经商头脑等方面各不相同，但他们都是没有土地、不能享受国家扶持政策的人，必须靠自己的勤奋努力去创造新的生活。但如果没有国家主导下的独龙江乡发展，他们都不可能有个人的发展机会。

一位从贡山县城乘车到孔当的中年妇女说，她来自湖南。他们一家人 10 多年前就来到独龙江开超市，已经习惯了这里的生活。随着贡山－独龙江新公路的修通，交通已经非常方便，外来人口明显增加，到县城的村民也越来越多。"独龙江变得热闹、有人气了，这里空气新鲜，有点儿世外桃源的感觉，生意也还不错，所以，目前没有要离开这里的打算。这一次是回湖南老家探亲又返回独龙江。"中年妇女表示。

在巴坡电站工作的小李是 1996 年出生的，老家在福贡县，大约 2016 年才到巴坡电站工作。小李说："我来这里差不多一年多了，我本身就是福贡的嘛，这边除了远一点儿，其他方面其实都还好。平时我们在电站工作的人基本上不和当地人交流。电站里人还算多的，有六七个，年轻的也有几个，平时没事休息的时候我们就去打打球，或者就宅在电站里聊聊天。我们出去县城的话主要是去采购一些日常生活用品。因为这附近没有饭店、餐馆之类的地方，我们只能自己动手，轮流做饭吃。电站的工作和生活条件现在好多了。我听那些在这里工作了几年的同事说，刚修好电站的时候这边经常停电。因为电机小、人多，电始终是不够用的。我去年来的时候电站换了更大的电机，这里的电才慢慢地够用，要不然这里还是会经常停电的。按照公司的相关规定，像我这样的人必须在这边工作满三年才有机会调出去。说实话，在这边工资还是可以的，比在外面要高一些，毕竟属于边疆地区。从我个人的感受来说，独龙江的变化实在是太大了，感觉一刹那就变成这样子。这里人的生活越来越好了。"

巴坡电站职工还有两个是福贡人。其中一个是 1996 年出生的，已经在巴坡电站工作一年多了，这次是来县里采购一些吃的。另一个年纪大点儿，看上去大约 45 岁。他说自从独龙江乡开始新农村建设，他就在这里做工，现在已经 7 年多了。一般情况下，他一年回老家两三次。间隔最长的一次是两年才回去一趟。

米里王和马扒腊是两个小组在同一个村子里。2016 年底村里新开了一家比较大一点儿的超市，经营者来自湖南邵东，一家三代六口人住在超市里：两个孩子、孩子父母，还有爷爷奶奶。居住条件比较差，全家人挤在很小的地方，光线也不好。他们的房子是 2016 年年底才从一个当地人手里转租过来的，一年房租 4000 元。房子的主人原来就在这里开超市，但因妻子生小孩，加上亏损严重，只好将超市转让，以收租金为生。新超市老板的父亲说：

> 这个房子的主人以前也是开小卖部的，后来他媳妇生孩子，就不想开了。他自己在三乡上班，小卖部经常处于亏损状态。原来的房主嗜酒，卖的没有自己喝的多，再说，他的商店白天不开门，就晚上开一下，怎么可能赚钱呢。我们是一样挣一点儿，逐步积累。我们没别的地方可去，也没别的办法，随便在这里开个小商店找点饭吃。老家那边（湖南）房子贵，我们来独龙江这里差不多五年了。亲戚朋友都在这里，就随他们一起过来了。前几年在三乡修理摩托、卖摩托。好多人买摩托都采取赊账的方式，赊了账以后，一两年都不给钱。现在还剩一台没有卖掉。去年有一台被交警查住了，因为要补交保险之类的，没有办法干脆就不要了。现在还好，盂顶、拉王夺的人都会过来买东西。进货都是孩子爸爸负责，有时候他不在家，孩子妈妈就自己去进货。上次请一位开车的司机帮带了一些货，单运费就收了 350 元，相当于包车了，只比包车便宜了 70 元，觉得还是不划算。村里，B 师傅的生意比较好，他每天都

开车跑县城，他媳妇就是本地人。外地人在这里跑不了啊，有好多车也不能跑，生意不好，这里总共只有这么多人，你怎么跑嘛。跑到三乡没乘客，又跑回来划不着。一年到头具体挣了多少没有算过，平时就修修车、卖卖货。听说这里的路要加宽了，这些房子一两年内可能就要拆掉，如果拆了就回老家去了。

过春节有时回老家，有时不回。2016年回去过一次，现在方便了，什么时候想回去就回去，但自己开车不划算，过路费都要1000多元，还要油钱，所以都是坐卧铺车回去。上次从老家开车过来的时候，单是过路费就要了几百元。孩子妈妈、爸爸昨天下午去昆明了，昨天晚上住在贡山，今天继续赶路，现在还没有到家呢。说是去给孩子看病，顺便看看玩玩。我以前在湖南老家也是修摩托车的，在那里挣不到钱，这里利润高一点儿。以前，有个姐夫在独龙江这里做生意，现在去贵州开饭店去了。

和当地的村民相比，超市老板家的居住条件要差很多。自从政府实施整乡推进项目以后，当地村民家家户户都住在政府免费建盖的安居房里，很多人还有低保、护林员补贴、种草果的收入等。超市老板一家六口人不得不住在一个不太大的简易屋里，超市、摩托车修理和居住挤在一起。但他们仍然有自己的生存方式，至少在他们看来，独龙江乡的个人发展机会比湖南老家要多一些。

他们到独龙江乡已经五年多了（2017年前），因为有亲戚朋友在独龙江乡发展，他们也跟着到这里寻找发展机会。开始的时候在乡政府所在地销售和修理摩托，但不知什么原因，他们在乡政府那里待不下去了，只好到小村子里来开个小超市，继续修修摩托。按照超市老板父亲的说法，前面访谈过的B师傅能够跑运输，一个重要的原因是他妻子是独龙江乡本地人（B师傅说主要是因为他善于抓住机会，人缘好）。访谈这位来自湖南的老父亲，笔者不得不感叹这家人的生存能力。在访谈独龙江乡的一些年轻人的时候，他们常说很想谋求更大的发展，但是"独龙江乡太小，人口太少，做什么都不好做"。可这么一家六口人就靠在村子里开个小超市，做一点儿小修理，竟然也能生存下去。而且他说比"在老家好一点儿，至少房租不像在老家那样高"。

一位采药人告诉笔者，他是从福贡县来独龙江的，上这边林子里搞点药材出去卖。他每年这个时候都要过来走一趟，都是一个人来。他觉得这一趟运气不是很好，找到的药材不是很多。要是想找到更多的药材，必须往深山里面走，那里面好的药材较多。但越往深处走风险就越大，野兽经常出没不说，还几天里见不到一个人影，经常下雨下雪，没吃没住的，挺辛苦。他自嘲说像他这样的人，也就是能挣个辛苦钱。以前他们一起过来挖药材的人挺多的，后来慢慢地就剩下他一个人了。他经常骑着摩托车，独自在独龙江范围内到处跑，又苦又累，这次是看到这里有住宿的就过来休息一天。第二天他就要回贡山县城，然后返回福贡县去了。他说他年轻的时候，这里山上的药材很多，随便上一次山就能搞点药材去卖，挣点小钱。现在常常是找一整天都很难找到满意的药材。

来自湖南的那一家人和这位采药人有一个共同之处，那就是在大家都觉得没有机会的地方，他们在努力寻找生存的渠道，在某种程度上可以说是"在夹缝里生存"。他们既没有像独龙江本地村民那样享受国家扶持的机会，也没有像 B 师傅那样每天有赚上千元收入的能力，或者在更大的地方参与激烈的市场竞争的实力。但他们还得想办法生存下去，他们靠自己的那一点儿能力，努力地生存下去。这或许也是一种自强不息的精神。他们没有大富大贵，但他们至少没有让自己成为这个社会、这个时代的负担。这让笔者更进一步地思考现代社会的包容与排斥所应具备的深层内涵。的确，社会发展应该逐步建立完善的社会包容机制，尽可能减少排斥，但个人的自强自立也是真正实现社会包容、避免被社会排斥的重要路径之一。

寻宝小青年的独龙江之旅：

我这次过来，是因为在网上听说这边有一种宝石，具体我也不清楚是啥。我对宝石比较感兴趣，就自己从上海坐车过来了。前几天，我在丙中洛听人说独龙江这里的村民家里有那种宝石，我便过来碰碰运气。我是从贡山县城坐面包车进独龙江的。到了孔当村以后我就走着过来，走了差不多有三四个小时吧。一路上我逢人便打听宝石的事，但基本上没人知道（宝石）这个东西，下午六七点钟的时候才到巴坡这里。刚才我问这里的老板娘，她说她也不知道，叫我去村子里问问其他人。这边的环境还是好的，比我在上海的时候好多了。我看到网上说这里有的，我想就看我的运气怎么样了，说不定运气好真的能被我找到呢。

独龙江的发展竟然招来上海小青年的寻宝之旅实在是个令人捧腹的故事。小青年一心想要在村民家中寻宝，所以，他在独龙江乡转悠了好多天，对独龙江的环境、当地村民的生活几乎没有什么印象。与上面的超市经营者一家和采药人相比，这位上海小青年的寻宝之旅更像是一场梦，而不是踏踏实实地寻求生活路径。没想到历史上一直在贫困陪伴下走过来的独龙江乡竟然能激发出如此超常的想象。不过不得不承认，如果不是独龙江乡这些年在政府支持下取得如此巨大的发展，恐怕这位上海小青年也不可能知道藏在深山峡谷中的独龙江乡。

Z 先生看上去三四十岁，自己开着车到独龙江去，晚上就住在巴坡农家乐。他此行的目的并不是单纯旅游，他是来自昆明某旅行社的管理人员，目的是想将独龙江乡开辟成新的旅游线路。他说他们要去马库，调查者告诉他们去马库的路已经不能走了，路面全部塌方，车子没法过去，徒步才可以通过。乘此机会，调查者和这位旅行社人员攀谈了起来，他说："我是从昆明过来的，这次想探索一条自驾游路线。听说这边不错，便自己开车过来考察一下。"交谈中，这位先生甚至动员调查者加入他的旅游开发计划："你对这边比较熟的话，以后我们可以一起合作搞这个线路。现在搞这些东西是很赚钱的，比你上班工作好多了，如果你感兴趣的话可以考虑考虑。我也不着急，这次就是过来考察下路线。你也知道，这边正在修六库到贡山县城的二级公路，听说马上要封闭两年，禁止游客进入。所以这次我也就是来看看，等时间差不多了我再过来，到时候可以一起合作什么的。不过这次去不了马库有些遗憾，听说马库那里有个瀑布很不错。既然如此，那就只好回贡山县城继续往丙中洛那边去了。"

这位旅游开发者并不是唯一一位看好独龙江乡旅游的人，在调查者调研期间，好几次碰到云南省内的几家旅行社到独龙江乡考察，希望在独龙江乡开发新的旅游线路。当地政府甚至正在考察，准备在靠近独龙江的高黎贡山上修一个直升飞机场，提供高端旅游服务。当地旅游部门也在与通信公司共同努力，扩大独龙江乡的信号覆盖面。2017 年，六库经贡山县城到丙中洛的公路开始改造，由原来的三、四级路改扩建为二级路，为了保证安全，政府决定两年内原则上不允许外地游客进入独龙江。对于旅游开发者来说，公路改扩建的影响是暂时的，相反，交通的改善更让人对未来独龙江乡的旅游充满各种憧憬。

事实上，调查者在调查期间，还不断有客人来独龙江旅游（当时公路改扩建还没有正式开始）。就在上面这位旅游开发者离开的第二天上午 10 点多，就来了一个车队，两辆车共 8 个人，全部都是 60 岁左右的样子，他们都是自驾到独龙江来旅游的。他们 8 个人就住在巴坡农家乐里，晚餐点了一只鸡、五个炒菜。看样子他们吃得高兴，玩得也非常愉快。

国庆节的第三天一大早就有很多游客陆陆续续来到巴坡农家乐。大部分游客是从昆明过来的，还有部分是从上海、武汉等地方来的。游客的年纪都在 30～40 岁，大部分都是一个家庭一起出来游玩。还有一行 5 人是昆明植物研究所的，趁国庆放假过来收集植物样本。

　　三名从湖北过来的游客说，他们之所以到独龙江来旅游，是因为之前有朋友来这边旅游，说这边不错，便决定过来看看。"确实这边风景很美，挺适合我们这样的人养老。我们都是从怒江这一条线过来的，先去了片马、老母登，然后去了丙中洛，最后才来的这里。"

　　赵师傅是独龙江幸福公寓（类似城里的公租房）建设工地上的工人，他说：

　　我们本月（10 月）9 日才来的，刚来没几天。平时我们住工地上。我们都是昭通人，老板是四川人，他曾经去过我老家（昭通）那边，想要承包工程，但最终没有搞成。当时我们家给他留了个电话。前不久，他给我打了个电话，说这边需要人，我就自己坐车过来了。我给他开机器——搅拌机、装载机，每个月工资 5000元，还包吃包住。

　　我们的工地就在巴坡的观景台下去一点儿。我一般很少与当地人说话，只是和一个姓斯的独龙族人有过一点儿交流。他去老板那里找活干，老板答应让他在工地帮忙做点事，昨天才干了一天的活，今天下雨干不成了。我不管老板们的事，反正大车我开不了，只会开装载机。现在工作不好找啊，家里有娃娃在读小学，一个在上二年级，另一个在上四年级。我今年 47 岁了，这次是坐了两天的车子才到这里。昭通到昆明一天，昆明到福贡、再到贡山一天。到贡山后老板接我过来的。目前，工地上有 3 人在干活，我们 3 人晚上就住在一起。这个工程估计要 3 个月的时间。孟顶要建一家，马扒腊要建两家，斯拉洛要建两家。独龙江这个地方不好玩，你在路边遇到个人喊他，他不知道你喊他，也不会答应你。来了这些天，我就认识来工地找活干的那一个人。其他人在路上碰到了，就冲着你笑一笑，算是打了招呼了，即便他们认得你，也不会跟你说话。我认识的那个独龙族男人有个儿子，他儿子会说汉话的。儿子

　　媳妇嘛，就是看着你笑笑，不和你说话。

　　从上面的叙述中不难发现，随着政府对独龙江乡扶持力度的加大，独龙江乡开始吸引各种身份的外来者到这里来发展或旅游。有像 B 师傅、Y 师傅这样的上门女婿，有采药者、超市经营者、寻宝者、未来的旅游开发者、游客，还有参加工程建设的打工者。对于只有 4000 多人口的独龙江乡来说，一方面，大量外地人的介入给当地人带来了很多的发展机会，增加了经济收入；另一方面，来自不同地区、不同身份的人或多或少都会给当地人带来各种思想、观念和信息，这些无形的力量在不知不觉中改变着当地的经济、社会和文化。

　　2010 年笔者第一次到独龙江调查的时候，乡政府所在地孔当的超市、餐馆和村子里的小卖部 90% 以上都是外地人开的，有来自湖南、广东、四川的，也有来自云南省内永胜县、福贡县、保山市等地的。当地参与经营或运输的独龙族人家，往往是家里有上门女婿或有人在政府部门及外地工作的。2017 年的时候，虽然比较大一点儿的超市仍然是外地人在开，运输也还是很多外地人或像 B 师傅这样的上门女婿在做，但很多当地村民也开始购买三五万元的小面包车在村与村之间或者村与县城之间载客，村里也有人开起了小卖部。

第六节　国家主导式发展与独龙江乡的新生活

　　从上文各种不同人员的叙事中不难发现，独龙江乡的变化主要发生在新中国成立以后。为了更清晰地展示不同时期变化的脉络，本书将各种叙事所反映出来的变化归纳如表 10 所示。

　　从表 10 中不难看出，独龙江乡的变化基本都是在政府的推动下实现的。有些变化并不是直接由政府组织实施的，但也是在政府主导发展的影响下产生的结果。

表 10   独龙江乡经济社会变迁

主要变化	时 间	变化的主要特点	主要推动者
从分散居住到村庄	2015 年以前	从以氏族（家族）为基本单位的居住模式转变为 42 个村寨，然后又变成各种氏族（家族）和不同民族人口混杂而居的 26 个村庄	政府主要通过集体生产、整乡推进和其他各种扶持行动，促进氏族（家族）和不同民族之间的融合
交通	1950 ~ 1999 年（特别是 1964 年以后）	独龙江乡所需物资都靠外面支援，所有物资都靠人背马驼运送进去。大雪封山半年左右	县、乡政府组织
	1999 ~ 2015 年	运输条件改善，但泥石流和未硬化道路、大雪封山使运输成本升高	政府投入、规划和实施公路建设
	2015 年以后	独龙江公路改造后，总里程缩短 10 几公里，硬化路面使通行顺畅，行程和时间大大缩短，促进货物流通和人员出行	政府投入和实施公路改造
人才培养与能力减少	1950 年至今	在独龙江乡开办小学 选送部分学生到县、州、省城甚至北京上学 选拔和培养各级政府中的少数民族（妇女）干部 提供更多机会参加工作	各级政府具体实施
退耕还林	2003 年至今	禁止毁林开荒 禁止狩猎 每年设置禁渔期 吸纳部分村民（特别是贫困人口）承担护林员工作，部分地解决了村民的收入问题 森林覆盖率大幅提高，但野熊对村民的蜜蜂和牛造成一定破坏，政府会给予一定补偿	政府政策的实施

续表

主要变化	时　间	变化的主要特点	主要推动者
人口流动	2000 年至今	2000 年前后开始有年轻人外出打工，2007～2008 年达到高潮，但随着政府扶持力度加大，大部分人都因"在外面不习惯"而返回独龙江 大约从 2000 年开始，部分外地人员开始进入独龙江乡从事运输或开设小商店 2007 年以后到独龙江乡上门的女婿开始增加	早先外出打工的周边地区村民介绍或带领出去 外地到此经营或上门的人主要是因为公路修通和政府扶持项目的实施提供了更多的个人发展机会
引入草果种植	2010 年以后	草果成为当地村民的主要经济收入来源，生产方式发生根本性改变	政府引领和扶持
宗教信仰	1900 年至今	独龙江乡原本只有"万物有灵"信仰，20 世纪初传入基督教 基督教信仰一度中断，改革开放后恢复，共有 700～800 名信众 村民选择信仰基督教的主要原因是，受周边人的影响，认为信教禁止喝酒、抽烟、不杀生、不吵架是好事	村民自主选择
婚姻家庭	从古至今	过去主要是在氏族内部或附近的人之间选择婚恋对象，现在超出了独龙江乡、超出了氏族（家族）和民族界限 以前一大家子住在一个长房子里，现在全部以核心家庭为单位分开居住 在新的村庄里，家庭间有些合作，但不限于氏族（家族）成员 新村庄里家庭之间的交流沟通不是很多	政府整乡推进项目的实施和交通等基础设施的改善为家庭独立发展提供了便利条件和保证

续表

主要变化	时 间	变化的主要特点	主要推动者
外来人口与本地人口	2000 年至今	外地人（包括经商者、旅游者、工程施工人员、上门女婿等）在独龙江乡的变迁过程中发现很多发展机会，成为当地发展的领跑者，而当地人在发现和利用发展机会方面稍弱一些	市场经济

自 1956 年贡山独龙族怒族自治县正式成立至 2016 年，独龙江乡群众所经历的政治、经济、社会变化是历史上从未有过的。特别是近十三年来，在政府的扶持帮助下，当地群众的生活发生了翻天覆地的变化。生活在独龙江乡乡村社会的村民在这 60 多年的独特经历和体验不仅是充满荣辱兴衰的个体叙事，更重要的是这些叙事从民间的视角反映出中国经济社会发展变迁的轨迹和不同社会历史阶段的重要特征，体现着中国人民探索中国特色发展道路的过程。他们每一个人都有着不同寻常的人生故事和独特的人生体验。他们的人生经历与他们生存、成长的社会、政治、文化环境和时代特征之间有着千丝万缕的联系。

比如，李组长的叙事体现出独龙江乡经济社会的几个主要变化。一是村民从山上逐步搬迁到独龙江沿岸居住，这种搬迁的动力主要是方便孩子上学。这一方面体现当地村民对现代教育的重视和观念的转变，另一方面也说明政府的扶持行动（特别是改善学校教育条件、改善交通状况、改造居住环境和基础设施等）非常契合当地人新的发展需求。二是村民的经济收入和生活状况发生了巨大的变化。过去，村民主要靠产量很低的农业生产辅以打猎、采集和捕鱼来维持基本的生活，现在靠草果收入、政府补贴。村里开了不少小卖部，购物很方便，村民都像城里人一样掌握了现代通信手段（如微信）。三是年轻一代村民开始走向外面的世界。李组长的三个儿子中，除了大儿子因身体原因留在家里外，其余两个儿子都在外面接受教育或职业培训。可以预见，这一代的年轻人在各种信息和思想的影响下，会与他们的父辈有着很大的差异。

罗军老人说，搞集体的时候，每天要中午 11~12 点才出工，主要是种点苞谷，生活相当艰苦。现在生活很幸福了，但年轻人都是"酒鬼"。比如，2017 年斯拉洛村里有个二十多岁的小青年，精神有点儿问题，后来失踪了，村里人推测可能是喝醉酒跳江了，不过人们并没有找到确切的证据。

村民和某是嫁到独龙江乡的纳西族人，她老公经常到各地承包建筑工程，所以，她家算得上是当地生活条件比较好的家庭。她作为一个外来人亲身经历了独龙江乡这些年来的巨大变化。从当初进入独龙江乡时几乎"被吓哭"到后来亲眼目睹政府在独龙江乡实施的新农村建设行动，她的经历让研究者真切地体会到这一变迁的过程。不过，她提醒研究者注意，这里人的时间观念不是很强，所以，往往连自己的生日都记不清楚，一般是人口普查的时候大概估计出来的。笔者倒以为这不是一个大问题，生日不准确对于笔者理解当地人的生活影响不是很大。

马扒腊小组的一位老人对独龙江乡的变化深有感触。他用朴实的言语表达了对这种变化的高度赞赏。

> 我差不多是 1974 年结婚的。以前的房子是木板房，篱笆编起来的，像现在这样的房子是搞不起来的。那时候村里的男青年都会去（独龙江）上游娶媳妇，但是路不好走。当时那个路一会儿这样上去，一会儿那样下去，太远了。去马库的路也是难走的，从马库到这边需要走一天，路不好走。这附近的人，还有马库的，都是我家的亲戚。

> 这些年变化太大了，尤其是党的十八大以来，独龙江的变化太大了。以前那个隧道不通嘛，我们还是要碰到雪封山的。以前那些基层的领导不行，他们老是不听上面的。中央虽说下达了（任

务)，但是到了下面就不行了。人人平等，基层下面的领导也是一样的，人民富起来也是一下子，很容易。以前是上面给多少（扶持资金）具体落实到老百姓身上就不知道多少了，现在是有多少算多少了。低保是前几年才有的，从去年开始就没有了，全部取消掉了。一下子全部脱贫是不得（可能）的，有些人家还是困难的。

以前当干部嘛，组长、副组长那些下乡是自己走路，到处都要去，挨家挨户的。现在近啦，打打电话就可以了。以前下乡嘛，路比较远，人又在各个山头上，就直接睡在组长的家里。在组长家里开个会，乡里怎么说就怎么传达给他们。那些宣传完了，第二天回来。现在不用了，（有）电话（的人）多了。以前我们经常搞，一家一户落实，比如人口啊、干部有几个、当兵的有几个全部要弄清楚，很辛苦的，路也不好走。酒，老百姓家里都有，那种自己酿的米酒。开完会嘛，就喝喝酒，吹吹牛，就睡觉了。亲戚是很多的，就像在自己家一样，好吃的全部给我们吃。各个小组要集中些鸡蛋啊、鸡啊、鱼肉啊拿过来组长家吃掉。不吃的那些背回来，送给我们带回家吃。有钱会拿给他们点儿，没钱就没办法了。苦荞酒好喝，我妹妹那里背过来的。

这位村民对独龙江乡所发生的变化给予了积极的评价。他认为独龙江乡的变化是前所未有的，特别是党的十八大以后，具体表现为地方与中央政府的协调一致（他似乎对过去一些基层的工作作风有些看法）。他说过去上级政府给农民补贴，到了基层政府以后就被挪用，没有全部发到村民手里。现在不同了，上级政府给多少，农民就能收到多少。另外，通信技术的发展使得基层的工作方式和效率都发生了根本性的改变。以前，地方干部得一家一户地宣传党的政策和相关指示，由于村民居住分散，要走很多路。现在，打个电话就能解决问题了。他对这样的变化非常赞赏，特别是觉得人与人之间（特别是领导和老百姓之间）

更加平等了。不过他也对未来表达出两个方面的担忧：其一，年轻人是否能走正道；其二，那些草果种得比较少的人家将来可能很难完全摆脱贫困。

一名回村里养病的国家工作人员说：

> 2012年以来，新领导上任后，独龙江变化最大了。共产党嘛，是我们的引路人。我在县里工作，去年回来的，病假，请假一年多了，在党校学习过，当兵三年，在云南师范大学法律专业（大专）进修过，边工作边进修，单位组织的。我1993年去玉溪当兵，1996年退伍回来的，1997年开始在贡山县工作。现在，我请病假，工资被扣掉10%，今年才42岁，还要干18年才能退休。
>
> 我结婚的那会儿是按照汉族形式搞的，那时候（东西）全部吃掉了，当时是在饭店举行的婚礼。收了多少钱我已经忘了，应该是差不多收了一两万元吧。收支刚好平衡，吃完就没得了，简简单单地结了婚。现在大多数独龙族年轻人也像汉族一样举行婚礼了。我第二次举行婚礼的时候是按照独龙族风俗举行的，杀猪、杀鸡什么的，这里不兴挂（随）礼。独龙江隧道修通后，这里的人才逐渐学着挂礼的。
>
> 过去，为了结婚，有的人需要走老路把杀好的猪从贡山用马驮回来，三四马驮回来的。其他吃的东西很多都是从贡山驮回来的。当时举行婚礼，大概有500人参加。拉王夺一个组的人全部参加，其他村子里的亲戚朋友也都会过来，但是不挂礼，就是过来吃一顿饭。那时候几个小组不知道，只要是亲戚知道就会过来。
>
> 第一次结完婚，几年后才搞第二次独龙族的婚礼。猪、烟、酒、茶等都是通过老路用马驮回来的。当时是我二弟赶马驮回来的。当时家里有三匹马，后来都病死掉了。我们不请马帮，自己从贡山背东西回来，当时搞了两三天。这么多人有些住，有些不住。

我们这边的习俗就是这样，就是像我们这样做，吹吹牛，就天亮了。

这位在家养病的国家工作人员从另一个角度来看待这些年独龙江乡的经济社会文化变化。作为一名曾经到外地当过兵、到高等学校进修过的地方政府工作人员，他对独龙江乡的变化有着独特的理解。

他自己的婚礼举行了两次，一次是在工作单位上，邀请的主要是同事和朋友（他称之为"汉族式"婚礼），和大家平时熟悉的婚礼一样是在县城的饭店里举行的，所以不必花费太多的时间和精力。来参加婚礼的人也都随个礼，总共收礼金约20000元，与婚宴的开支基本平衡。但第二次在独龙江乡举行婚礼麻烦就比较大一些，得在县城买了肉、菜、米等，然后专门雇用马帮驼运进独龙江乡，成本自然比较高。参加婚礼的人则大部分是亲戚、邻居和朋友，当时大家也还没有随礼的习惯，大家来了，吃餐饭、聊聊天，交流交流。公路交通改善（独龙江隧道建成）以后，人们也开始学着随礼了。道路改善与随礼之间有什么关联性呢？在调查中，笔者发现，主要原因可能是道路交通改善以后，外面的人进入独龙江乡的多了，就把随礼的习俗也带进了独龙江乡。一次，某组的小组长家小孩满100天请客，邀请笔者去参加。笔者注意到一般村民每人随礼100元，关系好一些的甚至达到500元。小组长说以前是没有这种习惯的，"这些都是新的"。

另一位看上去60多岁的老人也很赞成这位国家工作人员的观点，作为在独龙江乡长大的人，他对独龙江乡的变化有着更多的感触。

独龙江这几年变化太大了，这个路通了（特别是隧道），一下子就变化掉了。现在路都好走了，以前不是这样的。我们要去背粮食，全部要到贡山去背。当时公路一直修到孔当，孔当修通后的第二年、第三年接着修到马库。这个柏油路修好有三四年了，以前走的是那种石头路，汽车在上面咣当咣当的响。现在变化相当大了，想法也变了。以前主要是路的问题，路走不通，想儿子也见不到，外面有亲戚都见不到，路不好走。现在是全部变化掉了。

我们这里的人曾经有跑到缅甸去的，有些后来回来了，有些没有回来。共产党解放贡山那一年，召集各村的头人、代表、干部去贡山开会，后来成立了县政府。当时村里的人听信别人的谣言，那些以前在贡山当官的国民党官员 100 多个，全部一排排地砍头。有的人听了谣言以后很害怕，就全部跑缅甸去了。他们说这个地方不能住了，跑马库、缅甸去了。当时我家里也是，我父亲东西都收拾好了，粮食都收拾好了准备去缅甸。我大哥不想走，我奶奶眼睛看不见，我大哥就说，我跟奶奶在，你们走掉就是啦。大哥这样说嘛，我父亲就说，那就不能走，那就推迟了。后来才知道，共产党是好的，不是我们想的那样。1958 年的时候我还很小（大概五六岁），晚上的时候，我们点火把、挖地，要干到 10 点才下班。

现在独龙江乡的旅游搞得不太好，没有我们独龙族的特色，没有把我们的特色搞出来。搞旅游要敢想、敢做，饮食要做出我们独龙族的特色来，不然外面来的人都不愿意吃这里的东西，都自己带着吃的来，因为这里没有什么好吃的，那就没意思了。

搞集体的时候，不听话的人很多。差不多要 12 点到 1 点才出工，晚上年轻人集中起来喝酒，相当厉害，一个人一杯一杯地喝。年底集中起来，每个人可以分多少粮食，全部按照工分结算。后面改掉了，包交提留了，你干得多就多拿点儿。当时我家分了一亩多地，一个人可能有一两分地。独龙江不用交公粮，交也交不起。当时粮食老是不够吃，国家一年给 22 万多斤粮食，每一年这里都要报。这还不包括国家干部吃的，这 22 万斤是专门下放给农村的粮食，每家每户都有。但这些粮食一般不分的嘛，哪天你家的粮食断掉（没了），你就什么时候去村里开个证明去粮管所领粮食，不需要还的。乡政府有多少粮食要通知我们的。你们村分多少，他们村分多少，都是要我们知道的。通知了以后，由村管理，需要粮食了就去村里开个证明，去粮管所换取粮食。乡政府是报总数。搞集体的时候粮食也是不够吃的，挖葛根什么的来吃。那时候一个人一年差不多发给一两百斤粮食吧，按照人头发，发了好几年，现在记不得了，只记得我去马库的时候还在发的，大概到1993年就没了，后面粮食慢慢地就够吃了。

新中国刚成立时，政府对当地一些恶霸、土匪和国民党残余进行镇压。这引起了普通百姓的恐慌，有一些人就逃到缅甸去了，后来发现共产党不像之前想象的那样，一部分人又陆续返回了。

这位村民对目前独龙江乡的旅游发展很不满意，主要原因是他觉得这里的旅游没有地方特色（包括吃、住）。他很担心游客在这里找不到能吸引他们的地方而不再愿意到独龙江乡来旅游。在这位村民看来，独龙江乡最突出的特点应该是独龙族的文化和饮食，但现在的旅游点都没能很好地体现这些特色。

另外，这位村民还提到，即便是在"大集体"时期，村民都得到了政府的积极支持，每年政府都会提供几十万斤的粮食来救济那些粮食不够吃的村民。1993年以后基本上就不再有这种补助了，村民现在已经不缺粮食了。这是一个新的变化。

在受访谈的村民中，所有的村民都对独龙江乡近些年的变化表示非常满意，但有时也会提出一些担心的问题。其中最主要的是老年人对年轻人未来的担忧。一方面是年轻的男性找对象难，另一方面是年轻人酗酒和赌博的问题。一位60多岁的女性村民对村里的生活，特别是年轻人是这样评价的：

> 现在的年轻人不行啦，天天都打扑克（赌博），唉，看不惯。喝酒的、吹牛的、打牌的经常弄通宵，尤其是下面那个村的年轻人，不醉的一个都见不到，都是一天两天地喝。他们不好好地劳

动，草果地也不搞，都是他们家老人去干活。我们马扒腊的情况好多了，年轻人跟父母亲各搞各的，年轻人自己搞草果地。我们兄弟的两个儿子就是喝酒喝得太多了，就是他们两个老是不行，对象都没得，就是不要他们喝酒嘛，不喝酒就能讨到媳妇了。现在这些年轻的小伙子当地的姑娘不想要，但是外面的姑娘嘛人家又不想嫁过来。

我们小组年轻人也多，这个草果地不需要说了，他们都是自己搞，有钱嘛他们就晓得不搞不行了，都很有干劲。以前，我们这一代人天天砍火山地，粮食也收不太多，钱也没有。现在国家对独龙江的扶持是不少的，大家都有点儿草果地，有些人家一年收入10000元，有些20000元，还有些人家年收入达到70000～80000元。所以，年轻人心里就会想，我也要搞一下（种草果），这种是好的嘛。他要弄得自己富起来，这个是他的本事。路在你自己脚底下，走不走是你自己的问题了。要艰苦奋斗，长远来看嘛，要考虑下，该怎么走，生活就会慢慢地变好了。

现在差不多，脱贫是差不多了，小康嘛，十多年以后才可以的啦。有些人说草果的价格以后会低，有些人说是会高，这样有些农村人都不想搞草果地了。有些人专门搞破坏，外面的人进来说以后草果老是不值钱啦。但是我们说，如果一斤草果能买一块钱，一千斤就是1000元了，够吃的啦。你种粮食能收多少，不够吃的，我们就是这样对比。我们家搞草果四五年啦，我跟老伴儿两个一起搞。现在是不结果，结得不多，去年的收入是10000多块。今年可能没有，结的果子少点。去年卖的是6块一斤。过去，我们这里一亩地只能收二三十斤苞谷，搞试验田的时候，一亩地能收500斤，但老是不行。农机所（应该是农科所）的人天天来，但就是搞不出来。化肥一开始用了一两年，后来总是不行，就不用了。雨水太多也可能是个问题，种草果也是一年结很多果子，一年不结果子，什么原因也是晓不得。

以后路好走了，人多了，但是这种农家乐，旅游必须要外面的领导来搞，当地人是搞不成的。现在的生活好啦，好了100倍都不止，改变了不少，主要是党的十八大以后，独龙江改变了，想都没有想到，做梦都想不到。就是隧道修通以后，现在这个路还要加宽，以后会更好。生活改变了不少，你想吃什么从贡山直接买回来就可以，当天回来。搞草果还是辛苦的，现在我也不去了。一个月里面可能去个10多天，去除除草，我儿子娃娃来帮忙。小娃娃他们自己家自己搞，我是我单独搞。

我们这里父母基本都是在小儿子家生活，儿子结婚以后，有了自己的娃娃，就分家了，草果地也就一家一家地分掉了。你搞这一块，他搞那一块。父母就跟着小儿子养老。最后一个儿子嘛，其他儿子都不管了，完全靠最后一个儿子来养老。比如，我们家我死掉以后，所有的东西就是我小儿子的了。如果没有儿子，父母就跟着女儿过，找一个上门的女婿，或者直接跟着小姑娘嫁过去。这是我们的习俗，最后一个儿子要负责养老，家里有什么财产要给他的。他分不分是他自己的事情，看他自己。老大老二全部没有这个权利和责任，这一代独龙族的变化越来越大了。

有意思的是这位女性老人看不惯邻村小青年不劳动，整天酗酒、赌博等于是成为找对象的"困难户"，但对本村的年轻人大加褒奖，说他们与父母分开，各自种草果，积极性非常高，收入也不断增加。笔者认为这位村民在很大程度上是不想得罪本村人，因为在调查过程中，笔者在任何一个村都发现有积极向上的年轻人，也有爱喝酒、赌点儿小钱的青年，很难说某个村子的年轻人都好，另一个村子的人都很糟糕。不过，这位女性老人对现在的生活赞不绝口，对未来充满希望。这种美好的希望基于他们种植的草果，她认为只要种植草果，基本生活就能得到保障。

访谈的时候，这位女性老人的儿子就站在旁边，笔者访谈完老人后，她儿子悄悄地告诉笔者："我是在农村长大的，后来在县城里待了很多年，现在回来，跟我妈就那几句话，没什么好说的。最多就是问问肚子饿不饿、吃了没、喝茶吗，就这么几句话，感觉没什么好聊的。我妈会说傈僳语，汉语也会听，但是讲得不好。"

老人的儿子透露出人类社会一个普遍存在的社会问题——代沟，即年轻一代与父母辈之间在思想观念上的差异，这又是一个新的问题。或许是独龙江乡的人与外界交流太少的缘故，在对其他村民进行访谈的时候，很少有人提到这个代沟问题。这位老人的儿子因为在贡山县城待了几年，他觉得与母亲之间"没有话说"。对于中国其他地区的农村来说，这不是个新问题，但对于独龙江乡的村民来说，这还是个新现象，或者说，这个现象或许早就存在，但村民们很少把它说破。现在有人主动来说破了，可以认为是在新的社会背景下这个问题变得比以往更严重了。

对独龙江乡的变化，村民杨友正老人说：

> 包交提留后，我们会到山上找一些药材、吃的野山药等出售给外地的商人来换取一些钱。以前的时候打工一天才五角钱，以前我是副队长。1973 年开始当副队长，1978 年的时候就不干了，当时工分是全劳动力 10 分、半劳动力 5 分。我还在学校里面工作了六年，当代课老师，差不多是 1966 年开始一直到 1973 年。我是巴坡完小毕业的，我们毕业那时候没有初中，高中也没有，"文化大革命"开始，就没有学校读了。1964 年才从完小毕业。1978 年后，集体还是继续搞的，到了 1983 年包交提留才算结束。以前家里人很多，后来结婚都分开了。我老婆是米里王小组的，我儿子的媳妇是孟顶小组的。儿子和儿媳两个人也是互相认识就在一起了。现在

生活比以前好多了，以前日子苦，这样的房子没有，都是竹子房，以前的房子嘛，自己搞得老是不好。

老人在对比过去与现在的生活后，深切地感受到了独龙江乡社会生活的巨大变化。其中最有感触的是政府帮助建盖的房子。他说以前靠自己盖的房子，总是盖得不好，现在政府帮盖的房子是以前做梦都没有想到过的。

归纳起来说，村民对政府主导式的发展给予了高度的评价。在村民的讲述中，这一发展给独龙江乡带来的种种好处总是在过去与现在的对比下显示出来。

❖ 最鲜明的对比体现在交通的改善及其带来的一系列经济、社会、文化生活的变化，以及给个人和家庭发展带来的各种机遇。

❖ 从分散居住到集中居住给村民生活带来方便和生活环境条件的根本改善。

❖ 从生产率极低的传统农业转向以经济作物（草果、重楼等）种植和牛、鸡养殖的生产模式，不仅让村民增加了收入，而且改变了原有的生产、生活方式。

❖ 退耕还林没有对村民的生存和发展造成障碍，反倒是增加了就业机会，特别是为解决贫困问题提供了另一条路径。

❖ 基础设施的改善和经济的发展带动了独龙江乡的人口流动，从而改变了传统的社会关系模式，特别是婚姻。

❖ 约1/5的居民信仰基督教，到目前为止没有发现当地的发展与宗教信仰之间的关系有明显改变。

❖ 独龙江乡村民对国家主导式的发展给予了很高的评价，实际上，就独龙江乡而言，政府一直是该地区发展的真正推动力量。

在访谈中，村民也多少透露出一些担忧或者指出一些存在的问题。

❖ 随着独龙江乡与外界的交流不断增加，越来越多的女性选择外来的女婿，再加上本地的一部分男青年缺乏抓住发展机遇的能力，沉溺于酗酒或赌博，找对象越来越成为一个新问题。

❖ 年轻一代与老一辈之间的"代沟"有明显增强的趋势。

❖ "外来者"（如上门女婿、经商人员等）往往比当地人更善于抓住各种发展机遇，长此以往，独龙江乡的年轻人可能在竞争中处于不利地位。

❖ 退耕还林以后独龙江乡的自然环境得到了较大的改善，但野熊等野生动物对村民养的蜜蜂和牛（甚至人）造成了新的威胁。

❖ 独龙江乡的旅游业一直是政府着力打造的一个新支柱产业，目的是让村民增加新的收入渠道，但有的村民认为目前在打造旅游品牌的过程中还缺乏当地特色，不能真正长期吸引游客。

:::: 第四章
国家主导型发展
与社会包容性

如何建设一个"为所有人的社会"（a society for all），在不同的政治体系和文化体系下有不同的阐释和实践方式。

中国的国家主导式发展是由中国特色社会主义的本质决定的。在马克思主义理论的指导下和中国共产党的坚强领导下，经过近一百年的努力奋斗和实践，中国已经形成了社会主义道路自信、理论自信、制度自信和文化自信。国家治理体系和治理能力现代化框架已经基本形成，并正在得到不断完善。在此背景下，中国的国家主导式发展具有（或者应该具有）哪些优势和特征？这个问题来源于笔者长期以来对中国乡村社会现代化进程和一些国际组织目前普遍流行的社会评估方法的思考。

从社会评估的角度来说，任何一个具体项目的实施都可能对相关人群产生或多或少、或长或短的影响，并有可能导致该地区内部的经济、社会、文化形式或模式重构。因此，一个发展项目的选择、设计、实施和监测不仅要考虑经济、社会效益，还必须有效地管控项目潜在的社会、文化风险，并引导由此引起的一系列变迁朝着有利于当地群众的方向发展。而广泛的公众参与和授权被认为是提升项目经济、社会效益和规避各种风险的有效手段。这些发展和项目管理观念听起来很有道理，但在具体的实践、观察和研究过程中，笔者越来越感觉到不同的实践方式和观念之间的差异。比如，什么是项目的公众参与？项目影响人群中的社会弱势群体如何认定？如何有效地帮助那些处于不利或弱势地位的个体或群体？来自不同政治、社会、文化背景的学者有着不同的答案。一次偶然的机会，一位来自西方的社会咨询专家告诉笔者，有些专家总结出中国在实施有关少数民族的项目过程中公众参与和咨询存在四个方面的主要问题，并问笔者对此有何看法。

第一，项目实施前没有通过正式筛选来确定项目区是否有人属于少数民族，以及项目实施是否会对这些少数民族产生影响。

第二，项目实施前不要求制定《少数民族发展计划》，或者通过社会影响评价确定项目可能对少数民族产生什么样的负面影响，需要采取哪些相应的措施来避免、减少或降低这些影响。

第三，项目实施前不要求在少数民族社区中开展正式咨询、协商活动，也没有采取措施帮助少数民族群众参与设计、实施、监测负面影响和提高项目的社会效益。

第四，没有征集少数民族社区对项目的意见和建议，虽然这些项目可能涉及搬迁、当地文化资源或知识的开发利用，或者说项目可能影响到当地少数民族的文化、节日庆典或各种非物质资源。

这样一些观察结论显然带有非常突出的西方人的偏见，而且这些结论在语气上有些武断。从形式上看，这些结论貌似有一定道理，中国的发展项目确实没有要求专门"筛选是否有人属于少数民族"，也没有要求每一个项目必须专门制定一个"少数民族发展计划"，但由此认为中国的项目实施不要求在少数民族地区开展广泛咨询、征求老百姓意见、不专门考虑项目可能对少数民族带来的负面影响则是完全错误的。

首先，中国的民族识别早就确定了每一个人的民族身份，不可能（也没有必要）再去确认每一个项目影响区人群的民族身份。其次，以《中华人民共和国民族区域自治法》为基础的中国民族政策已经在民族权利、民族平等、民族团结等方面积累了很多有自身特色的经验，并将"筑牢中华民族共同体意识"作为民族地区发展的重要内容和基本指南。最后，中国有自己的公共参与和咨询方式，但不能因为它不符合西方理念就认为中国没有公共参与和咨询。

这件事给笔者带来了一系列启示和思考：中国式发展与西方理念中的发展在本质上有些什么区别？国家主导式的发展是否就意味着没有群众的参与？国家主导式发展是不是仅仅体现一种"国家视角"，受益人口只是被动接受发展的成果？

要回答这些问题，最好的办法就是去倾听那些真正受发展项目影响的群众。一方面考察他们的愿望、诉求是如何被纳入国家主导式发展的，或者说，国家主导下的发展是如何较好地契合受益人日益增长的需求的。另一方面也感受国家主导式发展给他们生活带来的种种变化。因此，本书以非常独特的独龙江乡发展为案例，试图通过考察和分析国家对独龙江乡的大力扶持过程以及由此带来的乡村社会文化生活变化来展示中国特色的发展道路。

第一节　国家主导发展视域下的社会包容与社会排斥

贫富差距①是人类社会普遍存在的现象，最让人担心的是这种差距正在迅速扩大。从整个人类社会来看，财富越来越集中到少数人手中，而相当一部分人长期生活在贫困线以下。从微观的层面来说，即便是在同一个地方、同一个群体内部，人与人之间也可能存在明显的贫富差异。根据世界银行公布的数字，1990 年，全世界生活在极端贫困线以下的人口占世界总人口的 36%，这一比例到 2015 年下降到了10%。在中国经济快速增长的带动下，东亚和太平洋地区的极端贫困人口占比从 1990 年的 62% 降到 2015 年的 3% 以下。但国家之间，甚至城乡之间的贫富差距仍然非常巨大，比如 2016 年乌干达的极端贫

---

① 根据世界银行的观点，所谓"贫富差异"不仅仅指经济收入的差异，还包括教育及获得基本资料、医疗服务、社会保障等方面的内容。

困人口占比仍然高达 41.6%，而且大部分极端贫困人口都生活在农村。有人甚至预测，到 2030 年，非洲撒哈拉以南地区的贫困发生率甚至可能高达 87%①。

自 1990 年至今，中国在扶贫攻坚方面取得了令世界瞩目的伟大成就。到 2017 年，中国的贫困发生率已经下降到 3.1%，但是贫困状况在地区之间和个人之间的分布仍然非常不均衡。据国家统计局的数据，2016 年中国全体居民的人均可支配收入是 23821 元，但其中约 "20% 的低收入者每月只有 430 元，还有 20% 的中低收入者平均每月不到 1000 元"。偏远少数民族地区、西部欠发达地区与中东部地区的差距仍然很大。独龙江乡则是欠发达中的欠发达、贫困中的贫困地区。

正如第二章中所展示的那样，2006 年全国农民人均纯收入为 3587 元，独龙江乡的农民人均纯收入仅为 812.21 元（占 22.64%）。2010 年全国农民人均纯收入为 5919 元，独龙江乡农民人均纯收入为 1300.88 元（占 21.98%）。2015 年全国农民人均纯收入为 10772 元，独龙江乡农民人均纯收入为 3503 元（占 32.52%）。这一收入状况在引进草果种植和商业贸易繁荣之后，发生了巨大的改变，独龙江乡农民人均纯收入总体水平明显提高，与此同时，居民之间的收入差距也有所增大。比如，B 师傅靠运输和开小卖部每年至少有十万元的收入，有的村民靠种植草果每年也能达到 70000~80000 元的收入。但有的人由于思想意识滞后、行动慢，要等着别人"发财"了才知道跟着做，或者由于缺乏劳动力、缺乏山林或耕地等多方面的原因，收入仍然处于相对较低的水平。虽然笔者的调查尚未发现贫富之间明显的冲突，但贫富差距已经初露端倪。

人们不禁要问，究竟是什么原因造成了人与人之间的贫富差异，或者说贫困是如何生产（或再生产）出来的。目前社会上有几种主要观

---

① World Bank Group, *Piecing Together Poverty Puzzle* (*Poverty and Shared Prosperity* 2018).

点：第一，资源禀赋不足导致贫困；第二，不平等的权利和主流社会的制度设计问题是贫困的根本原因；第三，贫困的根源在于贫困者自身，认为贫困者思维方式存在问题、缺乏自制力、懒惰、不愿接受新事物等。第二种观点认为，要减少和消除贫困，最重要的是调整制度设计和增强制度实施的合理性，促进社会公平、公正和广泛参与。第三种观点则更强调通过教育和提供均等机会来提升个人素质及个人发展的可能性，即所谓"扶贫先扶志"等。

从村民的叙事中不难看出，自新中国成立以来，国家对独龙江乡的包容性发展至少经历了三个明显的阶段：一是20世纪五六十年代的民族识别与社会主义民主改革；二是60年代至70年代末的人民公社时期；三是改革开放以后，特别是整乡推进行动（村民称之为"新农村建设"）实施以后。这三个不同时期国家以不同的方式试图将独龙江乡纳入整个国家的发展轨道，让独龙江乡村民跟上全国发展的步伐，实现共同繁荣进步的愿景。在此过程中，国家一直将政治上的平等和资源禀赋的改善作为发展的主要目标。比如，早在20世纪50年代，国家就通过"直接过渡"的形式对独龙族进行社会主义民主改革，并通过中国特色民族政策确立了独龙族在国家治理体系及与其他民族关系中的平等地位，真正实现了政治上的包容性发展；同时在有限的条件下修通了贡山县城到巴坡的人马驿道，让独龙江乡与外面的世界紧密联系起来。更重要的是，国家通过选派优秀教师到独龙江乡办学，为独龙族孩子或青年提供上学机会，并通过各种倾斜政策选拔培养独龙族干部或国家工作人员。以孔志清县长为代表的一批独龙族干部或国家工作人员代表独龙江乡村民参与国家的治理和发展。在经济发展方面，以边防部队为首的各种工作队积极帮助独龙江乡村民学会使用新的生产工具和技术，努力提高当地的生产力，改善当地的生产、生活条件。虽然因为环境条件的限制，这些行动并没有让独龙江乡与全国其他地方一道实现经济生活的根本性转变，但从政治上来说，它充分体现了中国式的参与、发展和包容。

人民公社时期，原来以家族（氏族）为单位分散居住在山坡上的村民不得不集中起来参加集体生产。虽然集体生产并没有真正提高生产效率，独龙江乡的经济状况也没有因此得到根本性改变，但从村民的叙事中可以看出，经历过那个时代的独龙族村民并不像其他地方的人一样对那个时代的生产方式有太多的负面评价。部分村民也提到那时候生活艰苦，但也有部分村民对那种集体的劳动方式多少有些怀念。毕竟对于长期以家族（氏族）为单位分散居住的人来说，集体劳动在某种程度上也是一种新的社会组织形式和社会融合形式。

相比之下，整乡推进项目对独龙江乡的经济、社会、文化的影响要远大于前面两次国家主导式的发展。本书的第二章详细介绍了 2005～2015 年中央、省、州、县各级政府对独龙江乡发展的整体规划、实施过程。政府从道路、住房、水、电、信息网络、农业产业、教育、卫生、防洪、基层党（团）组织等方面对整个独龙江乡进行了全面的推进和帮扶。站在政府的立场来说，这是一种非常重要的社会包容手段。由于历史和自然环境条件的原因，独龙江乡村民在生产和生活方面的发展都远远滞后于全国其他地方，而且与中国其他地方相比，贫富差距越来越大。显然，单纯靠给当地村民赋权、发挥他们自身的力量已经很难赶上国内其他地方的发展速度。因此，政府利用权力集中的优势，统一谋划、调动大量资金在短时间内改善当地的基础设施条件，为进一步的发展提供可靠的前提条件。

村民对于这样的国家主导式发展有着很多积极的评价，第三章中的各种个人叙事充分表明了这一点。通过大量的个人叙事，我们可以感受到村民对于五六十年代的背运货物、六七十年代的集体化生产和 2005～2015 年前后的帮扶政策都有深刻印象和诸多积极评价。如果我们把这三个大的阶段分别视为国家主导式发展三种不同形式的话，那么每一次国家主导式发展都以不同的方式推动和影响了当地社会生活中融合、包容机制的重构，从而推动了当地社会文化生活的变迁。其中影响这一变迁过程的主要因素是道路通行情况的改善、居住环境和基础设施的彻底变革、外来人口的介入、市场竞争的引入、以草果为主的经济作物取代了传统的毁林开荒生产模式等。这些因素彻底改变了独龙江乡村民原有的生态位（niche），从而导致人们的经济、社会、文化生活发生了一连串的变迁。

一 贫困与社会包容问题

贫困是如何产生的？个人或组织（包括民族国家）该以什么样的态度和方式对待那些陷入贫困或弱势地位的个人或群体？不同国家（地区）回答这些问题的方式不仅体现了其政治、经济、社会制度设计和运行模式，也体现了价值、理念和道德等文化特征。因此，贫困研究不仅仅是政治学、经济学或社会学的领域，它也需要人类学家的知识、视野和贡献。按照英国结构功能主义的观点，一个社会群体中实际存在的社会关系或者正在发生的社会关系、一个社会中不同群体之间的关系就是一个社会的结构，而贫富关系正是这些社会关系中最基础、最重要的核心要素。一个人是被包容在一定社会关系内，还是被排斥在特定社会关系之外在一定程度上与其经济地位有着密切的关联性，所谓"穷在闹市无人问，富在深山有远亲"，但从另一个角度来说，社会包容与排斥又不完全是经济上的问题，它与一个人的认知、能力、资源禀赋等有着密切的关系。

在讨论贫困、社会包容和社会排斥的时候，大多数研究者倾向于区别对待城市贫困和乡村贫困的问题，因为这两种类型的贫困在成因、社会包容与救助方式、社会排斥和社会关系网络等方面都有着本质的区别。一般认为，中国乡村社会中包容与排斥既与一个人在经济上的贫富相关，又与面子、道德评价、社会关系等要素具有较高的关联性，但城市中的贫困、包容和排斥更多地与社会制度、就业、社会福利政策等有直接的相关性。鉴于篇幅的限制，本书重点讨论独龙江乡乡村社会在国家主导下解决社会贫困问题的过程以及由此带来的一系列社会、文化影响及改变，目的是要探索中国在建设包容性社会方面的独特思路和创造性实践路径。

尽管生活于现代城市里的人们对乡村社会生活总是充满了各种美好的想象，但现实中的乡村社会，特别是那些远离国家经济、政治中心的乡村社会生活，似乎总是与贫困相伴。边缘化、生存条件恶劣、生产技术落后、人力资源不足等被认作导致贫困的主要原因。所以，站在人权和国家的高度来看，减少或消除贫困、促进地区经济发展、增强整个社会的包容性、减少或消除社会排斥是实现社会和谐、团结的必然要求。然而，当社会科学研究将"贫困"作为一种社会事实（或实在）进行研究的时候，研究者不得不进一步思考一些更深层次的问题，例如，什么是贫困？为什么人类社会整体的发展水平与 100 年前相比已经取得了很大的进步，但贫困依然是困扰人类的主要问题之一？贫困仅仅意味着物质的欠缺还是具有文化理念上的意涵？随着科技进步和生产率的大幅提升，未来，比如 100 年、200 年（甚至更长的时间）之后，人类社会还会有穷人吗？这些"烧脑"的问题背后其实隐藏着更多、更复杂的问题，其中之一就是为什么人类的贫困从古至今一直都无法从根本上消除，而且在有些地方还越来越严重？即，什么样的机制和过程在不断地"制造"贫困？

20 世纪 60~80 年代，一部分社会人类学家试图证明，狩猎采集时代的人不像人们一般想象的那样生活在食不果腹、居无定所的原始社会穷困环境之中，而是生活在"原初富足社会"（original affluent society）里，"每个人的愿望都能轻易得到满足"①。他们认为由于狩猎采集时代

---

① Sahlins, M., "Notes on the Original Affluent Society", *Man the Hunter*, R. B. Lee and I. DeVore（New York：Aldine Publishing Company），1968, pp. 85 – 89.

的人们欲望比较少，仅靠简单的技术获取身边的植物和动物就能满足人有限的物质需求，这就是萨林斯所谓的"通往富足的禅修之路"。那时的人们通过吃种类繁多的食物以保证人体能获得充足的营养，人们不用从早到晚辛勤劳作，每天拥有大量的休闲时间，完全不用担心因没有足够的粮食储备而挨饿。而在现代西方社会，人的欲求永无止境，而满足这些欲求的手段永远跟不上人的欲望的增长速度，而且两者之间的距离越来越大。这就是现代人不如狩猎采集时代的人"富足"的根本原因。虽然科技和工业生产取得了巨大的进步，但人的欲求永远在增加（甚至是无限的），甚至可以说恰恰是人类物质生产能力的提升刺激了更多的欲望，于是人类将与真正的"富足社会"渐行渐远。狩猎采集时代的人是通过降低欲望来达到富足的，而现代西方社会则试图通过提高工业生产效率来实现富足，这是两条完全不同的发展道路[①]。如果按照这种观点来理解，那么人类社会岂不是非但没有越来越富足，反而越来越贫困了？照此观点来说，贫困的根本原因就是永远无法满足的欲望。既然欲壑难填是贫困的根本原因，那似乎文化（而不是政治、经济或别的因素）就是贫困的重要决定性因素。

然而，事情远不像这些人类学家设想的那么简单。另一些人类学家和考古学家首先站出来对这种所谓"原初富足社会"的观点提出了质疑。他们认为狩猎采集时代的人们并不"富足"，相反，他们生活在极端困难和充满各种不确定性的环境之中。人们完全依赖从周围的环境中采集果实和猎取动物来满足人的基本生存需要，吃了上顿不知道下顿在哪里，今天吃饱肚子不知道明天拿什么来充饥，怎能用"富足"来描述当时的生活状况呢？事实上，各种考古和文献资料显示，在狩猎采集时代，婴儿死亡率非常高，各种疾病随时威胁着人们的健康，群体或部

---

① Sahlins, Marshall, "Hunter - Gatherers: Insights from a Golden Affluent Age", in *Pacific Ecologist*, 2009.

落之间的争斗持续不断，很难说他们有充足的食物补给、较少的工作时间、较多的休闲时光。因此，人类学家不能凭空站在现代人的角度，用现代人的概念、意识和观念去揣测狩猎采集时代人们的"富足""营养""休闲""工作"等①。也许在某些特定的、一年四季都长满果实的环境中（比如热带雨林地区），人们确实能随时找到满足基本生存需要的食物或猎物，但对于大多数人来说，季节更替和糟糕的运气都有可能造成食物的短缺，带来身体的疾病。部落之间因争夺食物、复仇等造成的矛盾常常需要用武力来解决。

笔者对狩猎采集时代的生活没有做过专门的研究，但从一般常识来判断，第二种观点听起来更接近生活的实际情况。很难想象生活在那样一种充满不确定性的环境中的人们能够感觉到"富足"。虽然萨林斯等人的研究揭示了现代社会中一个普遍存在的事实，即人们获得越多欲望就越多，永远得不到满足，但当我们讨论"贫困"问题的时候，重点仍然应聚焦在满足人的基本生存需求（而不是奢侈性需求）这一层面上。也就是说，人的基本生存需要和奢侈性消费是两个完全不同的概念，不能将它们混为一谈。

接下来的问题是，人类社会从狩猎采集时代发展到今天，可以说人类总体的物质丰富程度已经千万倍地超过了狩猎采集时代。就全球的平均水平而言，当下的物质生产已经足以满足人们的基本生存需求了，为什么还有如此多的人处于贫困（甚至极端贫困）之中？根据世界银行提供的数据，1990年世界1/3以上（36%）的人口生活在极端贫困之中。经过世界各国的共同努力，人类在减少和消除贫困的行动中取得了长足进步，平均每年减少百分之一的极端贫困人口。其中，中国在世界

---

① 参见 Lawrence H. Keeley，*War Before Civilization：The Myth of the Peaceful Savage*，Oxford University Press；Kaplan，David（2000），"The Darker Side of the *Original* Affluent Society"（PDF），*Journal of Anthropological Research*，1996（3）：301 – 324。

减贫行动中做出了巨大的贡献，光是农村贫困发生率就从 1977 年的 35% 降到 2017 年的 3.1%。但到 2015 年全世界仍然有约 1/10（7.36 亿人）的人口生活在极端贫困之中，其中大部分生活在农村地区。换句话说，从人类总体的角度讲，当今的人类贫困并不是物质不够丰富造成的，而是物质的分配不均衡，政治、社会的不公平、不平等造成的。有的人吃不完、用不完，有的人食不果腹、衣不遮体。那这样说来，是不是创立一个世界性的公平分配机制就能解决人类贫困问题了呢？事情远没有那么简单。且不说如何在世界层面实现物质产品与人口之间的合理分配与对接，社会机制如何做到真正的公平、公正，单就个体、家庭或小社区的层面上来说，做到"一个不落下"就是一个极其复杂的问题。它关乎政治、经济背景，更涉及个人对生活的理念、态度、资本、资源禀赋、能力、知识等。同一个班的小学同学，若干年后有的人吃不完、用不完，有的人可能吃不饱穿不暖。导致这样一种结果的原因是极其复杂的，很难简单地用分配不公或个人能力差异等来解释清楚。

就世界范围而言，导致贫困的原因有很多，但战乱、社会制度缺陷、生存环境条件恶劣、缺乏相应的教育和基本的社会服务不足等是贫困的重要诱因[①]。世界银行将 2030 年作为世界消除极端贫困目标年，提出将贫困线（每人每天消费 3.2 美元）以下的人口比例控制在 3% 以下，中国决心在 2020 年前消除极端贫困，但是要真正消除人类社会中的贫困（包括收入性贫困和非收入性贫困）以及因此导致的社会差异几乎是不可能的。人类可以减少贫困、解决极端贫困的问题，但永远没法消除所有贫困。即便经济高度发展、社会制度比较完善了，世界上仍然会有"相对的穷人"存在，因为导致贫困的原因是多重的，即便是在一个非常公平、公正的社会制度之下，人与人在身体、能力、机遇、

---

① 参见 World Bank Group，*Piecing Together Poverty Puzzle*（*Poverty and Shared Prosperity 2018*）。

知识等方面仍然存在很大的差异，从而导致在竞争中总是有赢家、有输家，甚至有人可能主动或被动地被排斥在"竞技场"之外，这就需要社会有更强的包容性。

有一种观点认为，物质生产的极大丰裕与贫困人口的同时存在这一悖论性特点源于市场经济的竞争和财富分配方式。市场经济的重要原则之一就是相信通过公平的竞争可以把人的潜力充分发挥出来，让所有机制都以最高效、合理的方式运行，实现利益的最大化。之所以说这是悖论，是因为一方面引入竞争是提高生产效率的重要（甚至是必然）手段，另一方面有竞争就必然要产生"赢家"和"输家"。那些在竞争中败下阵来的人、被边缘化的人、被排斥的人往往就是贫困人群的主要来源。虽然政府或其他社会组织、企业总是努力将竞争规则设计得比较公平一些，但竞争的公平、公正原则与社会分配的公平、公正原则是不一样的。分配时候强调的是每个人获得均等的份额，竞争时候强调的则是机会的均等，但最终的目的是让差异化的个人能力和资源禀赋能够得到最大程度的发挥。当一个人的能力和资源禀赋不如他人（甚至完全没有）的时候，表面上公平、公正的机会对于他是没有什么实际意义的。这又涉及一个制度设计之外的问题，即一个人的能力和资源禀赋从何而来？

另一个悖论性的现象是竞争好像是工业化、城市化的衍生物，所以，在现代社会中因竞争而贫困的人群应该大多数集中在城市或其他工业比较发达的地区。但实际上，当今世界的大部分穷人都生活在农村。于是，很多研究者得出以下两点结论。其一，城市或工业地区的贫困是因为个人没有机会积累足够的知识、能力和资源禀赋去参与竞争，因此，扶贫的重要方式包括建立公平竞争的机制和帮助个体提升相应的素质。其二，农村的贫困有两大原因：资源（特别是自然资源）匮乏和劳动力短缺。所以，农村的扶贫则更多偏向于改变资源的配置状况（比如移民搬迁等）。这样一种理解和分析给人造成一种错觉，好像这是两个完全不相干的"贫困生产机制"。比如,城市的竞争更强调机制的公平、公正和个人的能力建设,农村发展则更强调资源和劳动力,好像与竞争和个人能力没有太大的关系。

事实并非如此,很多农村地区之所以贫困,表面上与生存环境及自然资源的可获得性有关,但从更大的范围来说,有一些农村人口之所以贫困还是因为没有能够完全有效地参与市场的竞争、参与财富的分配。从本质上来说,中国的乡土社会从来不缺竞争,只不过在传统社会生活中,竞争往往以其他的形式表现出来,比如面子、社会声誉、权势等。当市场经济体制渗透乡村社会以后,社会竞争从内涵到形式都发生了根本性的变化。所以,从分析乡村社会中的现代竞争形成过程及表现形式入手,研究者可以更好地理解贫困产生(或再生产)的根源。

从普通老百姓的视角来看,现代市场经济体系存在两个比较突出的特点:竞争的不可或缺性与人们对社会和谐的愿望和诉求同时存在,专业化(单一化)的社会评价体系与社会的差异化、多元化趋势同时存在。这些相互矛盾的基本特征对人们的日常生活和现代文化建构产生了重要的影响。以市场经济为基础而发展起来的各种社会制度说到底都在为一个目标服务,那就是通过竞争将人的潜力充分挖掘出来,让资源的效能得到最大化的发挥,从而让人类过上"更好的生活"。即便是那些社会福利政策,其初衷也含有维护社会稳定,为更多人参与竞争提供某种程度的保障。但是,一个社会的竞争越激烈,其对社会保障的要求就越迫切,因为在竞争中有人赢就意味着必然要有人输,此时赢有可能彼时输。竞争在激发人的潜力、优化资源配置方面发挥了重要的作用,同时也在不断创造社会差异,产生新的"穷人"。这种竞争的"残局"需要社会保障来"兜底"。从理论上来说,合作共赢是竞争最理想的状态和结果,然而现实生活中并非所有人在所有时候都能实现"共赢"。

竞争促进人类社会发展,但竞争从本质上来讲就是人与人之间的对抗状态,因此,竞争为更多社会差异的产生提供了源源不断的动力。竞争越激烈，人与人之间的对抗就越严重，社会差异性也就越明显。市场经济不断推动社会分工的细化，导致人与人之间的制度性依赖越来越强。传统的社会身份差异（如民族、地缘文化、社会地位等）正在被新型、多元的社会差异所稀释，"强制个体化"趋势逐步显现。

良好的社会竞争需要有规则和社会评价标准。而社会分工的一个重要结果就是社会对竞争的评价体系越来越专业化和单一化。这样的评价机制一方面让人感觉更加合理、精确、公正、公平；另一方面也可能带来一系列社会文化影响，导致人与人之间关系更加复杂化，人们的社会价值产生严重偏向。比如，当挣钱多少成为衡量一个人能力的唯一标准时，整个社会有可能成为一个充满经济理性"算计"的"江湖"。当论文数量或作品字数与一个学者的社会身份和地位简单画等号的时候，真正有深度的学术思想就有可能淹没在"急功近利"和"浮躁"的社会风气和浪潮下面。但无论人们喜欢还是不喜欢、接纳还是抱怨，这种越来越细化的分工和专业化的社会评价标准无时无刻不在影响着人们的思想、观念、行为，为新的社会文化建构提供动力。

多年来，笔者在对民族地区乡村社会的现代化进程进行调查研究的时候发现，竞争的介入正在以极快的速度打破原有的乡土社会形态、人与人之间的关系、地方性的知识体系和文化规则，不断出现新的、多样化的社会文化形貌。正是基于这样一种假设，笔者一直在尝试通过对乡村社会生活中竞争的形成过程及其对社会文化影响的观察、分析来研究乡村社会的发展和演变特征。提到竞争，人们总是将它与工业化、城市化和权力等联系在一起。乡村总是给人一种充满田园风光、浓浓的亲情、简单淳朴等印象，似乎与竞争没有太多的相关性。笔者在农村长大，又在农村调查多年，觉得这是一种偏见。

首先，乡村生活中从来不缺竞争，只不过传统的竞争从内容、规模到表现形式与现代意义上的竞争都有着较大的差异而已。

其次，乡村的社会竞争是在现代化进程背景下逐步发展起来的，它既有工业社会竞争的某些特性，又有乡村社会的独特性。因此，采用社会人类学的方法对乡村竞争的形成过程、竞争与乡村社会差异性的建构过程、乡村内部的社会评价体系变迁过程等进行系统观察、分析和比较，实现深刻理解现代乡村社会生活的和谐、包容不失为一种研究的方法。乡村社会生活中的竞争有内生性和外源性两大根源。所谓内生性主要指随着一个群体内部成员之间思想、观念、环境等方面的变化而产生的利益、声望、行为方式等方面的冲突。外源性的竞争是因为外来者的介入改变了原有的资源配置和人际关系，从而形成新的竞争关系。在这一方面，独龙江乡的发展提供了极好的研究案例。其一，独龙江乡的发展从规划、设计到实施都是国家各级政府介入的结果，政府不仅提供大量的资金支持，而且在基础设施的改善、居住条件、未来发展前景的设计等方面都发挥着主导作用。其二，项目建设施工基本上都是由来自独龙江之外不同地方的承包商完成的，很多工人也是外来者。道路交通条件的改善吸引了很多外来的商人、游客、研究者、探险者等。

最后，外来者带来的资金、物资、发展理念和互联网带来的各种信息对生活在那里的村民产生了不同程度的影响，并导致村民在观念、意识、态度等方面发生转变。这些环境的改变并不意味着每一个独龙族个体都能从中获得同样的好处和个人发展。由于个人能力、资源禀赋、个人动机和愿望、社会活动能力等方面的差异，人与人之间的差异及相对的贫困现象在任何社会都会长期存在。也就是说，人类不可能完全消灭相对的贫困和社会差异，但人类可以积极行动起来，让人类社会更包容、更文明。

从第三章的叙事中就可以看出，当政府对独龙江乡实施大规模的扶持以后，那些从外地来的商人、女婿由于不属于独龙江乡的本地居民，他们不能享受政府的各项扶持政策。他们没有土地、得不到资金支持，可以说他们在资源禀赋上没有太多的优势，但他们敢于、善于发现各种商机，并最终获得发展的机会。除了 B 师傅的成功故事，笔者还碰到一户来自湖南的六口之家（夫妻俩、两个小孩，再加上丈夫的父母）竟然靠着租村民的普通民房，开个小超市，顺便帮人修理摩托就能生存下去。应该说，他们的资源禀赋是非常差的，但他们凭着自己的勤劳、智慧仍然能在独龙江乡谋得一家人的生活。

社会包容与社会排斥是人类世界永恒的主题。根据世界银行的定义，社会包容是指"帮助那些由于身份原因而处于不利地位的人提升能力、抓住机会和获得尊严，以便其能积极参与社会的过程"。这一定义有两个特别重要的内涵。其一，一个人（或者群体）在社会上被边缘化或弱势化很多时候是其社会身份造成的，而社会身份往往是某种具体的制度安排的结果。这里所指的"制度安排"可能是政治的、经济的、社会的，也可能是文化的。其二，要让一个人（群体）有效地参与社会，必须让他（他们）提升自己的能力、给他（他们）提供各种机会，还要让他（他们）获得做人的基本尊严。值得注意的是世界银行对社会包容的定义并不是对贫困人口赠予、同情，而是"扶持"，即让贫困者获得发展的机遇、能力远比"施舍"重要。

1995 年联合国世界高峰会议将消除贫困、降低失业率和社会融合（social integration）确定为人类社会发展的目标。会议的决议认为，社会融合的最终目标是建立一个包容的社会（inclusive society），即一个"为所有人的社会"（a society for all）。这一说法更直观、简单。2013 年联合国秘书长高级别论坛提出"一个也不能少"（leave no one behind）的口号，主张一个人不论其民族（种族）、来自什么地方、什么性别、什么身份、身体是否健全等都有权享有同等的基本人权和经济机会。亚洲开发银行进一步把社会发展的目标细化为"在获得服务、资源和机会方面具有更大的包容性和公平性，赋予穷人和边缘人群更多的权力以参与社会、经济和政治生活，在应对长期的或突发的风险时让人们（特别是穷人和边缘群体）感觉更大的安全性，对其他社会风险和脆弱性进行管理"①。这些理念在当今中国被通俗而形象地解释为"一个都不能落下"。

联合国、世界银行、亚洲开发银行和其他国际组织为什么要特别强调让每一个人都有权参与社会、经济、政治生活,有平等的机会获得社会服务和资源而不仅仅是人道主义援助呢?很显然,人们认为造成一部分人贫穷、弱势或边缘化的根本原因是社会制度出了问题,只要社会制度足够合理、足够完善,就应该能让整个社会充满包容性,贫困问题也就能得到相应解决。然而现实告诉我们,经济的增长、制度的改进虽然能大规模地减少贫困,却不可能自动地消除贫困。即便在当今经济最发达、制度比较完善的国家,贫困仍然是一个重要的社会问题。贫困似乎是人类社会永远无法避免的一种社会现象,而且贫困的原因不仅仅是制度设计和经济发达程度,应该还有其他的根源。比如,联合国特别报告员 2018 年对英国的调查显示,作为全球最富裕国家之一的英国也有数百万人挣扎在贫困线上,约 400 万名儿童生活在不利于成长的贫困环境中,日常很难吃到水果、蔬菜和其他"长身体"的食品,而且这个数字还在上升。②同样,号称世界最发达的美国也没有能够完全消除贫困。

无论是联合国还是亚洲开发银行,它们都假设贫困的根本原因在于制度设计和政策实践。当社会制度由主流社会设计和实施的时候,他们往往忽略了穷人的真正需求,或者说穷人被边缘化了,因此,只要从制度上保证平等参与社会治理的权力和个人发展的平等机会,贫困就可以大大减少。这虽然听起来很有道理,事实也确实证明制度性的障碍的确是造成一部分人贫困的重要原因,但似乎并不全面。贫困与贫困者主体

---

① ADB: *Handbook on Social Analysis: A Working Document*, Asian Development Bank, 2007.
② 孙微(《环球时报》驻英国特约记者)、郝树华(《环球时报》特约记者):《联合国调查英国数百万穷人,这些人至今仍在贫困线挣扎》,新浪军事,2018 年 11 月 7 日。

之间的关系也是一个不能忽视的问题。比如，《贫困的本质》一书的作者阿比吉特·班纳吉和埃斯特·迪弗洛就认为，导致贫困的主要原因是贫困者缺乏有效的避险工具、不做长期规划、看问题充满执拗和偏见。这样说来，贫困的产生或再生产除了制度方面的原因之外，还有文化甚至人的天生性格等方面的原因。

要深刻理解和阐释贫困（或贫富差距），除了寻找贫困产生的根源之外，还有一个非常重要的方面，那就是周围的人（或者说那些相对富裕的人）如何看待、对待那些处于贫困之中的人，是理解、帮助、施舍，还是歧视、厌恶甚至憎恨？这个问题之所以重要，是因为现有的人与人之间的关系模式既是之前发展的结果，又是未来发展的基础或出发点。以独龙江乡为例，几十年来（特别是 2005～2015 年以来）国家主导式的发展对当地人与人之间关系模式的变迁产生了较大的影响，同时这种新的人际关系又会反过来影响独龙江未来发展的走向。国家的扶持、规划、资金投入极大地改善了独龙江乡的生产、生活条件，同时在制度上为独龙江乡村民的发展提供了各种保障，为独龙江乡的可持续发展设置了一个好的社会包容机制。但这并不意味着独龙江乡就能自动实现包容性发展。在日常生活层面，仍有很多的复杂因素在不知不觉中影响着人们的互动行为，也有可能在新的条件下生产出新的贫困，因此，微观层面上的社会包容必须引起研究者足够的重视。

"扶贫济困"自古就是人类群体生活的重要组成部分。中文中的"和谐社会""大同世界"和英文中的 Social Integration（社会融合）、Social Cohesion（社会凝聚）等都在一定程度上描画了"为所有人的社会"的某些特性。在中国的传统文化中行善、布施、救济等个体行为甚至与个体的道德和"因果报应"思想紧密联系在一起。但在不同的社会文化背景之下（甚至不同的社会阶层、领域、行业），人们对于社会包容、社会整合、社会凝聚等概念的理解和具体实践并不完全相同。

在现代社会背景下，无论是"大同社会"的理念还是"社会包容"

的建构都需要合理的制度设计，也需要培育良好的个人责任意识和道德情操。再好的社会制度都不可能将生活的每一个细节纳入其管理之中，同样，单靠个人的自我约束也很难在大的社会范围内实现整个社会的包容。因此，国家制度的设计、干预和民间层面的互动行为对于形成包容的社会氛围都各自发挥着非常重要的作用。

独龙江乡的社会包容曾经以家族或氏族的形式表现出来，一大家人生活在一个长屋里，又各自以小家庭为单位组织每天的日常生活。所有家族（氏族）成员既有在生产、生活上的合作，又有相对独立的生活空间。在当时特殊的条件下，很难说这是制度的合理设计还是文化规则、道德的制约作用，但多少有些"大同"的理念成分。不管每个成员内心怎么想，家族（氏族）成员间的"为公"行为是维护整个家族（氏族）团结、和谐的重要前提。

2010 年、2011 年，时任中共中央总书记、国家主席胡锦涛用"包容性增长（发展）"来强调"在经济发展的同时，要获得社会的发展和人的发展"①，并用"和谐社会"这一概念来表述中国式的包容性发展理念。中共十六大、十六届三中、十六届四中全会进一步明确提出构建和谐社会的战略任务，并将其作为加强党的执政能力建设的重要内容。"和谐社会"这一概念具有两个方面的基本蕴涵：其一，它承认中国社会和文化的多元性，以及市场经济背景下的利益多样化这样一个事实；其二，它要求人们在制度和行为上宽容地对待不同利益关系的存在、尊重别人所做出的不同选择、保护各种社会弱势群体和困难群众的合法权益，同时培养一种宽容、谦让、奉献的社会公共道德，培育一种团结友爱、互助合作的社会氛围和人与人之间和睦相处的人文环境。

在习近平新时代中国特色社会主义思想中，"遵循经济规律的科学

---

① 胡锦涛 2011 年在博鳌亚洲论坛开幕式上的主题演讲"包容性发展：共同议程与全新挑战"。

发展、遵循自然规律的可持续发展、遵循社会规律的包容性发展"是重要的核心内容，是"创新、协调、绿色、开放和共享"五大发展理念的具体体现。发展的最终目标就是要构建人类利益共同体、命运共同体和责任共同体。这些共同体的建构必须基于包容的社会、包容的文化。

所谓遵循社会规律就是要让生产关系适合生产力的状况，国家的公共政策和社会环境应适应经济基础的需要，既遵循市场经济的规律，又加强政府的监管、调控。遵循社会规律的包容性发展是把人的全面发展和经济发展有机地统一到发展中来，经济的发展要更有利于人的发展，更好地平衡社会利益、调节社会关系、规范社会行为。从更广泛的意义上来说，包容性发展包括了人与人、人与社会、人与自然的和谐发展，其中人是发展的主体又是发展的目的。包容性发展除了包含经济增长之外，它还包括了人的全面发展。人的发展指数、社会发展指数、社会保障与福利指数、幸福指数等是衡量包容性发展的重要指标。

中国式的包容性发展理念具有三大特征：权利公平、规则公正；成果共享、共同富裕；利益共容、价值共建。包容性发展重视机会均等、起点公平、过程公正、利益共享，反对垄断、歧视，特别关注弱势群体的实际需求、发展能力、环境、机会和利益分配，同时也强调每一个人参与发展的责任和义务。

社会包容的对象在不同国家、不同社会文化背景和自然环境下有不同的理解。法国学者 René Lenoir 认为，残疾人、单亲父母、吸毒者、罪犯和老年人往往容易成为社会排斥的对象，因而也就应该成为社会包容的目标群体。在欧洲话语中，社会包容总是与无家可归、失业、长期贫困等相关。在南亚，种姓、民族、性别是社会包容重点关注的对象。在巴西，社会差异往往与地区差异交织在一起。在中国，社会包容一般用"和谐社会"来表述，它包括了中华民族大家庭中的每一个成员，无论其经济地位、社会身份、性别、民族是什么。在非洲，社会排斥与贫穷、权利交织在一起。

在独龙江乡，谁应该是社会包容的对象，这个问题其实并不容易回答。如果按照上述观点，那么显然那些处于贫困中的人应该是社会包容的对象。但事实上是，与中国的很多地方相比，整个独龙江乡4000多人的年收入都相对较低。问题是，用数字并不能充分展示现实的状况。一方面，独龙江乡的年人均纯收入明显低于全国平均水平，而独龙江乡的商品（包括蔬菜、肉、蛋等）价格又高于其他地区的水平，生活开支高一些。另一方面，政府免费给每一户建盖了住房，自来水都免费，电费低到每度0.1元，退耕还林补助的大米基本能满足村民每天的基本生活需要，这么看独龙江乡的基本生活开支又非常低。即便是那些建档立卡贫困户，村里也尽量安排他们做护林员，每个月收入800元，一年下来其收入也远远超过国家规定的贫困线。其实，真正需要被包容又常常被忽略的是那些曾经外嫁，然后离了婚回来（或因其他原因回来）的女性，以及一些上门女婿。按照规定他们不能享受国家的扶持政策，基本上没有耕地或可种植草果的林地，甚至没有盖房子的宅基地。正如前面所述，他们中部分人因头脑灵活，善于抓住发展机遇而发展起来，但大部分因缺乏必要的资源禀赋，也没能力去开拓新的收入渠道而陷入贫困又无权参与发展。

在电子商务、快捷交通、信息技术高度发达的今天，个人或是国家都有可能很好地融入发展的主流，在参与发展的过程中改变自己抑或改变规则，也有可能稍不留意就被疏离于发展主流之外，成为社会排斥的对象。有意思的是，虽然包容性发展和社会排斥都需要某些强有力的社会力量和制度安排，但在日常生活中，整合、包容和排斥并非界限分明、非此即彼的社会现象，而是一个多层次、多维度、多重因素杂糅的复杂过程。

考察社会包容可以通过多种维度来实现，但市场、服务和政治空间、文化空间、社会空间等是其中最重要的几个场域。简单说，在现代社会背景下人们主要是通过市场、社会服务和政治、文化、社会空间来参与社会的。经济的发展为人们提供了更多的参与机会，也可能生产出更多的社会差异或社会排斥。所以，一方面社会制度应该为每一个个体提供参与社会的条件、能力、机会，另一方面也要强调个人的义务和责任。事实上，印度学者 G. S Krishna 最初使用"包容式创新"一词的时候，他是指创新是每一个人的责任，或者说让每一个人都有参与创新的权利和机会。2007 年，亚洲开发银行、世界银行等国际组织用"人人有责、鼓励和支持弱者"来诠释发展的真正内涵，即包容性增长（或发展）。

从国家层面来说，通过类似共建"一带一路"这样的倡议将不同政体、不同利益诉求、不同社会文化习俗的国家联合起来，实现互惠共赢是当今人类社会发展的重要议题。但是，我们不可能期望各种不同的人（或人群）之间靠着主动的协商与融合就能形成一个"大熔炉"式的社会，仍然需要某些社会力量和合理的制度性安排来形成一定程度上的合理强制力来达成社会的融合。

从个人层面来说，是"融入"还是"被排斥"既取决于个人的知识和能力，也决定于制度性的安排。这两个看似不相干的概念实际上是紧密联系在一起的。个人知识和能力的缺失在很大程度上可能是制度缺陷造成的，制度性的安排又依靠个人能力来实现。

从社会的层面来说，影响社会包容环境条件的因素很多，除了经济的影响外，还有以下四个因素。

1. 移民

人口的流动影响着社会包容的环境条件，跨国移民对人口结构的影响甚至超过出生率和死亡率。比如，在一些发达国家，由于出生率低，不得不从其他国家引入劳动力。但大量的外国移民涌入又必然以新的方式改变原有的人口结构。在一国之内，当大量的人口从农村流向城市的时候，一方面给城市提供了足够的劳动力，成为城市发展的动力；另一方面他们也给城市带来了新的挑战，比如，公共服务不能满足人们的基本需求等。从个体或家庭的角度来说，城市化为他们提供了新的机会（就业、经营、更好的教育、医疗服务等）。

2. 中产阶级兴起

随着国家的发展，中产阶级的人数迅速增加。中产阶级的扩大不仅意味着经济总量的增加和经济收入结构的改变，更重要的是他们的社会价值观和期望发生了根本性的改变。对于穷人来说，国家是他们的依靠，所以，他们对国家的期望是给予物质生活的基本保障。而对于中产阶级来说，他们需要国家给予更多参与社会（甚至国家事务）的权利，他们希望国家的行政管理更透明。而且随着人们知识、社会关系网络和公民行为方式的改变，一旦国家不能满足中产阶级的愿望，政府就可能面临各种挑战。

3. 城市化

城市化与现代化紧密相连，是经济社会发展的标志。城市化在给人类带来种种好处的同时也不可避免地带来人与人之间的分化和差异。如果说传统的城市生活主要需要包容乡下人的话，如今需要被包容的人正在迅速增加，而且多样化趋势非常明显，如同性恋、艾滋病患者、城市低收入者、受教育不多的人、体力劳动者等。

4. 城市化的乡村生活

随着互联网（特别是各种网上服务）的发展和基础设施的改善，乡村和城市之间的距离大大缩短。

对独龙江乡的村民来说，城市化、中产阶层等这样一些概念似乎比较遥远。他们虽然从山上搬到新建立的村庄里来生活，但与真正意义上的"移民"还是有一定区别的，但"城市化的乡村生活"似乎离他们越来越近了。虽然整个独龙江乡在历史上就没有集市和赶集的日子，但各种大小超市或小卖部比比皆是，村民购买东西也像城里人一样方便。智能手机、网上购物（或销售）、便利的交通、养老院、医院等都成为大家日常生活的重要部分。人与人之间的关系模式发生了根本性的改变。独龙江乡与山外世界的距离大大缩短了，独龙江乡村民已经不再是完全"藏在深山人未识"的山里人了。同样，人们日常交往的对象不再仅仅是家族（氏族）成员，甚至不再仅仅是独龙族同胞。社会环境变了，社会包容性的基本内涵也发生了非常大的改变，不仅需要独龙江乡村民对外来人员的包容、外来人员对独龙江乡村民的包容，也需要独龙族内部成员之间的包容。

社会包容虽然在很大程度上与扶贫和社会公平密切相关，但它们并不完全等同。比如，社会包容除了考虑某个群体贫困的成因，还要深入思考为什么某些社会群体在人们心目中总是与贫困联系在一起？为什么有的人经济上并不贫困（甚至比较富有），却在某些方面感到受到了不公正的待遇？如何才能更好地测量社会包容？Bentham and Mill 首先提出以幸福为基础来测量社会包容性。随着时间的推移，人们逐步将测量的指标移向实际的生产指标。近年来，研究者越来越偏向以更综合的指标来衡量社会包容性。

在国家与国家之间的关系上，包容性也展示了类似的属性，随着人、物、信息的跨界流动，对各种不同人种、不同思想的包容变得尤为重要。"包容性发展"这一概念使发展中国家和发达国家间的界限越来越模糊，因为无论是发展中国家还是发达国家都必须面对社会边缘化、弱势化、社会排斥及随之而来的诸多社会问题。

良好的效能、成熟的市场机制和长期稳定的结构性公正是一个国家社会政策有效实施的保障。要实现这一目标，政策制定者首先应该转变观念，从过去仅仅向社会提供服务转向提供公平的机会和社会正义。

二 社会排斥与社会融合问题

说到社会包容就不得不说社会排斥，世界上任何一个社会都或多或少地存在着社会排斥现象，总是有那么一些人被剥夺各种机会。当今世界，无论在什么样的社会，都或多或少地有那么一些人（特别是社会弱势群体），由于种种原因（或障碍）而不能很好地参与国家（或地方）的政治、经济和社会生活。更糟糕的是，周围的人对他们往往持有各种成见、偏见或歧视，剥夺了他们获得好生活的机会，甚至做人的尊严。

当今世界，有很多政治上的波动和社会变革都是由人口、空间、经济和知识的变化造成的。这些变化不是一两天内发生的，而是多年累积而成的，它们最终可能导致包容，也可能导致排斥，从而改变社会包容的环境条件。

世界银行的报告认为，社会包容是建设一个让所有人共享繁荣社会的重要基础。社会不平等和贫困是一种结果，但社会排斥既是一种结果也是一个过程。社会排斥与贫困有关，而且可能是贫困的根源，但贫困并不完全等于社会排斥。无论是个体还是群体，被包容或被排斥都与他们的身份有关，如性别、种族、种姓、民族、宗教和身体残疾等。现代社会出现了一些过去不曾有过的新身份，如无国籍者、艾滋病患者、同性恋者、双性恋者、变性人等，他们在很多文化环境下也比较容易成为社会排斥的对象。随着国内外移民现象越来越普遍，移民的身份问题越来越受到研究者的关注。

世界银行有关社会排斥的理念主要包括如下几点：

所有国家都存在被排斥的群体；

被排除在外的群体始终得不到机会；

无处不在的全球化带来的社会转型为社会包容创造了新的机会，也有可能加剧现有的社会排斥形式；

人们通过市场、服务和空间参与社会；

社会和经济转型影响人们的态度和观念，当人们根据他们的感觉行事时，最重要的是要注意他们的态度和观念；

社会排斥并不是不可改变的，大量证据证明，通过有计划的行动可以实现社会包容；

要想取得进展，就需要更广泛、更深入地了解排斥现象及其影响，并采取一定的行动。

虽然贫困与社会排斥总是具有某种程度的关联性，但它们之间并不能相互替代。富裕的同性恋者、被剥夺政治权利的中产阶级等都可能成为社会排斥的对象。如果站在整个人类社会发展的高度来看，我们不禁要问，为什么要消除和减少社会排斥呢？因为严重的社会排斥会给整个社会的稳定运行带来挑战，比如带来经济上的损失。

接下来的问题是，我们可以通过努力来消除社会排斥吗？如果能的话，通过什么样的方式来消除或减少社会排斥？答案是肯定的，人类社会可以通过有计划的行动逐步消除和减少社会排斥，其中主要的方法有改进教育或提供受教育的机会，实施各种具体项目。

有意思的是，社会科学研究者常常觉得，从解释社会排斥入手来理解社会包容远比直接说明社会包容要容易一些。要发现和测量一个社会是否包容以及包容的程度如何并不容易，但即便是普通人也都能直接感觉到，在当今社会生活中，社会排斥是普遍存在的，无论是发达国家还是发展中国家，概莫如此。虽然在很多情况下，各种社会排斥总是隐藏在光鲜的、看似公正公平的表面下面不易察觉，但只要稍微留意一下，人们便不难发现，日常生活中无时无刻不充满着各种程度的社会排斥。了解了社会排斥，人们也就不难明白什么是社会包容了。那么，如何发现和分析社会排斥呢？

首先，我们要发现哪些人、因为什么原因被排斥在主流社会生活之外。其次，我们来考察是什么原因阻止了一个群体内部或群体之间某些人正常参与相应的政治、经济和社会生活。最后，周围的其他人分别给他们贴上了什么样的标签。

在传统社会生活中，身份认同（Identity）是决定一个人（群体）被社会包容或被社会排斥的关键因素。不同民族（种族、种姓）、性别、宗教信仰、社会地位等都可能影响一个人（群体）参与政治、经济和社会生活机会的多寡。随着现代社会的发展进步，一些新的社会排斥因素正在很多社会文化背景下形成，比如，不同的性取向、国籍、艾滋病感染等往往成为社会歧视、偏见的根源，特别是当移民（包括国内和跨国移民）成为一种普遍的社会现象的时候，社会包容或社会排斥的根源越来越表现出多样性的特征。

在现实生活中，任何人都不可能只有单一的身份，多重身份才是人的社会本质。当一个人同时具有多重身份的时候，他（她）身上就完全可能出现身份交叉（Intersectionality）现象，即，在某些身份下，他（她）被社会排斥了，在另一些身份下，他（她）却处于被包容的状态，而且不同的身份交叉可能会产生不同的社会包容或排斥效果。既然每个人的身份交叉能够产生如此多样性的包容与排斥，我们可以确定地说，任何一个社会群体都不是完全同质的，即便是同一个群体内部，不同的成员之间所获得的社会包容和排斥也会存在差异。更重要的是，人们在选择对群体内外的某人采取排斥或包容态度的时候，总会在一定程度上达成某些共识，比如大部分人都会同时对某人采取包容或排斥的行为。那么是什么样的价值、机制导致了这样一种共识的达成呢？

社会排斥不仅是一种看得见的社会行为，也是一种看不见的心理活动。人们常常容易用某些固化的、带有偏见或成见的眼光去给周围的人"贴标签"，而不是依据具体时空、事实来决定包容或是排斥一个对象。

社会排斥可以是公开的，也可能是隐晦的。无论是哪一种，都深深植根于无形的社会习俗和信仰。这些由排斥者和被排斥者共同构建起来的习俗和信念是各种刻板印象、偏见和成见的来源。由于习俗和信念已深深植根于人们的内心深处，所以，他们并没有意识到这些东西的存在，只是下意识地表现出排斥的行为。比如，某个老板在招工的时候，一听说求职者来自某个地方，就毫不迟疑地拒绝录用。

自中华人民共和国成立以来，民族团结、民族平等、共同发展、共同繁荣一直是国家努力的方向。也就是说，民族身份并没有导致中国社会对某个民族的普遍歧视和排斥。然而偏远民族地区的贫困却是实际存在的事实，所以，单纯从社会排斥来解释贫困的根源并不能完全令人信服，资源禀赋也应该是一个重要的因素。或者应该说，不是社会排斥导致贫困，而是贫困可能引起社会排斥，因此社会应对贫困人群给予更多的包容和帮扶。

2013 年的联合国秘书长高层论坛在讨论 2015 年后的发展议程时，呼吁联合国在制定发展目标时要照顾到那些被排斥的人群。每一个人，无论其民族、性别、地区、身体是否残疾、种族、社会地位，都应享有基本的人权和经济发展机会。

第二节　国家主导发展下的社会整合与包容问题

现代社会是一个不断创造差异又不断努力整合各种差异的过程。价值、关系和体制持续分化（或叫多元化）成为一种常态。分化和整合似乎是一对矛盾的现象，如何发现制造差异的社会机制和如何发现社会整合的机制同样重要。经济体系是其中最具代表性，也是最为大众所熟知的社会差异和社会整合机制。另外，经济活动导致的收入差异使得人与人之间在物质获得、社会地位、精神感受、生活便利及包括话语权在内的各种权利方面出现了不同层次和类型的差距。

社会整合的一个视角是社会依赖的创造机制及其运行过程。无论是迪尔凯姆的机械团结和有机团结概念，还是洛克伍德的关系整合和系统整合概念，其核心本质实际上是社会成员之间的相互依赖，这是人的本性决定了的。当人们说人是社会动物的时候，其实是在说人类个体本质上需要物质和精神方面对他人的依赖。物质依赖是保障人类生物体得以存在和延续的基础，而精神上的依赖是人类个体找到生存感、生命意义的必要条件。人与人之间的依赖可以分为两大类：一类是通过物的交换获得满足自己生存和发展需要的条件，另一类是通过共享某些价值而获得精神上的满足。

在过去的社会科学研究中，很多理论给人造成一种错觉，好像工业社会之前的人享有更多的"共同价值"，集体的利益往往超越个体的利益，而工业社会（特别是信息社会）之后，人们追求的聚焦点逐步从价值共享偏移到以个体为核心的物质欲望的满足。在迪尔凯姆看来，这种转变的根源是工业化带来的社会分工。随着现代社会分工的逐步深化和细化，人类的个体化趋势越来越明显。这就给人一种错觉，仿佛前工业社会的社会整合程度要高于现代社会，甚至有人常常带着某种"念旧"情怀去讨论前工业社会的社会整合。

事实并非如此，前工业社会的社会整合往往是在某种专制的形式下创造出来的严重依赖。比如，在帝国社会生活中，王权总是通过权力的神秘化迫使广大臣民接受其存在的合理性，从而产生对王权的严重依赖性。在家庭生活中，由于个体赖以生存和发展的资源都属于家庭或家族，个人很难在家庭之外找到新的谋生手段，所以，个体对家庭的依赖是其生存发展的基础。这两种整合的方式并不是因为个体对共同价值的完全认同，而是个体生存发展的需要迫使其不得不依赖帝国的体系和家庭的资源。当然，不可否认的是，在这样的社会和家庭里生活时间长了，个体在无形中接受了其中普遍认同的价值，但这是结果而不是目的，也就是说个体不是因为认同这样的价值才接受这种生活方式，而是个体不得不按照这种方式生活，长此以往逐步接受了与这种方式相关的价值观念。

从这个角度来说，无论是在前工业社会（所谓传统社会）还是在现代社会生活中，人与人从本质上来说是相互依赖的关系，正是这种依赖才创造了社会的整合，只不过传统社会与现代社会在创造个体之间的相互依赖时所采用的机制不同罢了。在传统社会中，等级分明的权力结构迫使每个个体不得不按照"命定"的位置将自己镶嵌到相应的结构位置上。在社会流动较小的背景下，个体与周围人之间的依赖往往是可以直接感知的或者说在大多数情况下是"有形的"。现代社会则是用显性的官僚体系、司法体系和市场体系将个体整合在一起。它与传统社会中的整合最大的不同有两点。其一，非直接感知或"无形的"，即表面上似乎没有依赖性，实际上却是紧密依赖的，而且这种依赖往往是以某种比传统社会更强制却又让人错误地以为可以轻易摆脱的形式出现在人们的生活之中；其二，个体具有更多自主选择进入或不进入某个具体体系的权利。

现代社会如何创造这种依赖性，个体又如何通过操纵现代背景下的依赖性来达到自己的目标？回答这个问题对于研究现代社会的整合方式具有非常重要的价值和意义。问题是如何定义依赖？如何在现实生活中去发现依赖的产生、发展、强化过程呢？

权力系统是社会差异和社会整合最重要的源泉。在传统社会生活中，权力常常以武力或势力的形式显现，谁能掌控权力，谁就能主宰社会和他人的生活。当然，武力或势力并非权力的唯一形式。人与人之间的互动（如礼物交换、亲属关系）同样可以产生强制力，迫使他人（无论愿意与否）去做某件事。

表面上现代文明社会已经不是靠武力或势力解决问题的时代，但是现代社会越来越精细的社会分工使得人与人之间的差异变得更多样、更复杂、更巨大，同时又是通过社会分工将各种不同的群体或个体在超越个人喜好的基础上整合起来。

尽管社会分化和整合相互交叉和重叠，无法单纯孤立地探讨其中的某个方面，但一个非常棘手的问题是，在社会分化（甚至个体化）成为整个社会发展的基本趋势的背景下，靠什么东西来将不同的人整合到一起？

现代社区层面的整合大致可以从三个视角来进行分析：原住社区的整合、社区融入、社区多元整合。显然，独龙江乡的当下情况与这三个维度都有一定的关系。从以家族（氏族）为基本单位分散居住在山上的聚落合并到 42 个村庄，再进一步合并到 26 个定居点，大部分独龙族原住社区被半强制、半自愿地整合起来。由于新的定居点住房、交通、水、电等各种基础设施完备，生活条件极大改善，被融合到新定居点的大部分村民都比较满意（从第三章的叙事中可以看出来），只有极个别的老年人因故土难离或需要照顾牲口仍然居住在山坡上。

从理论上来讲，所谓原住社区的整合是指那些在相当长的时间内都没有人口流动（即便有也是少量的人口流出）的社区的整合。很多研究者习惯于将此类社区作为一个固定的存在（或对象）来加以研究，因此，结构、功能、符号等就成为主要的解释方法，即通过分析社区内部的社会结构、各种文化现象的功能，以及意义（或集体意识）的达成和表述来研究一个社区内部成员之间的联系。这种社区整合的最常见方式为权力（或权威）、交换。权力有可能来自政治结构、社会组织、宗教等，也可能来自武力、势力或者个人魅力。交换则是建立相互依赖的重要方式，正是依赖的创立和维持把不同的个体紧密联系成一个整体。

社区融入是指某个（某些）个体从一个群体进入另一个群体的生活适应过程。这种视角更多的是考察进入者如何在各个方面去适应既存的社会生活形态。对于那个既存的社会机制，研究者并不重视，他所关注的是那个进入者所经历的融入过程。对于大多数独龙江乡的村民来说，原来住在山坡上的人家有自己开垦的火耕地，邻里基本都是亲戚，相互之间少有利益上的冲突。突然间要在村子里与不同的人（包括家族内外，甚至来自全国各地的人）打交道，要学会适应村庄的管理方式等，这就涉及个人或家庭如何融入一个村庄的生活的问题，能否顺利融入村庄的生活，对于独龙族个体未来的发展还是有很大的影响的。

社区多元整合是现代社会最常见的一种方式，多个个体或者群体因种种原因重新组合成为新的社区群体。他们也许是在原住型社区的基础上重建新社区，也许是一种全新的"拼合"。但不管哪一种组合，其关键的核心都是要建立起一套新的机制，重新设定成员之间的关系，因而也就不得不创造出一种新的文化。这一类型的复杂性在于两个方面。一方面，成员是带着各自不同的文化背景和生活模式进入这个新群体的。他们进入的时候或许有一个稍微占主流地位的原生文化存在，也许完全就是一个大杂烩。无论哪一种情况，成员之间都需要不断地 Negotiation（协商）。另一方面，在现代协商过程中，各种话语（特别是主流媒体）的作用不可忽略。表面上成员之间的 Negotiation 与其原有的社会文化生活背景有密切的联系，实际上人们每天耳濡目染的大众媒介在引导人们的价值观、判断、选择等方面发挥着极其重要的作用。就独龙江乡而言，社区的多元融合是每一位村民不得不面临的重要问题。来自全国不同地方的上门女婿、商人、旅游者、探险者及各种类型的服务人员正在迅速改变独龙江的人口构成。他们之间如何和谐共处、包容、共同发展繁荣是独龙江乡未来发展必须要考虑的问题。

1995 年在哥本哈根召开的社会发展世界首脑会议将社会发展定义为"创造一个为所有人的社会"。从这个角度来说，英文中的 Social Integration 可以被理解成为实现这样一个社会而建立必要的价值、关系和制度的过程。然而，这样一个定义很容易让人误以为社会整合就是强制性地将那些边缘的少数群体拉入主流社会中来，让那些叛逆的年轻人去做所谓的"正经"的工作。所以，Social Integration 研究的重点是那些社会弱势群体如何被社会排斥或者社会该如何帮助他们回到社会主流中来。

为了创造更公平、公正的社会，社会整合需要重新讨论和定义社会契约，重新界定公民、国家和私立部门的权力（利）和义务，促进各种价值、关系和制度的进步，让所有人在权力（利）和机会均等、公正与尊严并存的基础上参与到社会、经济和政治生活中来；同时，对在社会正义原则基础上促成"为所有人的社会"的制度建设过程进行描述。社会政策不再是单纯致力于提供基本的社会服务和社会保护，更重要的是应提供更多的就业机会、消除各种不平等的社会身份和社会机制。其基本的原则是社会经济资源的再分配，发出代表各种政治派别的声音，承认各种文化和社会身份。

有学者认为，就资源分配而言，公众需要采取共同行动来解决收入、财富和其他收入不平等的问题。在政治上，要让人们在各个决策层都有更多参与的机会，让政府的运行更加公开透明。在政策上，需要强化少数群体其他社会群体和行动的需求，以便消除大家对这些群体的社会偏见。

对于政策制定者来说，这一社会融合所面临的主要挑战是要保证各交叉部门之间的衔接，要制定一系列相互兼容的政策，促进社会公平，为弱势群体提供公平的社会环境。在具体实践中，身份的认同和文化实践并非总是有助于人们进入劳动力市场和增加收入。在政治过程中支持、参与、代表等方式并不能自动地转化成更大的公共资源平等。将弱势群体手中的资源作为目标常常会加重社会偏见和歧视，并非总能促进必要的跨群体合作，以获得政治上的支持。

然而，事情远没有那么简单。在现实生活中，社会精英和富有阶层总是通过社会权力关系、政治、组织和价值来维护他们特有的社会地位。弱势群体不仅被排斥在主流社会之外，他们还常常因各种偏见、虐待、暴力和剥削关系而在家庭、社区和市场上受到不公平的对待。因此，所谓社会融合必须改变那些维系各种不平等关系的社会价值和制度，而不仅仅是帮助弱势群体进入主流社会。

笔者认为，从社会整合的角度来看，国家层面上的融合努力一直持续不断。民主改革、民族区域自治、整体帮扶等无不体现着国家主导式发展的努力，但这些努力并不代表社区层面的融合就完全没有问题和困难。事实上，随着市场经济规则的引入，市场竞争必然成为日常生活的常态。在此背景下，不得不重新思考社区内部的整合问题。按照洛克伍德的观点，我们可以从两个不同的视角来看待社会整合：其一是以"行动者之间和谐的或冲突的关系"为核心的社会整合；其二是系统各要素、部分和环节之间相容、不相容（甚至矛盾、冲突）关系的系统整合①。

人类技术进步所造成的结果之一就是原有的社会秩序被大规模地打乱。比如，蒸汽机的发明大大促进了现代纺织、铁路的发展，并最终将人类从农业社会带入都市工业社会，随之而来的是乡村生活中以亲属关系、面对面的接触为基础的个人关系网络逐步被法律、规章制度框架下那种形式化、缺少人情味的契约关系所取代。换句话说，非正式的社会规范和价值观念逐步被理性的、正式的法律和规章所取代。

在前现代社会关系中，"地位"是社会差异和社会规范中的关键词。一个人的权利和义务都与其在社会体系中的位置有着非常紧密的关系。其在社会中的责任和义务常常处于一种模糊不清的状态。个体的社会地位通常是被赋予的，个体几乎无法选择（也很难摆脱）这样的社会关系。而现代社会中的关系以契约为基础，个体有很大的选择权。在契约中，个体要承担的是契约（而非道义）责任。

而在现代社会生活中，人们似乎把传统社会生活中的那些社会地位、社会身份及相应的权利和义务视为个人发展的障碍。比如，尼采眼中的"超人"就是不受一般道德准则约束的人。所以，现代社会努力要做的一件事似乎就是将个人从传统的社会规范和道德准则中解放出来，性解放、妇女解放、女权运动等社会运动就是其中比较典型的例子。也就是说，在现代社会生活中，那些维系家庭、社区和民族的联系和普遍价值观念正在迅速弱化。

文化成为一种选择而非一套对我们的行为具有限制和约束作用的社会规则。比如，文化被认为是与某种食物及食用方式相关的一套行为方

① Lockwood, David, "Social Integration and System Integration", in G. K. Zollschan and W. Hirsch（eds.）*Explorations in Social Change*, London: Routledge and Kegan Paul, 1964, pp. 244 – 256.

式，个人可以选择而非必须接受。人们可以选择吃麦当劳、喝咖啡，也可以选择吃米线和喝茶，这种选择并不会影响一个人的身份认定和行为方式。在这样的社会中，"一个群体之成员共有的一套非正式的、允许他们之间进行合作的价值观或准则"[①]，即社会资本，成了文化的核心内容。

家庭是社会资本的重要来源，家庭成员与陌生人相比，相互之间的信任要大得多，但这并不意味着全世界的家庭成员之间的信任都是一样的。家庭联系的力量总会因不同的社会或其他相关类别的社会义务变化而表现出不同的形式。福山认为，人类社会的大分裂打破了原有的社会秩序和社会规范，在西方世界中，最重要的指标是犯罪率、离婚率、私生子率持续上升。人的自然状态是一个由"许多道德法则所规范的、有秩序的文明社会"[②]，一旦这种秩序被破坏，人类就会努力去重建新的社会秩序。为什么呢？因为人从本性上来讲就是社会性的动物。人类天性中的理性会促使人们去寻求与他人合作的恰当方式。

"秩序的产生不是森严的政治或宗教方面的权威所委托的自上而下的委任统治权带来的结果，而是权利分散的个体自行组合的结果。研究秩序是如何产生的，是我们这个时代最有趣味、最为重要的一项智力发展。"[③]涉及的主要问题是社会秩序是从哪里来的？在不断变化的情况下，社会秩序又是如何演化发展的？

信息社会到来之前的秩序主要来自中央集权的等级制度和理性的官僚政治的等级制度。信息社会一方面通过各种规章将人们组织起来，另

---

① 〔美〕弗朗西斯·福山：《大分裂：人类本性与社会秩序的重建》，刘榜离等译，中国社会科学出版社，2002，第18页。

② 〔美〕弗朗西斯·福山：《大分裂：人类本性与社会秩序的重建》，刘榜离等译，中国社会科学出版社，2002，第6页。

③ 〔美〕弗朗西斯·福山：《大分裂：人类本性与社会秩序的重建》，刘榜离等译，中国社会科学出版社，2002，第7页。

一方面又不得不把各种权利分散和移交，依靠人们自行组合。

对于全球化正在给人们（或将给人们）的社会文化生活带来的影响的评价则见仁见智。从社会科学的角度来看，全球化带给人类社会的负面影响和担忧似乎总是更容易成为讨论的重点，其中最核心的两个焦点是个体化趋势及其社会蕴含、经济全球化给人类文化多样性带来的冲击及其问题。

经济上的全球化早已经成为妇孺皆知的不争事实。最典型的是每一次经济形势的大变动给人们带来的切身感受让普通的老百姓也能认识到当今世界的相互依赖性。人是社会性动物，这已经成为无可争辩的事实。无论是从物质还是从精神来说，人类个体都离不开与他人的合作和联系。如何规范和促进不同时空背景下人与人之间充满矛盾的合作关系一直是社会学、人类学研究的热门话题。在现代经济体系真正建立并得到大家的普遍认同之前，亲属结构、宗教信仰和政治秩序一向被认为连接人类个体的三条主要桥梁和纽带。

第三节　独龙江乡的经济发展与资源禀赋的转变

新中国成立以来，通过制定、实施和完善中国特色民族政策，国家对少数民族地区一直采取包容性的发展策略，把民族平等、民族团结放在发展的优先位置。这一社会治理理念是基于对少数民族历史和现状的深刻认识而提出来的。20世纪50年代民族识别以后，在马克思主义理论指导下，中国政府以生产力水平作为衡量一个地区、民族的经济社会发展水平的基本尺度，确定不同地区、民族处于什么样的人类历史发展阶段。独龙江乡的生产力发展水平被认为处于原始社会阶段——人类历史发展的最低一个阶梯。所以，让独龙江乡的村民与其他民族的群众一道进入社会主义社会，共同发展繁荣，实现整个国家的包容性发展一直是中国政府发展的战略。无论是从宪法、法律的角度，还是从国家政策

的角度来说，中国都没有对民族地区的发展设置所谓的"发展障碍"、
"参与障碍"或是"人权平等障碍"，相反，国家一直在各个方面、通
过各种办法努力扶持民族地区的发展。普通的民众也不存在对少数民族
的歧视、不平等对待等行为，而是积极参与捐赠、扶持等，整个社会形
成了对少数民族的包容与接纳氛围。但问题是，像独龙江这样的地区为
什么仍然那么贫困呢？他们未来的生活是什么样的呢？还会继续贫困
吗？笔者认为要回答这些问题，必须对相关的各种因素进行系统分析，
其中最重要的就是对制度、文化和资源禀赋进行分析。

国家对独龙族、独龙江乡的大力扶持和主导或发展本身就是中国和
谐社会和包容性发展理念的重要体现。从国家层面上来说，新中国成立
后，汉族与少数民族的关系，少数民族与少数民族之间的团结、和谐、
包容关系就一直是整个国家发展的重要目标之一。民族区域自治政策不
仅确定了民族关系、各民族政治地位、发展目标和前进方向，而且体现
了中国国家发展过程中的民族包容性，强调各民族之间的大团结，为未
来的国家建设和发展指明了方向。

从民族的角度来看，20世纪50年代独龙族的民族身份正式被确
定，并通过"直接过渡"的方式进行了社会主义民主改革。当时人口
不过2000多人的独龙族与其他民族一样获得了政治上的平等地位。国
家通过发展教育和有意识地培养独龙族干部，让独龙江乡村民有更多机
会参与国家的管理、建设和发展。在近70年的发展过程中，独龙族干
部人数快速增加，一般50岁以下的独龙江乡村民都或多或少地接受过
一些学校教育。但由于交通闭塞，独龙江乡与外界联系甚少，再加上当
地独特的地理、气候条件影响，独龙江乡经济发展水平远低于中国的很
多地方，生活条件非常艰苦。笔者由此反思一个重要的问题：一般概念
中的社会包容特别强调让所有利益相关者广泛参与到与他们切身利益相
关的发展过程中，只有这样才能让发展更公平、公正、平等和更加包
容。从理论上讲这是毋庸置疑的，但在实际生活中，政治上的平等程度

与经济上的发展程度有时候并不是完全同步的。经济的发展并不必然导致社会的公平、公正和包容，反过来说，政治上得到了充分的赋权，经济上也未必就能实现共同富裕。这两者之间有很多的共同点、关联点，但也有很多的差异性。中间的鸿沟需要通过一定的协调和干预来"填平"，国家就是最重要的协调主体之一。

从村级（社区）层面上来说，独龙江乡的村民传统上是以家族（氏族）为基本单位分散而居的，家族（氏族）之间的相互交往并不频繁，属于整个族群的"集体活动"（如集市、节日庆典、宗教仪式等）不是很多。氏族与氏族之间接触很少，利益纷争不多，因此也就说不上有什么冲突、排斥，更说不上有太多的包容。新中国成立以后，国家正式确定、认可的独龙族身份无论是从象征还是从实质的意义上来说都是一个凝聚和包容全体独龙族成员的重要符号。在之后的几次重大政治运动中，人民公社制度让独龙江乡所有的独龙族家庭和个体开展集体劳动，以工分作为按劳分配的基本依据。这种劳动组织方式在一定程度上使独龙族个体开始尝试着适应超越氏族组织的村社（或社区）生活方式，人们不得不学会处理与氏族之外的村社成员之间的关系。改革开放后在农村实行土地承包制，很多家庭又搬回了原来属于氏族的土地。之后，随着独龙江公路的开通、政府对独龙族扶持力度的加大，很多家庭为了孩子上学或别的原因，逐步从山坡上搬到独龙江两岸，正式开始集中的村社生活。特别是到2015年底的时候，差不多所有家庭都从山上搬迁到交通比较方便的村社中居住。

整乡推进行动彻底实现了独龙江乡的路通、电通、水通、信息通之后，当地外来人口迅速增加，运输业者、小商品经营者、旅游者、上门女婿等在不知不觉中改变着独龙江乡的人口构成。这个时候对社会包容、社会排斥的思考边界开始超越氏族、村社，甚至与整个外面的世界建立了联系。独龙族社区的老百姓不得不重新思考、适应这种多样性的人口构成。人与人之间的竞争意识开始萌芽和成长，而竞争的必然结果就是人与人之间的距离不断拉大。

从第三章的叙事中可以看到，政府对独龙江乡发展的整体推进不仅改变了独龙江乡生活的全貌，而且给独龙江乡带来了新的竞争方式。随着外来人口的介入，市场意识、消费理念和竞争意识等都迅速在村民中扩散，从而导致人与人之间出现了广泛的比较和竞争意识。家族或氏族成员之间的关系与市场经济形成的人际关系并行不悖，甚至前者干脆让位于后者。有的村民坦率地说："氏族成员之间的关系不是那么重要了，有的年轻人甚至连自己的氏族名称都忘了。"很多家庭也学着其他地区的方式，结婚请客、过生日请客、家里小孩出生100天请客等，请客的时候也不受家族（氏族）边界的限制，只要认识或多少有些交往的人都请。受请的人也都要随礼。

在独龙江公路改造完成之前，在贡山县城与独龙江之间跑运输的司机基本都是外地人，其中大部分是丽江永胜人。W师傅1999年前就从永胜到独龙江乡来谋生了，刚来的时候他还是个不到20岁的小学徒，整天跟着师傅砌公路挡墙。他从公路中看到了商机，1999年公路通车后，他就买了一辆货车在贡山县城至独龙江之间跑运输。当时道路泥泞、通行困难，经常碰上泥石流，有时被堵在半路三五天，甚至长达一个星期，一路上又没有人家可以借宿和吃饭，生活极不容易。不过十年后，W师傅就有了两辆货车和一辆出租车。他自己开一辆货车，继续往独龙江运货，顺便搭载客人，另一辆货车由他的小舅子开着经常在六库、福贡、丙中洛一带搞运输。出租车则承包给别人，在贡山县城里跑。正如第三章中的B师傅描述的那样，当时道路通行条件极差，很多人还没有看到独龙江乡潜在的商机，所以，货运或载客的价格都非常高。笔者一行想从孔当村包车去献九当村，约7公里路程，司机竟然开口要1000元，最后只好自己走路去，当天往返也没什么问题。由于当时到独龙江乡的游客不多，偶尔来徒步探险的大多是来自北京、河北、山东、上海这样一些发达地区的人，为了保证旅途安全和愉快，在很难找到车的情况下也不得不接受这种高得离谱的打车价钱。这就给那些专门在这一带跑运输的司机提供了良好的赚钱机会。有探险者说："多出点儿就多出点儿吧，就算是为当地的发展做点贡献。"只是他不知道，他眼中的"当地人"其实不是真正生活在独龙江的人，而是从外地来淘金的人。当时，生活在独龙江乡的独龙族村民没有资金，也没有意识参与到这场竞争中去。外地来的司机几乎垄断了独龙江乡的运输市场。2014年底，独龙江公路改造完毕正式通车的时候，那些外来的司机大部分都已经积累起了相当的资本，占领了运输竞争的制高点。这个时候，一些年轻的独龙族村民才开始购买面包车，参与到竞争中来。更重要的是，他们还不太适应市场经济的法则。2017年1月当笔者独自带着几个行李包，从县城到孔当村的公交车上下来，站在广场上准备找车去巴坡村的时候，笔者发现周围停着好几辆微型车，竟然没有人主动来问笔者需不需要包车，而是等着乘客去问他们。笔者去问的时候，他们都说要200元（19公里路程）而且不愿意讲价，没有任何余地。最后，一辆从丙中洛送客人到独龙江乡的小客车愿意收50元把笔者送到村里。显然，在这场小小的竞争中，外来的司机赢了。他在平坦的柏油路上来回38公里就能得到50元，而那些不善于招揽客人，也不善于讲价的人则失去了一次赚钱的机会。他们在市场竞争的道路上才刚刚起步，还需要一段时间的学习和适应。

当地人的这种不适应就给了像B师傅这样的上门女婿更多的发展机会。正如B师傅自己经常自豪地说，他每天往返于县城和独龙江乡，"基本不愁没有客源"，因为他很善于与各类客人交流，甚至经常主动与客人建立微信联系。正因为如此，他虽然是独龙江乡发展的"后来人""外来者"，没有土地，没有任何国家的扶持，但他仍然能够迅速地找到自己的位置和发展机会，几年内就成为当地比较富裕的人士。

独龙江乡的超市发展也面临同样的问题。2010年笔者第一次到独龙江乡的时候就发现，乡政府所在地孔当的商店大部分是外地人（特别是湖南人）经营的，即便是村里的小卖部也大多是来自福贡、贡山等地的人经营的。餐馆则是来自永胜、保山、四川、福贡等地的人经营的，当地人经营的商店和餐馆不超过 20%，而且当地人经营商店或餐馆的往往是有上门女婿、有人在县城或其他城市工作的人家。到 2017 年的时候，经营商店或餐馆的当地人不断增加，但孔当 85% 的大型超市、酒店、餐馆仍然是外来人口在经营，当地人主要在村里开小卖部。一部分独龙族青年已经开始扮演中间商的角色，到村民家中收购当地特产（如蜂蜜、草果、葛根粉等）然后转卖给外地来的商人。

在政府的鼓励下，一些妇女、老人利用空闲时间编织独龙毯卖给外来的旅游者，但总体销量不大，很难形成规模化的生产。其原因是虽然采用独龙族的传统手工编织方法，但编织用的不再是自纺的麻线，而是商店里买来的彩色棉线（甚至化纤线）。有限的销量导致村民之间在销售独龙毯时不得不在价格上做一定程度的让步和灵活处置。

:::: 第五章
国家主导式发展背景下的
竞争与包容

如果说，全球化是指全球范围内经济活动中各种要素之间的相互依存和世界政治舞台上国家与国家之间相互制约的增强的话，全球化的确是一种不可阻挡的趋势。虽然国家之间的博弈和各种利益冲突依然普遍存在，但任何国家都不可能像过去（如前工业社会）那样随心所欲地处理本国与他国的关系了。即便是势力强大的现代国家，也不得不谨慎处理与哪怕是最弱小的国家之间的关系，因为每一种关系的背后都牵涉许许多多的复杂关系。原因是国家与国家之间的竞争性和依赖性变得越来越强，而且竞争导致了相互之间的依赖，同时依赖又促进了竞争。

国家之间的关系如此，地区之间的关系也如此，人与人之间又何尝不是如此？

国家主导式发展主要有几个方面的特性。一是统一规划。地方的发展是整个国家发展的一个组成部分，扶持地方发展是国家整体战略的具体体现，它体现了国家的意志。二是国家投入。像独龙江乡这样极端欠发达的地方，自身资源极其有限，再加上交通闭塞，单靠自身很难实现跨越式发展，赶上整个国家的发展步伐。独龙江乡整乡推进行动的 12 亿元资金都是由各级政府整合各方面资金筹措的，几乎没有（也不可能）让当地百姓自己投入部分资金来参与发展。三是国家动员。与大多数西方实践不同，中国政府站在国家战略的高度先对地方的发展进行顶层设计，确定基本路线和方略，与地方各级政府形成共识，然后，选派干部下乡动员群众广泛参与。这是比较典型的自上而下发展模式。政府很多时候需要宣传,需要告诉老百姓发展可能给他们带来的种种好处,甚至需要通过一些示范项目,让老百姓真切地感受到发展带来的各种好处,只有这样才能充分动员老百姓参与国家设计的发展过程。

据各种史料记载,在新中国成立之前,除了邻近的土司、头人偶尔派人去收租或少部分人去寻找药材外,很少有外面的人涉足独龙江乡。从贡山县人民政府成立起,政府就积极努力修建贡山-巴坡人马驿道,打通了独龙江乡与外面世界的通道,外面的商品、物资能够通过人背马驮的方式进入独龙江乡。与此同时,边防部队官兵、政府工作人员、教师进入独龙江乡以后给那里带去了知识、新的生产技术、种子,培养当地独龙族干部和国家工作人员。消除了民族之间的歧视,独龙族在政治上获得了平等的地位。这对独龙江乡来说是发展的第一个重要节点。在第三章的民间叙事中,50 岁以上的村民都或多或少会回忆起那段历史,足见这段历史对于老百姓生活的重要影响。

第二个重要节点是"大集体"生产时期以及改革开放后政府鼓励和支持村民从山上分散的居住点搬迁到独龙江两岸的村庄里。在村民的叙事中,集体生产的真正意义在于将原来以家族(氏族)为基本单位的居住方式和生产方式变成了不同家族(氏族)的成员共同居住、共同劳动的居住方式和生产方式。虽然很多人只是为了方便集体生产而不得不寄居在亲戚家或临时搭简易住房,但这种生产方式使得独龙江乡村民扩大了交往范围。正如部分村民说的那样,当时的生活是很艰苦的,但也会觉得那么多人在一起劳动、唱歌能给人带来一些快乐。

独龙江乡整乡推进行动与以往的几次重要发展节点不同,它不仅让独龙江乡的基础设施、各种生产生活条件发生了根本性的改变,它还带来了很多的"外来者"(或叫竞争者)和市场经济的基本原则,特别是竞争机制。对于长期生活于相对封闭环境中的独龙江乡村民来说,人与人之间的关系是相对简单和稳定的、人与人之间的收入差异本来是不明显的。虽然生活比较困难，但社会的包容与和谐并不是一个突出的问题。但随着交通条件和生活环境的改善，来自全国各地的人都会来这里寻求发展机遇。这些"外来者"在当地没有土地、山林、人脉资源，也不享受政府的扶持，经商和跑运输几乎成为他们的不二选择。开始的时候，很多独龙族村民并没有觉得这些"外来者"与他们有太多的相关性，只要这些"外来者"不与自己争土地、山林和国家的各种扶持资金，就可以相安无事，因为他们赖以生存和发展的资源是不相同的。但是随着时间的推移，眼看着这些"外来者"一年赚几万元，甚至几十万元的时候，一部分独龙族年轻人开始坐不住了。他们也想买车跑运输，也想开商店，也想通过各种可能的方式来赚钱。这样，市场经济的竞争就在不知不觉中进入独龙江乡村民的乡村社会生活中，以一种潜移默化的方式改变着人与人之间的关系、人们的思想观念和社会治理模式。

那么，如果没有国家主导式的发展，是不是就不会出现这样的变迁了呢？不是的，即便在一个完全自主发展的地区，市场经济的竞争同样会出现，这是现代社会或者说全球化的必然结果。所谓发展本身就意味着要打破原有格局，建立新的关系模式。但是笔者认为，国家主导式的发展往往不是一步一步缓慢发展起来的，而是"跨越式"的发展。由于发展的受益者并不是发展的直接设计者，所以，会产生一种"幸福来得太快"的感觉。由于经济、社会的变迁速度太快，当事人往往需要一个适应的过程。在这个快速变迁、快速适应的过程中可能产生社会包容，也可能产生社会排斥。

第一节　社会交换体系与社会融合过程

从社会本身的特性来讲，现代社会是一个不断趋同，同时又在不断制造差异的过程。趋同是因为物质上的相互依赖和信息的广泛传播，差异是积累的财富及将其转化成资本所造成的结果。从这个意义上来说，无论是趋同还是差异，行为的主体都主要是个人。虽然我们并不否认社会制度对人的行为的激励或制约作用，但个体并不仅仅是制度中的某个"零件"，而是怀有个人目的、懂得策略性选择的能动者。以前面提到的独龙族地区为例，虽然政府主导了当地的发展，并且从多方面保证每一位独龙江乡村民都能平等地享受国家主导发展带来的好处，但受诸多因素的影响，人与人之间在收入、消费及生活质量上还是不断出现差异，而且相互之间的差距在拉大，所以，对研究者来说，一个很重要的问题是导致这种差异的根本原因是什么？在差异的社会再生产过程中主要受到了哪些因素的影响？

众所周知，科学技术的进步和广泛运用已经使得现代社会的物质产品极其丰富、生活的便利性得到了前所未有的提高。由此带来的是人与人之间的严重依赖，这种依赖是通过各种制度来维护和保障的，而不是人与人之间的直接互惠，所以，那些相互依赖的人很多时候都是"无形"的存在。现代社会的分工不同于传统小群体中的社会依赖，那时，一个人生活中在什么方面依赖谁是可见的，比如，人们知道吃的饭是妈妈做的，建房用的石头是爸爸和其他男人搬来的，甚至我们亲眼看得见妈妈做饭、爸爸他们搬运石头的情景。当我们亲眼看见他们付出辛勤劳动的时候，我们知道自己应该感恩和给予相应的付出，所以相互之间的关系不仅仅是对等的劳动交换，还有情感上的互惠感。互惠能否维持，主要取决于双方内心的评估，以及为满足对方的评估而做出的努力。在那样的氛围内，社会道德的原则和义务是明确写在各自的心里而不是文本里的。

当这一切变得"不可见"的时候，我们的责任和义务是由制度性文本明确规定的，我们看不见那些为我们提供服务的人，只知道我们必须用等价劳动换来的物质或其代表物去交换；我们是否履行了各自的职责有专门的人员或机制来评价，自己不需要去评估对方劳动价值的对等性。这样一来人们首要考虑的就是公平问题而不是感恩问题。这种交换机制不考虑双方的民族、种族、性别等差异,每个人都被迫进入这个社会交换体系,这就是上面说的所谓"趋同"。

问题是,这个社会交换体系并不是一个绝对完美的体系,它总是存在不对等的关系,即交换双方因种种原因被置于不同的社会位置,手中拥有的资本也各不相同。照理说,资本的交换本来就是以差异性为基础的,如果双方的资本都相同,那交换的意义就不大了。然而,问题不是那么简单,它不是甲和乙拿着资本去交换那么简单,而是一个资本不断投入和产出的复杂过程,在这个过程中有的人发达了,有的人却失利了。在这种输赢的博弈过程中,有交换者个人的因素,也有制度性的因素。对于个人的因素,其他人或者帮他提升能力,或者直接给予救济。但救济是不能从根本上解决社会差距问题的,只会不断地产生依赖性。要根本性地解决这个问题,除了个人能力的提升之外,最重要的是保证制度的公平、公正,尽可能给予每一个人平等的机会(不是结果)。

因此,我们可以这样说,现代社会其实就是一个复杂的交换系统。这个系统让每一个人能有更多的生存机会和方式,能满足个体的多样性要求,让个人有更多追求自我实现的可能性。然而,这个系统也会不断地将一部分人"抛出去",使其沦为被排斥的对象。所以,社会整合和社会包容就成为全世界的新问题和新目标。

在过去若干年的时间里,笔者一直致力于研究由权力和礼物交换建构起来的社会关系网络,以及这两个网络在实际生活中将目的各异的各色人等整合起来的机制和运行方式。大量的实践研究材料表明,这是一个充满矛盾和冲突的个人选择和权衡过程。处于权力结构体系中的个体很难完全疏离于世俗社会的人情世故,而现代科层制的规范、角色要求等与民间的互惠性社会交换并不完全一致。这就可能导致角色的冲突和价值观的扭曲。

社会融合和社会包容是相辅相成的关系。社会融合要以社会包容为基础，一个充满包容的社会又会大大促进社会融合。无论是融合还是包容，我们大体上可以从三个重要的维度来探讨：生物资源的开发、利用或气候变迁带来的环境改变对人与人之间关系产生的影响，权力及其运作模式，社会凝聚的形成（或叫重构）。

图1显示，独龙江乡的发展是国家主导发展的结果。在这一结果中，从各级政府到普通老百姓在某些方面达成了相当程度的共识，而且统一规划式的发展创造出了很多的共性。作为研究者，对这些共性和共识的达成过程进行深入细致的阐释具有重要意义。按照西方一部分学者的观点，应该是先由普通人达成某些发展的共识，形成统一的目标，然后再来考虑发展的方式，即通过什么样的方式能够更好地达成大家认同的发展目标。中国选择的是另一条路径，从顶层设计入手，把独龙江乡的发展放到全国发展现状这一大背景之下来考虑和设计，因此，它与中国的整个发展具有一定程度的共性。深入分析国家的发展理念如何最终成为独龙江乡村民的共识能够更好地诠释中国社会治理的基本特点。更重要的是，这种共识和共性是社会凝聚的重要基础。

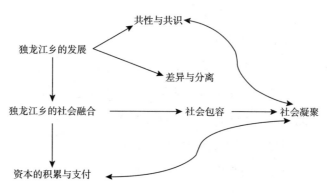

图1　社会融合、包容的三个维度及其关系

独龙江乡发展的另一个重要结果是促进了独龙族社会的进一步融合。帮扶行动将原来相对集中的42个村子合并成26个村子，一方面强化了当地的社会融合程度；另一方面也需要村民学会更多的包容，提升社区生活中的凝聚力。在一个高度融合和凝聚力非常强的乡村社区中，社会资本、文化资本的积累和付出就显得特别重要。

但是，独龙江乡的发展并非完全按照上述路径来对当地社区产生实质性影响，它也在一定程度上导致社会差异，甚至分离，特别是在经济方面。这就是上面所说的市场经济规则介入的必然结果。草果作为一种经济作物，其引入已经造成家庭与家庭之间在经济收入上的差距。商业和运输业的发展已经让有的人年入几十万，这在偏僻的独龙江乡已经是非常了不起的"富翁"了。这种差距会不会越来越大，从而导致某些人被边缘化、重新贫困化，甚至在日常生活中被排斥呢？

现代社会的最大特点是，宏观层面上的趋同和微观层面上的差异与疏离同时存在。一方面，多样性的存在是人类社会的宝贵财富；另一方面，现代社会的很多矛盾和冲突都来源于社会不断扩大的差异性。对这种差异的理解和阐释主要与资本的积累和支付有密切的关系。所以，从理论上来说，要在发展过程中减少或避免各种社会矛盾，最重要的方法是努力建构一个包容的社会。如何理解一个社会是否包容，以及其包容程度如何呢？要回答这些问题，我们应该考虑社会是如何整合在一起的，以及什么样的因素影响了社会的整合。

首先，从人类生活的本质来说，生育是将人们聚集整合为永久性群体的第一个重要事实，即夫妻关系和亲子关系构成了人类群体的最基本单位，并在此基础上延伸到其他血缘或婚姻关系，因此，婚姻、继嗣和亲属法则对一个社会的结构具有重要的影响。

其次，社会交换与合作是社会融合的重要手段。人们的日常生活可以分成两大类：其一是交换，其二是合作。交换与合作构成了社会的整合或融合。马林诺夫斯基认为"社会生活的本质是合作"[①]。人们（特

① 〔英〕马林诺夫斯基：《科学的文化理论》，黄剑波译，中央民族大学出版社，1999，第67页。

别是在部落之间）通过交换来实现物质上和其他方面（如婚姻、劳动力等）的互补。按照马克思的"商品拜物教"观点，在以私有制为基础的资本主义社会中，物与物交换过程中的神秘性掩盖了人与人之间的社会关系。人们创造出来的劳动产品进入商品交易以后，它能不能在市场上卖出去，交换过程中产生多少财富等都与生产者没有任何关系，但这些不受商品生产者本人控制的市场关系，对商品生产者的发财或破产起着决定性的作用。

再次，人们的性别、年龄、残疾、缺陷或病理等因素既是差异形成的基础，又是社会融合的条件（比如男性可能组成只有男性能参加的群体，又如残疾人联合会等）。

最后，广义的权威（Authority）原理。"权威既指作决策和在有争议和分歧的场合作公断的特权和责任，又指实施这些决定的力量。"[1]

若想要考察这些不同的制度是怎样和按照什么原理整合成确定的、自我包容的整体，我们就必须作一个重要的区分。能够将地理上有明确分界线的部落群体联合在一起的力量是文化的同质性。

20 世纪 60 年代前的人类学将文化作为一个有边界的、与某个空间紧密相关的整体来加以研究，考察的重点是仪式、习俗、宗教、符号、结构等这样一些集体性的行为。这些研究假定，某个具体的社会和文化是高度同质和稳定的，因而生活在这个"文化圈"内的人往往给人一种无差别的形象。于是，研究者很少关注个体及其生活的实际体验。

人类学的研究发现，其实一个文化团体内部成员之间的文化分配是有差异的，用巴特的话来说就是文化分配的不平等性。事实上，除了文化分配的差异之外，同一个地方的文化内部也可能存在几种不同的文化

---

[1] 〔英〕马林诺夫斯基：《科学的文化理论》，黄剑波译，中央民族大学出版社，1999，第 70 页。

传统或源流,这种文化的非同质特性给个人的体验和认同带来了多重的影响,同时使得人的经验和认同建构更加复杂化。

人们在具体的生境中所处的位置以及他们的文化知识和信仰影响着他们获得资源的渠道,也影响着他们明确表达问题、利益和选择的方式。一个人的社会阶层和地位在一定程度上影响着他(她)获得文化知识和物质资料的途径。年龄、性别、社会地位等因素在个人经验和现实建构过程中发挥着非常重要的作用。正如阿布·卢格霍德说的那样,"展示实际的场景、个人的详细历史和个体之间的相互关系说明,这些常常出现的个案……对于经验的建构也是非常重要的"①。

虽然我们摒弃了那些将文化局限于某地的想法,摒弃将文化视为有边界、同质性的概念,把研究的重点移植到处于不同社会地位的个体之间的互动和世界建构过程中,强调个体和他们的经历,但这并不意味着我们要全部抛弃社会和文化秩序,而是像巴特说的那样,我们首先应该找到那些创造和构成秩序的关键要素,要找到那些相对完整的社会模式得以运转的社会和政治过程。

要找到这些因素,我们必须参与到移民的实际生活中去,在参与中了解具体的问题、利益和他们心目中的可选项。我们必须关注具体的知识体系、人们的体验以及用于识别各种制约因素和可选项的类别和信仰。

有人把独龙江乡整乡推进独龙族整族扶持的模式归纳为"七位一体",即高位推动、合力攻坚、整乡推进、整体规划、整合资源、整体联动、打造独龙江帮扶模式。2010年以来,云南省级32个部门合力攻坚,上海市对口帮扶独龙江乡。规划先行,整体设计,交通为主,民生为本。省、州、县三级"一把手"挂帅,制度先行,明确责任,狠抓

---

① Janet Lippman Abu - Lughod, Review: Redefining the Role of Technology *Contemporary Sociology*, Vol. 20, No. 3 (May, 1991), 1991, p. 153.

落实。努力将独龙江打造为"文化独龙、生态典范、边陲明珠、和谐人居、人间天堂"的魅力边境名镇①。

从第二章的资料中不难看出，中央和地方政府自开始规划扶持人口较少民族（2005 年），就将对独龙族等人口较少民族的扶持作为主要的目标，统一规划、统一实施、整合资金、动员社会力量（比如上海的帮扶在整乡推进行动的最终成型中扮演了重要的角色）。经过若干年的探索、研究，整乡推进的大规模行动于 2010 年正式开始。与之前的小规模、零星扶贫相比，整乡推进注重从整体（甚至站在国家的层面上）来认识和把握对独龙族的扶持行动。

正如记者所言，"独龙江发展问题不仅是一个经济问题，更是一个重要的政治问题；不是一个民族的事情，而是党和国家的民生大事"②。独龙江乡整乡推进充分体现了中国共产党执政理念和社会主义核心价值观，为和谐社会建设和民族团结进步积累了重要的经验。

研究者确实需要用概念来表述各种各样的思想，过程研究不是要否定概念的作用，它所强调的只是概念是依不同的场合而确定的。也就是说，同一个概念在不同的环境条件下，不同的人会赋予它不同的深层含义，社会科学中的概念也会随着具体运用环境的改变而改变，比如"文化"，不同的人在不同的环境下说这个词，其所指是不一样的。因此，研究者需要知道"文化"的能指是什么，同时还需要知道其所指为何物，而要知道所指，一个重要的关注点就是行为者的目的和其所处的具体场景。一般来说，行为者会基于自身的知识结构，不断地反思他的目的与具体场景之间的关系，然后不断地调整自身的行为方式。这就是笔者想象中的过程。

① 侯宾（中国日报云南记者站）：《独龙江和独龙族的世纪跨越》，《中国在线》2012 年5 月 30 日，第 2 页。

② 侯宾（中国日报云南记者站）：《独龙江和独龙族的世纪跨越》，《中国在线》2012 年5 月 30 日，第 1 页。

有的人之所以认为过程是当代人类学应该关注的核心，是因为研究者所看到的一切社会现象都是行为者在不断地重新定义各种概念的过程。这是一个在开展人类学研究的时候是将目光放在那些习以为常或被理所当然地认为就是如此的概念上，还是将这些概念本身看成一些充满不确定性，能动者可以根据目和场景进行内心解读和选择并因此影响到他行为的动态过程的问题。举个例子来说，当谈到"独龙族"这一身份概念的时候，很多研究者可能理所当然地认为每一个独龙族的成员都会以此身份作为自己的行动指南，一切个体的行动都是在独龙族文化原则之下展开的。因此，研究独龙族最重要的点就是独龙族文化规则与独龙族成员个体之间的关系。无论是结构主义、功能主义、阐释主义还是别的主义或流派，它们的共同之处就是将研究的对象当作一个相对静止的"物体"来进行解剖和分析。这样做容易出现一个错误，即研究者自觉不自觉地用自己脑中的既有概念去套现实生活，不是从生活本身出发去理解生活，而是将概念作为一种尺度去衡量生活，显然这是本末倒置的做法。

概念本身来源于对生活的观察，比如马林诺夫斯基、博厄斯等创造了"功能""结构""文化""种族"等这样一些概念，这些概念反映出他们所观察到的社会生活面貌。对他们以及他们那个时代的人来说，这些概念的确充满了新意，他们的研究大大促进了对人类社会文化的深层次理解，他们对社会科学的贡献是毋庸置疑的。但对大量的后来者来说，如果凭借这些概念来解释已经大大变化了的现代社会生活，那么他们的研究就容易走入死胡同。何以见得呢？因为文化作为一种"物体"已经被前人从不同的角度、视角做了非常精彩的描述或论证，而且此时的社会生活与彼时的社会生活已经完全不同，如果后人仍然生搬硬套地用这些概念来理解人们的日常生活，就有可能出现先入为主的状况——用研究者想象中的文化概念去说明当下的文化现象。有时候，研究者可能会觉得好像是那么回事，但在前人的基础上想要再深入一步就只能将目光集中在某些细枝末节，从而导致视野越来越狭窄。研究的成果要么就是在别人后面"热冷饭"，要么就是在某些细枝末节上"无病呻吟"，完全背离人类学"对人类社会文化全面、完整理解"的基本宗旨。

与此相反，过程研究则为研究者展开了一个无限的空间、视野和无尽的可能。过程研究不是将各种概念作为研究的"对象物体"，而是相信这些概念本身是能动者不断建构和改变的对象。这些概念虽然对能动者形成了一定程度的制约和激励，但能动者并不仅是某些规则的"执行者"，其能够根据目的、对具体场景的"解读"而策略性地选择自己的行为，所以，研究者研究的对象是动态的过程。

既然研究对象是动态的过程，那就至少有四个非常关键的关注点。第一，动力源的问题，即所谓的"动"因何而起？第二，既然是"动"就必然有行动者（用吉登斯的"能动者"更准确），即谁来"动"？第三，"动"的条件以及能动者对这些条件的理解和认知，即"动"何以成为可能？第四，能动者对后果的风险评估和对行为的反思，即"动"了会怎样？

比如，研究社会包容（social inclusion）这一问题时，研究者首先应该考虑的是建设一个包容社会的基本动力来自何处？或者说为什么要建设一个包容的社会？这些问题（甚至包括"社会包容"概念本身）在不同的政治、社会、文化和经济背景下会有不同的理解和认知。也就是说，社会包容是什么？什么是好的（或坏的）社会包容？研究者首先应界定自己研究的具体场景，并认真观察在此场景下的人对于"为什么要建设包容社会"这一问题的理解。同样，当研究者研究扶持人口较少民族和特困民族的时候，首先应该弄清楚不同能动者（如各级政府、当地百姓、外来人口等）是如何理解扶持行动的？这种扶持的原动力来自何处？

在对其动力进行研究的基础上，研究者接下来就应该确定参与者（能动者）是谁，以及他们都是些什么样的个体或机构的问题。之所以用"能动者"一词，是因为我们不倾向于将这些个体或机构仅仅看作执行者，他们都是有思想、有目的、有理性的行动者。因此，我们必须对他们的取舍过程进行动态的研究。其中角色分配、资源分配、各种资本的分配等都是与具体的事件相关联的（不是一贯制的）。

接下来是关于能动者的理解和认知的研究，或者简单地说是要探寻能动者的知识构成问题。这一步骤的研究很容易落入文化决定论或生态决定论研究的窠臼。需要特别注意的是，这种知识构成会对行动者的行为产生制约或激励，而行动者的行为又反过来不断促进知识构成的改变。更重要的是，能动者的理解和认知也是与具体的场景有着密切关联的。

最后是能动者的评估与反思。这一问题的研究至少包括两个重要方面。一是能动者评估和反思的基础是什么？这一问题假设每一个能动者的评估和反思都与其前在的知识和价值观有着密切的联系。二是能动者的评估和反思又如何反过来影响他的知识积累和价值判断？

当今社会生活主要由两大部分组成，分别是以社会分工为基础建立起来的职业体系，以个人意愿、目的、爱好为基础建立起来的关系场域。

在职业体系中，权利和义务是以明确的文本形式来界定的，越是现代制度完善的地方，各种权利和义务的结构和边界越清晰。这一体系的根本内在逻辑是所谓的合理性（包括以公平、公正和效率原则为基础的结构性角色安排）。在以个体选择为核心的关系场域中，人与人之间的关系已经不再受一些前在的社会结构体系及相应的道德准则约束，甚至可以超越时空建立各种各样的关系。

第一种关系给人带来经济上的收益，为日常生活提供保障，同时在事业上给人成就感、满足感。

第二种关系则更多的是为满足情感的需要而建立的。

因此，生活在现代社会的人们，不管是在城市还是乡村，都需要主动适应和融入上述两个系统。如果不能适应或融入这两个系统，就容易产生疏离感、被排斥感，甚至一部分人会采取极端的手段来表达个人或群体的不满。

这样一种分析并非将民族国家排斥在外，事实上国家政体不仅存在，而且其权力通过行政管理和媒体渗透生活的每一个角落。然而，站在个体每天的日常生活选择的角度来看，国家往往处于一种"无形"的监控地位，它在不知不觉中发挥着非常巨大的作用，保证上述两个体系能够正常运转。因此，个人的选择及其背后的理性思考和考量是人类学研究的重要聚焦点之一。

用人类学的方法去观察这两个体系的日常运作，我们会发现，实际的表现远不是上述所说的那样简单，它们内部以及相互之间存在极大的差异性和多样性。这些差异性或多样性就是当今人类学研究的核心领域。

在独龙江乡的发展过程中，国家主导发展所创造或改变的社会经济环境和个人能否融入发展的洪流，并顺应时代潮流来谋取个人发展的选择有着非常紧密的关系，但并不意味每一个个体的判断和选择都是相同的。个体之间仍然存在非常大的差别。因此，不能简单认为国家主导发展了，每个人都能同步地获得发展。

社会发展长期存在差异的另一个重要原因是个体对物质和财富的不同观念和态度。从国家视角来说，发展意味着财富增加和生活改善、生活幸福之间是正相关的关系。但在个体层面上，并非每一个人都能认同这种国家视角下的发展。事实上，在世界上仍然存在各种不同的发展思想和观念，其中一种就是强调精神追求而轻视物质财富积累，认为人类只有"拥有更少的物品"，才能"发现自己真正想要的生活"。乔舒亚·贝克尔想要倡导的是在当今物质极为丰富的社会生活中，以尽可能少的物质来满足我们在生活中的需求，同时不为物质所羁绊，从而过上我们真正想要的美好生活。为什么乔舒亚把多余的物质看作影响我们追求美好生活的障碍，而现实中的大多数人却以占有更多的物质财富作为人生追求的最高目标呢？安全保障和社会声誉是根本的内在动力。人与动物不同的地方之一就是人对未来的不确定性特别敏感。世间很多动物不善于囤积物品以备不时之需，只求满足当下之需。而人不仅要想办法满足当下的温饱需求，还要千方百计地为自己或相关的人囤积物品以满足未来的需求。

事实上，对人来说，物品的重要功能不仅是满足即刻的生理需求，更重要的是它的社会象征意义。拥有物品数量的多寡不仅是财富的象征，还是个人能力和才智的具体体现。这种时候，物品的功能已经超出了它本身的使用价值，成为象征性的社会意义符号。一般认为有三个因素鼓励人们无节制地追求物质享受，并把它当作生活的价值追求：社会环境、广告商、心理需求（囤积物品以满足安全感、为融入社会而购买很多不需要的东西、永不满足的购物欲）。

综上所述，个人的发展与国家主导下的发展之间并不能完全画等号。虽然国家主导的发展改变了个人生存和发展的环境条件，但个人仍然有基于个人理性基础上的选择。这个所谓理性包括个人资源禀赋多少、对物质财富的态度、生活的目的和动机等，因此，社会差异总是会存在的。

因此，一个包容的社会不是让所有人都拥有相同的财富，而是让所有生活在其中的人感觉到自己活得有价值，人与人之间的差异得到充分的尊重，人的基本需求得到满足，都得到其他人的认可、接受，有归属感，每一个人都有尊严地活着。无论是社会包容还是社会排斥，归根到底都落脚到人与人之间的关系问题、各个社会成员所承担的角色问题。世界银行将社会包容定义为帮助那些因自己的身份而处于不利地位的人提升能力、抓住机会和获得尊严，积极参与社会。

为什么要讨论包容？因为世界在改变，随着固有的思想不断被质疑，人们不得不重新审视过去的道德价值。全世界都在倡导包容性，是因为除此之外似乎很难再找到合适的概念。

第二节　人口流动、竞争与社会融合

移民搬迁总是发生在两个（或更多）地方之间，但是要真正理解移民搬迁的过程必须在时间和空间上从更广阔的视野来加以考察。首先，地方性的、人们亲身经历的移民搬迁活动与全球化背景有着密切的联系。一方面，任何移民搬迁都不是人们自愿或非自愿地从一个地方移到另一个地方那么简单，而是一个社会和政治的现实，这个现实与全球的、国家的和地方的项目复杂地交织在一起。另一方面，地方与地方之间是通过不同的全球化过程而相互关联起来的。全球化渗透地方性建构中的方式是多种多样的，因此，由此产生的地方性社会生活也并不是同质的。比如，媒体传播了无数的想象世界，虽然与人们的实际生活相去甚远，但对地方性文化和个人认同的形构仍然会产生关键性的影响。人们所参与的社会世界也并不一定完全是地方性的，安德森的"想象的共同体"就是跨国认同的最好例证。即便在一个国家内部，人们参与的很多社会关系也并不是小共同体内部面对面的互动。吉登斯和马库斯都认为当地的社会文化环境已经不再是唯一（甚至不是主要）的认同建构基础。

无所不在的商品也冲破各种文化的边界，成为不同地方日常生活的一个部分。但是当商品流动的时候，附着在它们身上的意义和功能并不必然随着它们而流动，而是在当地的社会化过程中重新被定义、接受，或者被视为洋货，从而成为代表某种社会阶层生活方式的物品。人、思想、技术、文物、价值和观念并不限制在某个空间范围内，它们随时都可能出现在任何地方，地方与地方之间、地方与全球之间的界限越来越模糊。全球化把不同地方放在世界体系的不同位置上，为人们提供了建构认同的非本土资源。因此，我们不能简单地用所谓文化冲突、文化间的距离等概念来对一个地方的实际体验进行阐释。

其次，影响移民生活和移民生存环境的因素是国家和地区的现实情况。从一个民族国家的角度来说，移民问题会在不同层面上受到国家法律、政策等多方面的影响。国家在难民、移民、安置人口的安全保障与权利方面的法律规定以及相关的国际惯例决定了搬迁人群的分类，从而影响到他们能从相关机构和组织获得帮助。一旦处理不当，就可能导致社会排斥、关系紧张甚至冲突。实际上，很多移民项目涉及两个或更多的国家，这就在法律、政治、社会、文化环境等方面导致更多的复杂问题。

最后，一个国家内部社会和文化认同，以及规范这些认同的社会文化政策。一般认为有计划的移民搬迁能够促进经济增长、增加就业，但从另一个角度来讲，移民搬迁往往意味着要改变迁移地的人口构成模式。

移民搬迁（重新安置）问题从不同的角度看有不同的观点，主要研究角度为身心健康角度、紧张与压力角度、贫困角度、所谓推－拉角度、认同（identity）的角度。

移民安置不是简单地将一群人从一个地方挪到另一个地方，伴随着居住地的迁移，人与环境的关系、社区的社会结构、人与人之间的关系及互动方式、人的价值观、生活习俗、人们对自己的评价和对世界的看法都在发生改变。被搬迁（安置）的人如何去适应新的社会、经济、文化环境，这种适应又如何影响人们的认同感及认同结构，这些问题都是移民安置研究中不得不思考的重要议题。

认同是一种多元的存在，在不同的场景下，它可以是社会认同、文化认同、个人特性，也可以是国家认同或民族认同。社会科学在认同研究中的普遍共识之一是认同与地理空间的位置之间有着密切的联系。其中最典型的例子是"民族文化"这一概念，当提到"民族文化"时，人们潜意识里就在想象某个空间位置里存在某个政治上的集合体和文化上的独特传统。在这种想象里，作为文化客观实在的宗教、语言、风俗习惯是与其所处的地理位置紧密相连的，而且变化非常缓慢。正如克利福德所言"文化这一观念本身就在暗示它有一个根，或者说有一个稳定的空间存在"。将文化视为一种空间的、有边界的存在直接影响了人们对认同的理解，因为这种观念假定人们的认同感来自他们所居住地方的文化与社会模式。

问题是这种"根"是如何建立和维持的呢？从社会－文化心理学的角度来说，个体在社会化过程中，周围的人将习俗、价值观、实践方式、社会规则等传授给他，如果他不接受或者违反了这些东西，他就可能受到惩罚。通过各种经常性的、反复的互动，人与人之间形成了某种共同的社会行为模式，让个体感觉他是群体中的一员，并且感觉自己所属群体与其他群体的差别。

对于人类学家来说，最为重要的是文化价值和观念究竟如何在社区的节日庆典、宗教仪式和其他社会活动中得以表达、不断强化和交流，或者说，这些价值和观念如何被凝聚成共识，如何嵌入国旗、国歌这样一些日常生活的象征性表述当中。

有一些人类学家认为，如果说一定的空间范围内总是有某种文化模式在主宰着生活在那里的人的行为和生活的话，当一定群体（或某个个人）从甲地迁移到乙地时，他们就会暂时性地处于两种文化的交叉地带，或者两个地理空间之间的边缘地带。这些边缘地带的最大特点就是它们没有清晰的社会结构和明确的文化倾向，不利于培养人们的认同。只有当人们迁移到一个社会秩序明显的空间里，才能真正融入那个社会，获得归属感。

另一种观点认为，距离才是移民认同差异的根源。所谓距离可能是指不同地域之间的差异（比如气候差异等），也可能是指宗教、语言、亲属关系模式、食物、服饰、休闲方式等方面的差异。移民所面临的各种社会难题和心理压力其实是文化上的距离造成的。他们自小内化了的文化规则和习俗与新的文化模式和新的环境之间存在巨大的差异，所以，容易在心理上产生压力，出现如"无根的浮萍"般的感觉。

如今，越来越多的社会学家和人类学家开始关注移民认同的形构过程，即移民如何在不同的政治、经济、社会和文化条件下重新定义、重新建构认同、重新创造文化、重新定义"家乡"的概念、重新认识自己的身份。这一过程往往意味着新旧文化的创造性融合，产生所谓的"第三种"认同或者文化形态，既不是原有文化的复制，也不是新文化代替旧文化。被重新安置的人也不是被动的主体或者受害者，他们在这一过程中扮演着积极的、创造性的和决定性的角色。

在现代社会背景下，那种靠单一思想意识和理性主宰某个空间内部日常生活的宗教、政治、社会、文化内容，以及在该空间内部面对面互动过程中建立起来的认同和意义系统已经不复存在。人们所处的社会文化环境本身处于一种经常性的变动和重组过程中。正如 Berger 等人所言，现代社会生活中的个体经历的不单单是一种体制代替另一种体制的过程，而是在城镇化和现代媒体的影响下，时常置身于多元的生活世界之中。在这样的社会条件下，个人发展和选择的机会大大增加。

如何来阐释个体在这种多元生活世界中的体验、个体如何应对由此带来的各种难题，至今没有明确的思路。因为，一方面现代社会让人的生存空间得到了极大拓展，另一方面现代化过程让个体的社会化以及共同规范和价值的内化变得越来越困难，人总感觉自己"无所归属"。因此，即便是那些没有被移民安置的人，也同样面临上述社会难题和心理压力。

虽然个体对周围发生的社会事件、社会过程根本无法掌控，但社会科学家越来越倾向于将个体看作一个能动者而不仅仅是使动者。那些在文化上、社会上发生迁移的人有能力去理性地选择自己的道路、解决各种困难、重建认同。也就是说，个体是有分析、反思能力的行为者，他们在迁移之后能够有意识地去寻求和重建那些以发展的名义摧毁了的

"根"。为了避免在新的地方产生无所归属、孤立、孤独或者生活没有意义等感觉，移民们会主动参与各种社会活动以便与周围的人建立起亲密关系或者对新群体的归属感。个体的个性被重置在各种与过去生活世界相似却又不同的集体背景之下，通过参与集体社会活动，让周围高度个体化和充满竞争的社会结构变得比较能够被人接受。

20世纪八九十年代，有关认同的研究发生了较大的转变，社会科学家们不再将"宏大叙事"的衰落、传统权威的社会关系不断匿名化和复杂化等现象视为对人类社会的威胁，而是将它们看作新的机遇。在当今生活世界中，个体生活越来越独立，人们对所谓"无所归属"常常不以为然，更愿意追求不同生活方式的体验，而不是去追求过去那种所谓一贯的、稳定的认同。换句话说，个体不再被看作居住在（或者从属于）某个相对稳定和连续的社会中的成员，而是处于碎片化的、不断转化的现实当中。他们的认同不再是来自某种共同的"根"，而是不断流动、移动和变化的社会环境。那种无所归属的伤心感觉逐渐转变成无拘无束的自在感，用克利福德和马库斯的话来说就是农民的认同变成了游牧民的认同。

全球化研究的主要目标是要理解资本、商品、信息、媒体形象和人的流动是如何将不同地方的人带入多元的全球网络关系或者如阿帕杜莱所说的交易领域（Transactional Scape）中的？外来的物品和思想又如何影响认同的地方性想象和建构？社会科学家一度认为，全球化是一个同质化的过程，担心全球性的文化会摧毁国家、民族的文化。但事实证明，情况并非如此。人们需要研究的是全球化的过程如何影响和形构具体某个地方的社会生活。这样，我们又重新回到地方与认同之间的关系上来，所不同的是，在全球化框架之下，地方与认同并不是必然的、单一的关系，同一个人可以有多种地方认同。

这种思路大大拓宽了移民安置研究的视野。移民安置可以被视为具体的政治、社会和经济因素影响的结果，这种影响的结果与实际的、个人对自己在地方和全球框架内所处的位置的想象以及利用这种想象来重建认同的能力有着直接的关系。从移民安置的概念到具体发生的情况，从现代化进程的一般性讨论到具体的移民搬迁过程，都存在各种差异，已经很难用一个统一的认同模式来理解移民搬迁的社会整合问题。我们应该将人视为积极地、创造性地参与自己和他人的社会、政治、文化和经济生计再创造的社会动物。宗教、语言、情感、实践、价值、思想、劳动、亲属关系、友谊、身份系统、性别角色等社会和生活内容也同样被卷入移民安置过程中。

国家的政治和政策将一个地方置于具体的政治领地之中，那里存在各种利益纷争，因此，所谓全球化的地方性生产可能会牵涉许多方面的问题。但对于人类学家来说，人们如何体验这些全球的和国家的发展过程以及如何建构地方化的文化体系是最关键的问题。因此，研究的焦点不在全球和国家层面，而应该在实际生活层面，考察个体在一定时间、一定空间内如何经历、阐释和做事。

正如古普塔和弗格森所言，我们不应该再天真地以为共同体就像文字所表述的那样是一个整体，而应该关注生活在相互连接的世界中所特有的那种深层次的"两面性"①，关注那些从实际生活的"近距离"来看一个地方所发挥的重要作用。马库斯的"多点民族志"和阿帕杜莱的"多轴"概念也都试图以类似的方式来分析全球化和本土化的进程②。

一个人从甲地迁入乙地就是将空间（Space）转化成地方（Place）

---

① Gupta, A and J. Ferguson , 'Beyond "Culture": Space, Identity and the Politics of Difference', Cultural Anthropology, 1992. (1): 6 - 21.

② George E. Markus, Ethnography in/of the World System: The Emergence of Multi - Sited Ethnography, Annual Review of Anthropology, Vol. 24 (1995), 1995: 95 - 117; Arjun Appadurai, Modernity At Large: Cultural Dimensions of Globalization. Minneapolis: University of Minnesota Press, 1996.

的过程，个体正是在这个过程中逐渐确定并表述自己的认同。空间仅仅指一定的地理范畴，但是当人们给这个空间赋予某些品质、意义，通过历史叙事将某个空间与某些具体的事件联系在一起的时候，这个空间就变成了地方（Place）。从这个意义上来说，我们可以说地方被赋予了意义的空间。人们往往将自己与这些事件和这些事件的发生地联系起来，并以此来建构自己的认同。换句话说，建构地方性的认同就是将具体的地域与历史和个人联系起来，这种联系能够让人产生一种归属感。

独龙江乡村民集中搬迁到 26 个村子算不上远距离的迁徙，也没有文化上的冲突，但是其中两个大的方面仍然值得认真思考。首先，原来以家族（氏族）为单位集中居住的方式发生了改变。虽然都属于同一个民族，但人与人之间的关系还是受到了很大的冲击和影响，人们必须适应新的生活环境。其次，越来越多的外来人口介入开始打破原先单纯的经济、社会、文化环境，个人或核心家庭逐渐成为行为主体。生活中的各种不确定性迅速增加，新的社会差异不断被创造出来。比如，同样是在政府的鼓励下种植草果，有的人家承包的土地离村庄比较远或不适宜种植草果，有的人家缺乏劳动力，有的个体选择不种或少种草果，另外，市场价格波动造成的收入差异等客观条件需要个体有足够的智慧来应对，而且这种智慧已经不同于搬迁之前种植玉米、豆子等所需的智慧。

第三节　竞争与社会排斥：现代社会的伴生物

社会疏离的原因主要有两种：一是主动疏离，二是被动疏离。所谓主动疏离是指为了个人、群体或国家的某些利益而试图摆脱某些共识、责任、制度或规约的束缚。所谓被动疏离则是社会生活中某些个人、群体或国家因为社会体系、制度安排或思想意识等原因而被排斥在社会主流或利益分配之外。解决主动疏离的最好办法是通过双边或多边的协商来实现权利和义务之间的相对平衡。对于被动式疏离来说，解决的办法就是既要在制度设计和体系安排上尽可能地包容各种社会差异，也要在实践上创造各种条件赋予被疏离的对象参与社会活动的机会、能力，培养其归属感、认同感。

关于社会排斥和社会疏离的具体含义，不同的人有不同的看法。有一种说法是个体或群体系统性地被剥夺了获得各种权利、机会和资源（如住房、就业、卫生服务、公民参与、民主参与和参与各种正当程序等）的渠道，而这些都是社会整合的重要基础。由社会排斥导致的异化或剥夺公民权可能与个人的社会阶级、肤色、种族、教育程度、童年关系、生活水准或个人的偏好有密切的关系。最容易受到排斥的人群包括残疾人、少数民族、同性恋者、吸毒人群、老年人或离经叛道的青年人等。另一个说法是社会排斥是社会持续断裂的多维过程，将个体或群体从社会关系、制度中分离出来，不让他们全面参与自己社会内部正常的、正式规定的各种行为。

无论哪一种说法，归根结底，社会排斥导致个体或群体无法正常参与自己社会内部的经济、社会和政治生活。

在独龙江乡，政府主导发展的目的就是要把像独龙族这样处于国家主流发展边缘地带的少数民族包容进国家的发展潮流中来，避免因为民族身份和地区差异导致民族与民族之间、个人与个人之间的相互排斥。应该说，2010～2015 年在独龙江乡的国家主导发展基本上实现了现阶段社会包容和融合的主要目标。

但是，一个不容忽略的问题是，随着独龙江乡基础设施的改善、经济社会的发展、外来人口的增加，市场竞争在该地区越来越成为一个不可回避的事实。而市场竞争必然导致人与人之间差异扩大，如何防止或减少独龙族地区内部的社会排斥，增强社会包容性成为一个新的课题。

有人认为，个体层面上的社会排斥从理论上来说包括四个相互关联的维度：没有足够通往各种社会权力的渠道、物质权利被剥夺、社会参与的机会有限、没有正式的融入渠道。导致这些的原因是多方面的，包括个人风险因素（年龄、性别、种族）、宏观层面上的社会变迁（人口、经济和劳动力市场的发展、技术创新、社会规范的改进等）、政府立法和社会政策、商业、行政组织和其他人的实际行为。

其实，无论是包容还是排斥，都是一个"拉"和"推"并存的过程。迪尔凯姆、马克思、帕森斯、吉登斯等更多地偏向于从"拉"，即能够把个体整合在一起的社会机制来思考。这一视角强调个体对组织、社会机制的依赖性和服从性。这一机制可能是看不见摸不着的"集体意识"，也可能是具有社会强制力的组织框架。对于前者来说，最重要的是"信仰"，即个体必须认同那个集体意识。而对于后者来说，个体似乎只能服从或适应、融入。无论是"信仰"还是"被迫"，对于具体的个体来说都具有强制性质。问题是这种强制从何而来。在现代社会背景下，市场机制是重要的动力源之一。

上面提到的几个维度忽略了最富竞争性的市场机制。在当下的独龙族村庄生活中，所谓社会权力、物质权利、社会参与机会和正式融入渠道其实都不是特别突出的问题，关键的问题还是市场竞争。比如，之前在叙事中表现出来的案例，B师傅作为一个外来者，在没有土地、没有国家支持的情况下，能够通过个人的智慧和拼搏，在短短几年时间里成为当地比较富裕的人之一。可是，还有的人想像他那样买车跑运输却"连油钱都不够"。

目前大多数独龙江乡的村民靠种植草果获得了比较可观的收入。但综观整个独龙江乡，跑运输做得最好的是外来人，在乡、村里开宾馆、客栈做得比较好的是外来人，商店（小卖部）开得较好的也大多是外来者。也就是说，在强调公平竞争的市场经济规则下，外来者基本上抢占了土地经济之外的很多商机。虽然说，外来的竞争者在独龙江乡的整体发展上功不可没，也不完全是坏事，但当大部分的独龙江乡村民只能靠单一的草果种植来维持和改善生活的时候，任何突发的事件（如气候变化、市场价格跌落等）都有可能让种植者面临很大的风险。也就是说，单一的经济来源容易让参与者变得比较脆弱。因此，独龙江乡村民个体尽快获得市场经济方面的知识、尽早融入更大的市场体系是减少社会排斥的重要方式之一。

为了让生活在共同体内的每一个人都能共享利益、共担责任，必须建立原则、价值和体制。一个充满正义的社会应该让人人都能平等、公正和有尊严地参与社会、经济和政治生活。

所有上述讨论归根到底都是要说明在现代社会背景下，社会分化已成为必然的趋势。社会分化的一种潜在风险就是部分个体可能因此被边缘化和被排斥，因此，现代社会比以往任何时候都更需要建立包容机制。

中国政府对少数民族地区的主导式发展可以被视为中国政府在建设包容社会中所采取的一种独特方式，这与中国的政体、制度、理念和价值选择有着密切的联系。到目前为止，世界上少有这样一种帮扶模式：在政府的主导下，投入超过 12 亿元资金对一个 4000 人左右的民族开展全面的扶持。在短短三年的时间里让生活在极端贫困中的独龙江乡村民过上了"做梦都不敢想"的新生活。就连本课题的研究者也时时感觉在梦境般的时空中穿越。不要说 20 世纪 50 年代的资料，即便是八九十年代的文献，如今看起来都觉得恍如隔世。学者们在文献资料中所描述的独龙江乡的生活仿佛与当下的生活状况毫不相干。从这个意义上来说，高效、快捷、有序、政府主导、多方协力、社会广泛参与、形成合力可以算得上独龙江乡整乡推进模式的主要特点。

这些特点与偏重个体主义的西方理论观点有较大的差异。中国这样自上而下的发展方式在西方很多学者看来并不能很好地解释个体为什么会被边缘化和社会排斥。然而在中国的社会文化背景下，很多问题的最终解决其实要靠一个更大的制度才能完成。虽然个人之间的确存在差异，但这种差异问题并不能在个体层面上得到根本性的解决。以独龙江乡的发展为例，由于大山的阻隔，生活在那里的村民世世代代与外界接触很少。也许少数人能凭着自己的能力和机会跟上主流社会发展的步伐，但并不是所有人都能做到这一点，甚至可以说大部分人是做不到的。这个时候就需要国家利用制度的优势，汇聚各种经济社会资源来解决一个地方、一个民族不能解决的问题。

那么，是不是用 3～5 年的时间，通过投入大量资金就能彻底解决独龙江乡生活的所有问题了呢？答案显然是否定的。本书的核心观点就在于强调国家主导式发展项目实施过后的能力建设同样非常重要。独龙江乡村民不会一直依靠国家的支持而生存下去，他们同样有能力和智慧来解决自己的问题。一方面，当市场经济的运行规则突然降临到独龙江乡这样世世代代靠亲戚和邻里相互支持的社会关系来维持生计的地方的时候，人们必须尽快学会适应新的环境。另一方面，个人间的差异可能导致后续发展重新拉大社会差距，这就需要一个更加包容的社会环境。比如，站在独龙族社会可持续发展的战略位置上来思考，一些已经出现或有可能出现的问题仍然需要给予足够的重视。

1. 产业单一、抗风险能力相对较弱

正如前文所述，独龙江流域内耕地面积非常有限，草果种植为村民改变经济生活提供了重要的支撑。然而，作为一种调料品（主要是南方地区使用比较广泛），草果本身的市场容量有限，再加上云南有不少地方也在种植，受气候、市场因素影响较大，价格波动给独龙江乡村民每年的收入带来很多不确定因素。而一旦草果出现滞销或价格严重下滑，村民的收入将受到严重影响。从社会因素来说，草果价格的暴涨容易给村民造成"钱来得容易"的错觉，在消费习惯上出现过分奢侈的倾向，一旦出现价格下落，不仅是村民收入减少，还可能出现消费与收入之间的矛盾和冲突。因此，培育其他产业或引导部分年轻人走向更大的就业市场，提高他们适应现代社会生活的技能是一件非常急迫的事。

2. 丰富社会文化生活的必要性

与云南很多其他少数民族相比，独龙族民族内部共同的节日庆典相对少，"卡雀哇"是目前不多的共同节日之一。在历史上，独龙族在信仰上倾向于万物有灵。19 世纪末 20 世纪初，基督教传入独龙江流域，发展到今天，信教的群众达到 20% 左右，因此，宗教性的节日也并不普遍存在于村民之中。正如前文所言，独龙江乡也没有赶集的习惯，在独龙江公路修通之前，独龙江乡村民与其他少数民族之间的交往不是很多。本课题调查组多次在村寨中生活很长时间，却从来没有碰上集体性的活动，问村民最近有些什么节日，他们也说不上来。白天下雨的时候（下雨的日子很多）大家都待在家里看电视，晚上也只能看电视。降雨较少的季节（每年 10 月至次年 2 ~ 3 月）又常常停电（枯水期发电量不足），村内的社会文化生活显得比较枯燥。这就不难理解，为什么一些年轻人沉溺于喝酒。信教的群众每周至少还有两次机会到教堂去聚一聚、唱唱歌，不信教群众则基本上没有可以参与的社会文化活动。笔者在孔当第一见到 KTV 的时候很感叹，在这么偏远的地方都有 KTV。真正去打听，发现 KTV 的消费价格并不低，甚至和城里的 KTV 不相上下，一般的村民估计难以承受这种消费水平。所以，乡村文化建设在这里显得尤其重要。

3. 民族认同的引导和加强

独龙江乡村民对中国共产党、对政府有着深厚的感情，对国家给他们带来的美好生活赞不绝口。但是由于集体性的社会文化活动非常少，村与村之间的联系并不是很多，又没有普及的文字，如何提升个体对族群及其传统文化价值、行为规范等的认同是一个问题。解决这个问题的核心是在社会主义核心价值观的引领下，重构独龙族民族价值体系，增加民族内部社会文化活动和相互联系是最有效的办法。

4. 少部分人酗酒问题需要警惕

从马克斯·韦伯那句名言"人是生活在自己编织的意义之网内的动

物"开始，社会科学研究普遍认同意义在人的生活中的重要性。人不仅要吃饱穿暖，还需要找到生活的意义。世界各地的实践经验证明，当一个生活困难的群体从贫困中突然进入相对富足的社会生活时，找不到目标、方向和意义而导致思想颓废是一种普遍存在的社会现象。虽然，我们不能因此断定独龙江乡村民必然走向这种落入俗套的结局，但预警还是必要的。由于缺乏社会文化活动，在单调的村社生活中要找到人生的意义并不是件容易的事，酗酒已经成为部分年轻人消遣的主要方式。这一现象需要引起高度重视，否则经济上富强起来的独龙江乡村民并不一定能够完全解决现实存在的其他问题。

5. 自强意识的培养和鼓励

国家和社会各界对独龙族的扶持和帮助是有目共睹的，但要真正实现可持续发展，独龙江乡村民自强意识的培养、能力的提升是迫在眉睫的事。笔者在之前的专著中曾经呼吁，在独龙江建设过程中，企业必须承担一定的社会责任，比如，每个合同中标单位负责培养 2~3 名当地青年，让他们学会某种技能，工程结束后，这些人就有一技之长，可以获得更多的工作机会。如今，工程项目大多结束了，但这样的理念和方法仍然适用，到独龙江投资、开发的企业也应该承担类似的责任。目前，相关部门会不定期地在独龙江举办农业技术、养殖技术、驾驶技术、厨艺等方面的培训，这些培训对当地群众的技能提升起到了积极的作用。但这类培训一般来说时间都比较短，每次 1~2 天（甚至就是几个小时），大多数情况下只是请老师讲讲课，实际操作较少。

以上因素都可能影响独龙江乡经济社会生活发展的方向。

⋮⋮⋮ 参考书目

中文文献

阿比吉特·班纳吉、埃斯特·迪弗洛：《贫穷的本质：我们为什么摆脱不了贫穷》，景芳译，中信出版社，2013。

U. 贝克：《风险社会》，何博闻译，译林出版社，2004。

付雪晖、李寿华：《独龙江整乡推进有序展开》，《云南日报》2010年10月7日，第1版。

高志英：《独龙族社会文化与观念嬗变研究》，云南人民出版社，2009。

高志英、闵红云：《20世纪独龙族人地关系变迁研究》，《思想战线》2008年第4期。

高志英、闵红云：《20世纪50年代以来独龙族调查研究回顾与前瞻》，《思想战线》2004年第3期。

国家统计局人口和就业统计司、国家民族事务委员会经济发展司编《中国2010年人口普查分民族人口资料》，民族出版社，2013。

郭建斌：《三代人——不同历史时期独龙族个体文化特征浅描》，《民族艺术研究》2002年第5期。

黄建生、高朋、黄晓赢、干小莉：《社会评估与民族地区发展》，人民出版社，2013。

李金明：《独龙族传统的"开昌哇"节》，《节日研究》2013 年第1 期。

潘蛟：《民族问题是民族国家生成的问题（访谈）》，凤凰大学问，2014 年 8 月 18 日。

日本 NHK 电视台的特别节目录制组：《无缘社会》，上海译文出版社，2014。

沈湘平：《全球化与现代性》，湖南人民出版社，2003。

施帝恩·格罗斯：《族名政治：云南西北部独龙族的识别》，周云水译，《世界民族》2010 年第 4 期。

石亚洲：《重大项目中民族因素评估机制研究》，中央民族大学出版社，2008。

王铭铭：《民族地区人类学研究的方法与课题》，《西北民族研究》2010 年第 1 期。

伍晓阳：《"整乡推进"使云南独龙族融入现代文明》，《中国民族报》2011 年 3 月 4 日，第 4 版。

云南省编辑组编《独龙族社会历史调查（一）》，云南民族出版社，1985。

云南省编辑组编《独龙族社会历史调查（二）》，云南民族出版社，1985。

张桥贵：《独龙族文化史》，云南民族出版社，2000。

赵旭东：《人类学与文化转型——对分离技术的逃避与"在一起"哲学的回归》，《广西民族大学学报》2014 年第 2 期。

赵旭东、付来友：《"象征之桥"：独龙族宗教信仰及其在现代医学影响下的转变》，《北方民族大学学报》（哲学社会科学版）2014 年第 2 期。

英文文献

ADB. , *Handbook on Social Analysis: A Working Document*, Asian Development Bank, 2007.

Anderson, B. , *Imagined Communities. Refelections on the Origin and Spread of Nationalism*, London: Verso Editions, 1983.

Appadurai, A. , "Is Homo Hierarchicus?" Review Article, *American Ethnologist*, 1986 (4).

Barnard, Alan, "Contemporary Hunter – Gatherers: Current Theoretical Issues in Ecology and Social Organization", *Annual Review of Anthropology*, 1983 (12).

Barth, F. , "The Analysis of Culture in Complex Societies", in: A. Kuper (ed.) *Conceptualizing Society*, London: Routledge, 1989.

Barth, F. , "Towards Greater Naturalism in Conceptualizing Societies", in: A. Kuper (ed.) *Conceptualizing Society*, London: Routledge, 1989.

Barth, F. , *Balinese Worlds*, Chicago/London: University of Chicago Press, 1993.

Barth, Fredrik. , *Process and Form in Social Life*, Routledge & Kegan Paul: London, Boston and Henley, 1981.

Berger, P. , B. Berger and H. Kellner, *The Homeless Mind*, Middlesex: Penguin Books, 1974.

Bourdieu, Pierre, *Outline of a Theory of Practice*, Cambridge University Press, 2003 .

Connerton, P. , *How Societies Remember*, Cambridge: Cambridge University Press, 1989.

Ferguson, Clare, *Promoting Social Integration*, Report Commissioned by the United Nations Department of Economic and Social Affairs (UNDESA) for the Expert Group Meeting on Promoting Social Integration, Helsinki, Finland, 8 −10 July, 2008.

Giddens, A. , *The Consequences of Modernity*, Cambridge: Polity Press, 1990.

Giddens, A. , *Modernity and Self − Identity. Self and Society in the Late Modern Age*, Stanford: Stanford University Press, 1991.

Giddens, A. , *The Constitution of Society: Outline of the Theory of Structuration*, University of California Press: Berkeley and Los Angeles, 1984.

Gupta, A. and J. Ferguson, "Beyond 'Culture': Space, Identity and the Politics of Difference", *Cultural Anthropology*, 1992 (1).

Inkeles, Alex, *Exploring Individual Modernity*, New York: Columbia University Press, 1983.

Kapferer, B. , *Legends of People, Myths of State*, Washington/London: Smithonian Institution Press, 1988.

Kaplan, David, "The Darker Side of the *Original Affluent Society*" (PDF), *Journal of Anthropological Research*, 2000 (3).

Lee, Richard B. , *Subsistence Ecology of ! Kung Bushmen* (PhD), University of California, Berkeley, 1965.

Lee, Richard B. , *The ! Kung San: Men, Women and Work in a Foraging Society*, Cambridge and New York: Cambridge University Press, 1979.

Loury, G. , "Social Exclusion and Ethnic Groups: The Challenge to Economics", Paper presented at the Annual World Bank Conference on Development Economics, Washington, DC, April 28 −30, 1999.

Nielsen, H. K. , "Identitet I Bevaegelse", in: H. Fink and H. Hauge (eds.) *Identiteter I Forandring*, Kulturstudier 12. Aarhu: Aarhus Universitetsforlag, 1991.

Rabel J. Burdge, *The Concepts, Process and Methods of Social Impact As-*

sessment, Middleton, Wisconsin: Social Ecology Press, 2004.

Sahlins, M. , "Notes on the Original Affluent Society", *Man the Hunter*. R. B. Lee and I. DeVore (New York: Aldine Publishing Company) , 1968.

Sahlins, M. , *The Original Affluent Society* [Online] in M. Sahlins, *Stone Age Economics*, 2005.

Sahlins, Marshall, "Hunter − gatherers: Insights from a Golden Affluent Age" (PDF) , *Pacific Ecologist*, 2009 (18) .

Sherry B. Ortner. , " Theory in Anthropology since the Sixties ", Comparative Studies in Society and History, Vol. 26, No. 1 (Jan. 1984) .

Sørensen, Birgitte Refsfund, *Relocated Lives: Displacement and Resettlement within the Mahaweli Project, Sri Lanka*, Amsterdam: VU University Press, 1996.

Stewart, K. , Nostalgia − "A Polemic", in: George Marcus (ed.) *Rereading Cultural Anthropology*, Durham, London: Duke University Press, 1992.

The World Bank, *Inclusion Matters: The Foundation for Shared Prosperity*, Washington D. C: The World Bank, 2013.

V. George, P. Wilding. *Social Division*, Macmillan Education UK, 1999.

Western, D. , *Self and Society. Narcissism, Collectivism, and the Development of Morals.* mbridge: Cambridge University Press, 1985.

World Bank Group. , *Piecing Together Poverty Puzzle (Poverty and Shared Prosperity* 2018) , 1818 H Street NW, Washington DC 20433, 2018.

::: 致　谢

　　本报告是在云南省社会科学基金（项目批准号：YB2015013）的支持下完成的，仅在 2016 年一年的时间里，由于其他工作的干扰，课题组不得不四次进入独龙江乡开展调查，其中两次碰上雨季，调查工作异常艰苦。然而项目组的成员杨柽（老师）、付更行（硕士生）、毕雪婷（硕士生）、黄杰（硕士生）不顾各种困难坚持和笔者一起在艰苦的环境下完成了预定的调查任务，笔者深为他们的执着精神所感动。10 月下旬，为了解 2016 年草果的售卖情况，付更行同学独自再入独龙江乡进行了两个星期的调查。由于工作和学习的原因，他们都无法抽出时间参与本书的全部写作，他们主要参与了第二章的写作。其余部分由笔者独自完成，但没有他们的贡献，本书是不可能完成的。

　　在四次调查中，贡山县政府、独龙江乡政府、巴坡村委会等给予了大力支持和配合，特别是在第三次调查时，当地正在整治客运秩序，没有可以搭乘的公共汽车，调查组滞留在贡山县城。贡山县政府知道后，主动派车把调查组送进独龙江乡，心中的感激真是难以言表。在此，我们对他们表示衷心的感谢！

　　很多独龙族村民对我们的调查也给予了积极的配合和支持。巴坡村委会的书记将各小组组长、副组长集中起来，为我们调查各小组的情况提供了极大的帮助。整整一天时间，我们在一起讨论巴坡的现状与未来，聊得非常愉快，也收集到了很多的数据，为本书的写作提供了非常丰富的资料。无论用什么样的言语都无法表达我们对他们的感激之情，只能在此希望他们及所有独龙江乡村民明天的生活更美好！

图书在版编目（CIP）数据

国家主导发展与乡村社会变迁：独龙江实践／黄建
生著 . -- 北京：社会科学文献出版社，2020.10
ISBN 978 - 7 - 5201 - 6762 - 8

Ⅰ. ①国…　Ⅱ. ①黄…　Ⅲ. ①乡村 - 社会变迁 - 研究
- 中国　Ⅳ. ①C912. 82

中国版本图书馆 CIP 数据核字（2020）第 100269 号

国家主导发展与乡村社会变迁
——独龙江实践

著　　者／黄建生

出 版 人／谢寿光

责任编辑／王　展

出　　版／社会科学文献出版社（010）59367127
　　　　　　地址：北京市北三环中路甲 29 号院华龙大厦　邮编：100029
　　　　　　网址：www. ssap. com. cn
发　　行／市场营销中心（010）59367081　　59367083
印　　装／三河市尚艺印装有限公司

规　　格／开　本：787mm × 1092mm　1/16
　　　　　　印　张：16. 25　字　数：224 千字
版　　次／2020 年 10 月第 1 版　2020 年 10 月第 1 次印刷
书　　号／ISBN 978 - 7 - 5201 - 6762 - 8
定　　价／78. 00 元